KINDER? JA, BITTE!

Katharina Gudladt, Maike Lück & Imke König

KINDER?
JA, BITTE!

Von Müttern und anderen absurden Zuständen

Schwarzkopf & Schwarzkopf

»KINDER SIND EINE KATASTROPHE FÜR DIE FIGUR, DIE KARRIERE UND DEN GELDBEUTEL!«

1. SCHWANGERSCHAFT, GEBURT UND ERSTE ZEIT

2. VON TROTZKÖPFEN UND VORSCHULKINDERN

3. KIND UND KARRIERE

4. DIE SCHULZEIT

5. MÜTTER UND DER REST DER WELT

6. DIE TÄGLICHE HERAUSFORDERUNG

VORWORT

»Kinder sind eine Katastrophe für die Figur, die Karriere und den Geldbeutel!«, so gestand neulich eine Freundin ihrem zwar liierten, aber kinderlosen Optiker. »Und trotzdem wollen Sie noch ein Kind?«, fragte er zurück. »Ja, natürlich!« Aber die Antwort auf das »Warum« blieb sie schuldig. Stattdessen fragte sie sich und andere: »Warum nur noch ein Kind? Warum den ganzen Stress noch mal? Durchwachte Nächte, zermürbende Selbstzweifel, endlose Sorgen und endlose Diskussionen, Ärger mit dem Arbeitgeber, und was weiß ich nicht noch alles – nur damit ich mir in der Pubertät von meinem Sprössling anhören muss, dass ich als Mutter alles falsch gemacht habe?«

Es wird viel darüber diskutiert, warum in Deutschland so wenig Kinder geboren werden und insbesondere die Nachteile sind in aller Munde: Die finanzielle Belastung für Familien ist zu hoch, Kind und Beruf sind kaum zu vereinbaren, es mangelt an Betreuungsangeboten, die Situation auf dem Arbeitsmarkt ist mehr als unsicher. Außerdem machen Kinder Lärm, ruinieren das Sexualleben, schränken die persönliche Freiheit von Vater und Mutter ein, sind Armutsrisiko Nummer eins.

Aber über etwas ganz Wichtiges spricht kein Mensch: wie *schön* es ist, Kinder zu haben. Wie meine Freundin fragen sich zwar viele Mütter und Väter manchmal »Warum?«, aber letztlich kennen sie die Antwort: Weil ein Leben ohne Kinder öde und grau wäre. Weil man mit Kindern plötzlich erkennt, was wirklich wichtig ist. Weil man mit Kindern anfängt, das Leben, das Universum und den ganzen Rest etwas besser zu verstehen. Weil man sich mit Kindern fragt, was man früher eigentlich den ganzen Tag so getrieben hat. Weil einem Kinderlose, die man von Zeit zu Zeit unheimlich beneidet, plötzlich eben auch unendlich Leid tun. Weil man vielleicht mit Kind erst merkt, wie sehr man einen Menschen lieben kann.

Auf all diese Gefühle ist die durchschnittliche Erstgebärende nur sehr unzulänglich vorbereitet. Wer von uns Müttern wusste vor der

Schwangerschaft überhaupt genau, worauf sie sich einlassen würde? Hat irgendjemand auch nur im Ansatz geahnt, wie sehr Muttersein das persönliche Leben verändert? Nun, wir nicht, unsere Freundin nicht und die meisten anderen in unserem Freundes- und Verwandtenkreis auch nicht! Am besten lässt es sich mit einem profanen Satz ausdrücken, den man oft junge Eltern halb verwundert, halb verzweifelt sagen hört: »Plötzlich ist alles anders!«

Es ist also dringend geboten, eine Bestandsaufnahme des Mutterseins zu machen.

Nun ist Mutter nicht gleich Mutter: Es gibt die besser verdienende Mutter, die sich ein Kindermädchen leistet, damit die Karriere nicht leidet. Es gibt die Mutter, die schnellstens wieder in den Job zurück muss, weil das Familieneinkommen sonst allzu knapp bemessen ist und die sich nun mit unzureichenden Kita-Öffnungszeiten herumschlagen muss. Es gibt Mütter, die gerne bei den Kindern zu Hause bleiben und stolz darauf sind, Erziehung, Haushalt und Freizeitaktivitäten gut organisiert zu haben, und es gibt Mütter, denen zu Hause die Decke auf den Kopf fällt, die sich isoliert und gelangweilt fühlen. Alle haben unterschiedliche Probleme. Aber alle haben bestimmt ihrem Kind nach der Geburt stundenlang verträumt in die babyblauen Augen geschaut, alle hatten ihrer Kinder wegen schlaflose Nächte, alle werden ab und an von Schuldgefühlen geplagt, alle haben für ihre Kinder Wünsche und Träume. Und für alle ist ein entspannter Friseurbesuch mitunter purer Luxus.

Drei Frauen mit insgesamt fünf Kindern und zwei Männern haben ihre Erfahrungen mit Kindern, Küche und Karriere von der Schwangerschaft bis zur Pubertät in einen Topf geworfen und kräftig gerührt. Als weitere Zutaten kamen zahlreiche Gespräche mit Verwandten und Bekannten, Freunden und Zufallskontakten auf Spielplätzen, bei Elternabenden oder in der Warteschlange beim Fleischer hinzu. Herausgekommen ist eine Schüssel abwechslungsreicher Mischkost – gewürzt mit den absurden, amüsanten oder schier unglaublichen Momenten des Familienalltags.

Wer immer wieder ein paar Häppchen davon nimmt, möge Geschmack daran finden, wie Kinder das Leben umkrempeln und daran, was alles anders wird. Mit einigem hätte man gerechnet, mit vielem anderen nicht. Aber möge jede(r) wie wir die Erfahrung machen, dass die Welt mit Kindern rund ist – so rund, wie sie vorher nie gewesen ist.

Wir wünschen Guten Appetit!

Dieses Buch hätte ohne die Gespräche und Anregungen zahlloser Mütter und Väter, Nichtmütter und Nichtväter nicht entstehen können. Ihnen allen danken wir für ihre Hilfe und Unterstützung. Unser besonderer Dank gilt Claudia für ihre Anregung, Max und Lars für ihre Unterstützung sowie Maria, Aenne, Sabine und Dieter für konstruktive Kritik und Korrektur.

Im Sommer 2006

Katharina Gudladt, Maike Lück & Imke König

1.

SCHWANGERSCHAFT, GEBURT UND ERSTE ZEIT

VOM WUNDER DER MENSCHLICHEN FORTPFLANZUNG

Sie sind schwanger? Sind Sie überglücklich oder kommen Sie wie die sprichwörtliche Jungfrau zu diesem Kinde? Sind Sie am Ziel Ihrer Wünsche oder fragen Sie sich immer noch, wie das überhaupt passieren konnte?

Wenn man sich länger in Elternkreisen tummelt und dort eifrig Geschichten von Kinderwünschen und Schwangerschaften austauscht, nimmt man langsam von der Vorstellung Abschied, dass so etwas wie Familienplanung überhaupt existiert. Ungeplante Schwangerschaften suchen nicht nur Teenager heim, sondern auch gestandene Damen um die vierzig. Es gibt nette Diaphragmen-Babys, es gibt »Während der Regel kann man doch gar nicht schwanger werden«-Babys und dem immer noch nicht flächendeckend bekannten Umstand, dass Antibiotika die Pille aushebeln können, verdanken auch ziemlich viele Penicillin-Babys ihre Existenz. Und schließlich erblicken zahllose Zweitgeborene das Licht dieser Welt, weil der Mythos, dass frau während der Stillzeit nicht schwanger werden könne, erstaunlich langlebig ist.

Umgekehrt gibt es Paare, die wünschen sich ein Kind und müssen dafür jahrelang üben. Meistens muss man den uralten Hebammenrat befolgen und irgendetwas planen, wobei ein Kind garantiert stören würde, z.B. ein Haus bauen oder eine Weltreise machen. Dann klappt es ganz bestimmt. Andere lassen mit dem vagen Vorsatz »Ein Kind wäre ja vielleicht ganz nett …« die Verhütung sausen und fragen sich ängstlich, was sie da überhaupt getan haben, wenn gleich der erste Versuch zum Erfolg führt.

Es gibt Frauen, die bei ihrem ersten Kind keinerlei Probleme hatten, aber das ersehnte zweite will sich partout nicht einstellen. Man kennt Paare, die eine jahrelange Kinderwunschbehandlung schlussendlich entnervt abgebrochen haben. Es gibt aber auch dieses Gegenbeispiel, wo gleich die erste In-Vitro-Behandlung zu hinreißenden blond gelockten Zwillingen führte. Außerdem kennt man mindestens ein halbes Dutzend Kinder, die es nach ärztlicher Auffassung gar nicht geben dürfte, weil die jeweiligen Frauenärztinnen den jeweiligen Müttern resolut erklärt haben, sie könnten gar keine Kinder bekommen.

Kurz: Wer Kinder kriegt und wer nicht, ist sehr rätselhaft. Welches Kind wann kommt, nicht minder. Die meisten Kindern melden sich dann an, wann es ihnen gerade passt, egal, ob Mutter und Vater sich kürzlich selbstständig gemacht haben, Papa für ein halbes Jahr nach Costa Rica gehen muss oder Mama nächste Woche eine neue Arbeitsstelle antritt. Die menschliche Fortpflanzung ist ein Wunder. Sie sind schwanger? Herzlichen Glückwunsch!

WENN MEIN KIND ERST MAL DA IST …

Als ich schwanger war, las ich Alice Millers »Am Anfang war Erziehung«[1], was mir einige schlaflose Nächte bescherte: In dem Buch wird ausführlich beschrieben, was mit Kindern passiert, die man roh und lieblos behandelt. Im schlimmsten Fall können blutrünstige Diktatoren und Massenmörder dabei herauskommen: Hitler, Stalin und Ceausescu hatten nämlich ganz furchtbare Eltern. Rohe und lieblose Behandlung fängt bereits dann an, wenn man Kindern desinteressiert begegnet oder sie gar anschreit. Kinder sind verständige Wesen, man muss ihnen nur stets und immerdar liebevoll zugewandt sein und vernünftig mit ihnen reden, dann ist alles wunderbar und Kinder und Erwachsene werden in Harmonie verbunden miteinander leben, voneinander lernen und die Welt wäre eine bessere. Ich bewegte Frau Millers Worte heftig in meinem Herzen und beschloss, es genau so zu machen. Leider schienen ihre Erkenntnisse nur recht wenig von Erfahrungen des wahren Lebens mit Kindern getrübt zu sein. Jedenfalls gibt es durchaus Situationen im Leben von Eltern, wo sie ihrem heiß geliebten Nachwuchs nicht ganz so liebevoll zugeneigt sind, wie sie es vielleicht müssten. Es gibt Situationen, wo man schreit. Manchmal verlässt man stinkwütend, stampfend und türenknallend den Raum und muss erst mal auf dem Balkon eine rauchen. Kurz – Eltern sind auch nur Menschen. Also machte ich Abstriche und passte meine Vorstellungen etwas mehr der Realität an. Obwohl ich nach wie vor glaube, dass an Millers Ideen tatsächlich etwas dran ist und ich sie nicht als völligen Kokolores abgestempelt habe.

Deshalb: Die Schwangerschaft ist eine Zeit, in der Sie ungeniert herumspinnen dürfen. Nutzen Sie sie! Sie dürfen Visionen haben und Pläne entwickeln, egal wie plemplem Ihnen diese erscheinen mögen. Diskutieren Sie alle möglichen Theorien mit anderen Müttern, zur

1 *Alice Miller: Am Anfang war Erziehung. Suhrkamp, Frankfurt/M. 1980*

Not auch mit Ihrer eigenen. Sie wollen ihr Kind ständig am Körper tragen, weil es in den ersten sechs Monate die menschliche Wärme ganz besonders braucht? Da ist was dran, versuchen Sie es ruhig. Die ersten sechs Wochen darf ein Säugling auf gar keinen Fall rausgehen, weil er sonst überreizt würde? Sicher nicht mehrheitsfähig, aber allein stehen Sie mit dieser Meinung nicht. Sie wollen Ihren Sprössling drei Jahre lang stillen? Spricht gar nichts gegen, viele Naturvölker machen es so. Das Kind soll nie ein lautes Wort zwischen Ihnen und Ihrem Mann hören? Unbedingt wünschenswert. Aber geißeln Sie sich nicht, wenn Sie es nicht durchhalten. Ihr Kind soll völlig frei von Rollenklischees heranwachsen? Ein sehr ehrgeiziges Vorhaben. Sie werden Ihr Ehebett in eine kuschelige Oase verwandeln, in der die kleine Familie in Harmonie und Gemütlichkeit einen Großteil ihrer gemeinsamen Zeit verbringt? Ach, klingt das gut, da würde man sich am liebsten dazulegen.

Es ist egal, wie verwegen Ihnen diese oder andere Ideen erscheinen: Planen Sie, auf dass zumindest ein Teil Ihrer Pläne dem neuen Erdenbürger zugute kommen möge. Malen Sie sich das Leben mit dem Baby in leuchtenden Farben aus. Umso eher können Sie ein paar von den leuchtenden Farben in Ihren Alltag herüberretten. Letztendlich machen Ihr Wohlwollen und Ihre guten Absichten den Unterschied zwischen dem zukünftigen Durchschnittsneurotiker und dem zukünftigen Diktator aus.

»SCHWANGERSEIN IST DOCH 'NE ZUMUTUNG« – DIE BELIEBTESTEN SCHWANGERSCHAFTS-BESCHWERDEN

Nun mal ehrlich: WO sind sie denn, diese begeisterten Schwangeren? Welche Frau findet es inspirierend, sexy oder einfach körperlich toll, mindestens zehn Kilo zuzunehmen und häufig aufs Klo zu müssen? Dies ist die Kolumne für all jene Schwangeren, die einfach kollektiv darüber seufzen möchten, dass Schwangerschaft eine – körperliche und seelische – Zumutung sein kann, wie eine Frauenärztin (drei Kinder) so trefflich formulierte.

Das Ausbleiben der Regelblutung als deutlicher Hinweis dürfte noch keine Frau aus dem Gleichgewicht bringen. Nun trifft aber bereits einige nicht wenige arme Frauen die berüchtigte Schwangerschaftsübelkeit. Wer dies schon zu Beginn drei, vier Monate überstanden hat, dem kann wohl nach der Geburt auch nicht mehr viel Schlimmes passieren. Am besten lässt man sich bereits hier von einer Hebamme beraten – meist weiß diese Berufsgruppe mehr über Haus- und Heilmittel als jede Ärztin und vor allem können Hebammen eines ganz fantastisch: Mut zusprechen und trösten. Dafür zahlt die Kasse leider so schlecht, dass diese probaten Mittel aus der gemeinen Arztpraxis so gut wie verschwunden sind.

Aber auch die Nicht-Spuckerinnen sind in den ersten Wochen zwei in Beruf und Privatleben recht hinderlichen Symptomen ausgesetzt: unglaublichen Müdigkeitsattacken (gern beim Autofahren, also Vorsicht!) und spektakulären Hungerattacken. Also in dieser Zeit bitte keine Reduktionskost und immer eine Stulle dabei haben. Verlassen Sie sich bitte nicht auf fettige Imbissbuden und Bäckereien. Es soll auch schon Übergriffe von hungernden Schwangeren auf zu langsame Verkäufer gegeben haben.

Der vierte, fünfte Monat wird oft als unspektakulär und ruhig beschrieben. Das hängt allerdings auch von der persönlich-genetischen Veranlagung ab. Manch eine hat doch schon einen deutlichen Bauch und mit diesem beginnen eine stattliche Reihe von Schwangerschaftsbeschwerden. Hier eine kleine, unvollständige Übersicht:

- Passiert oft, aber nicht nur in den Sommermonaten: Anschwellen aller Gliedmaßen, d.h. monströse Füße und Finger. Diese hässliche Begleiterscheinung lässt sich wohl auch aus der Neigung zu prämenstrueller Wassereinlagerung vorhersagen. Ade, ihr zierlichen Sommersandalen, adios, Ringe und Armbanduhr! Willkommen, Zeltunterhosen, Stützstrumpfhosen und breite Latschen. Vom Gesicht wollen wir hier schweigen, man soll ja angeblich als Schwangere immer ganz hübsch aussehen und »von innen leuchten« ...
- Auch von Anfang an beliebt: die Blase unter Druck. Nun heißt es, öffentliche Orte grundsätzlich nach der nächsten Toilette abzusuchen, flauschiges Toilettenpapier zu kaufen und das nächtliche Gerenne schon mal als Vorbereitung auf die kommenden unterbrochenen Nächte mit Baby willkommen zu heißen. Lassen Sie sich trotzdem nicht davon abhalten, viel (Wasser) zu trinken, es wird Ihnen in jeder Hinsicht gut tun und ändert nach einer gewissen Trainingsphase auch nichts an der Häufigkeit des Wasserlassens.
- Niemand spricht gern drüber und doch sind sie weit verbreitet: Hämorrhoiden. Oft entstehen oder verschlimmern sie sich in der Schwangerschaft durch eine hormonell bedingte Weitung der Blutgefäße. Abgesehen von den hoffentlich hilfreichen Ratschlägen Ihrer Ärztin pflegen Sie Ihren Po mit feuchtem Toilettenpapier und der guten, alten Ringelblumensalbe – die hilft auch prima gegen den Juckreiz.
- Der Rücken ist naturgemäß von dem Gewicht, das vorne zieht, nicht entzückt. Im ärgsten Fall kann es zu starken Ischiasbeschwerden kommen. Ruhe, Wärme und spezielle Massagegriffe können Erleichterung bringen.
- Früher oder später werden Sie auch endlich wissen, wie sich Sodbrennen anfühlt – im wahrsten Sinne des Wortes ätzend. Milch oder viel Wasser trinken helfen kurzfristig. Lassen Sie sich (falls Ihre Ärztin nicht reagiert, was Ihnen nicht ungewöhnlich vorkommen sollte) von einer guten Apothekerin beraten, welche Mittel ungefährlich dagegen eingenommen werden können.

- Interessanterweise neigt frau zu Beginn und Ende einer Schwangerschaft auch zu Erkältungen oder zumindestens Problemen mit der Nasenschleimhaut (trocken, dauerverschnupft, allergischer als sonst). So trivial ist dies nicht, stört es doch noch zusätzlich den Nachtschlaf. Neben den üblichen Ratschlägen wie viel trinken und ein gut belüftetes Schlafzimmer sind zwei rezeptfreie Mittel sehr hilfreich: die wundervollen Babix Tropfen (reines Eukalyptusöl), die sich auch bei verschnupften Baby- und Kleinkindnasen extrem gut bewähren und Weleda Nasenöl.
- Schlafstörungen mit Neigung zum Grübeln: Auch ohne Gang zur Toilette weckt das schwangere Gehirn Sie gerne häufig auf oder hindert Sie am Einschlafen. Auch das ab gewisser Bauchgröße nur noch mögliche Auf-der-Seite-Liegen fördert die Nachtruhe keineswegs. Hier sollten Sie das tun, was allen Schlafgestörten zu raten ist: Ab einer gewissen Wachdauer (subjektiv gefühlte Viertelstunde oder ab »Ah, das wird heute Nacht nie mehr was …«) raus aus dem Bett und kurz was lesen, Tagebuch schreiben und eine warme Milch trinken.

Alle sonstigen Zipperlein finden sich in jedem anständigen Schwangerschaftsratgeber oder in dem zu Recht berühmten und geschätzten Buch »Hebammensprechstunde«[2].

Natürlich besprechen Sie all diese Veränderungen regelmäßig bei den Vorsorgeuntersuchungen mit Ihrer Frauenärztin. Nun, Sie erwähnen Sie zumindestens … aber rechnen Sie nicht unbedingt mit einer Reaktion oder gar Behandlungsvorschlägen. Man scheint oft davon auszugehen, dass all das trivial ist und eben einfach auszuhalten sei. Wer sich aber doch in seiner Lebensqualität eingeschränkt fühlt, wende sich an Hebammen, Mütter und Apothekerinnen.

Zu Ihrer Unterhaltung dreht sich das Beschwerden-Roulette bei jeder Schwangerschaft aufs Neue – na, wenn das kein Grund ist, wenigstens zwei Kinder zu kriegen!

Und dies noch zum Troste: Manche Frauen bekommen während der Schwangerschaft ganz tolle Haare … die dann nach der Geburt alle wieder ausfallen.

---

2 *Ingeborg Stadelmann: Hebammensprechstunde. Eigenverlag, 1999*

»ESSEN SIE VIEL SÜSSES?«

Die Zeit der Schwangerschaft ist eh schon schwer genug? Sollte dies nicht eine famose Gelegenheit sein, das zu entwickeln bzw. wieder zu entdecken, was für eine ausgewogene und gesunde Ernährung am allerwichtigsten ist: ein Bauchgefühl – im wahrsten Sinne des Wortes – für das, was der Körper gerade braucht?

Wenn Sie zu den vielen essgestörten Frauen gehören, die zu viel, zu fett, zu süß essen, dann werden Sie sich erst recht in der Schwangerschaft nicht beherrschen können. Sie ignorieren die Ratgeber zur gesunden Ernährung und die Tipps und Mahnungen Ihrer Ärztin sowieso. »Essen Sie viel Gemüse, viele kleine Portionen und vermeiden Sie zu viel Süßes« – gäääääähn. »Nehmen Sie drei Löffel Hirse, garen eine Paprika fünf Minuten und servieren das Ganze auf einem schönen Teller mit einer Sauce aus Jogurt und Kümmel und ein paar frischen Kräutern …« Kickt voll.

Wenn Sie zu den vielen Frauen gehören, die glauben, essgestört und zu dick zu sein, es aber gar nicht sind, werden Sie eh genug Probleme damit haben, ständig zuzunehmen. Sie werden weiter unregelmäßig essen – sehr schlecht fürs Baby und fürs Gewicht, nichts macht so sicher dick(er) –, aus Frust und Dollerei mit höllisch schlechtem Gewissen köstliche Süßspeisen, Kekse und *Schokolade* in mehr oder weniger sporadischen Fressanfällen verdrücken und sich so gründlich den Spaß an einem der schönsten Dinge der Wohlstandsgesellschaft verderben: einer irren Auswahl an Lebensmitteln zu Ihrer freien Verfügung.

Wenn Sie zu den wenigen Frauen gehören, die jetzt noch übrig bleiben, dann freuen Sie sich auf interessante Erlebnisse mit Ihrem Appetit. Oha, keine Lust auf Süßigkeiten in den ersten paar Wochen! Köstlich, drei Pfund Weintrauben am Tag zu verdrücken – ist bestimmt was drin, was Sie gerade dringend benötigen. Gilt ebenso für Orangen, Hühnerschenkelchen, Pizza, Thunfisch u.v.m.

Jogurt und Eiscreme – lecker, lecker –, besonders in Shakeform gemixt mit Früchten aller Art. Kurz gesagt: Essen Sie doch, was Sie wollen!

Wenn Sie nun doch unbedingt Tipps haben wollen, bitteschön:

1. Verbieten Sie sich nichts. Vor allem nicht Süßigkeiten. Halten Sie sich einfach an die Regel: Süßes nach dem Essen und niemals gegen den Hunger! Kaufen Sie die edelsten und teuersten Süßigkeiten.
2. Lassen Sie Reste übrig bzw. lernen Sie, und wenn nur aus Prinzip, den letzten Löffel auf dem Teller bzw. in der Eiscremedose zu lassen. Das ist ein spannendes psychologisches Experiment und schult die Disziplin ausreichend.
3. Kaufen Sie möglichst viele hochwertige Lebensmittel, am besten frisch vom Markt oder noch besser vom Öko-Laden/Stand. Abgesehen von der Umwelt werden Sie sich damit zu einem wirklichen Gourmet entwickeln, jenseits von Trüffeln und Austern. Ihr Geschmacks- und Geruchssinn wird Ihnen nach kurzer Zeit den Unterschied zwischen herkömmlichem Obst, Gemüse und Fleisch und ökologischen Produkten buchstäblich vor die Nase halten.
4. Wie schon erwähnt: Trinken Sie (Wasser, Wasser mit Saft, Kräutertees) … trinken Sie noch mehr … und noch mehr. Hilft gegen Erkältungen, Müdigkeit, Gewichtszunahme, Konzentrationsstörungen, Blasenbeschwerden, Sodbrennen, etc. p.p. Und staunen Sie, wie Sie umso mehr Durst kriegen, je mehr Sie trinken.

Kurzum: Scheren Sie sich einen Dreck um Ernährungsratgeber!

DIE WELT IST SCHLECHT …

Schwangeren und jungen Müttern sollte man das Zeitunglesen eigentlich rigoros verbieten. Und das Fernsehen auch. Beim Radio hält man sich am besten an Kulturwellen und schaltet aus, wenn die Nachrichten kommen, denn: Die Welt ist schlecht.

Als ich im siebten Monat schwanger war, machte ein brutaler Angriff auf eine Frau Schlagzeilen, die ebenfalls im siebten Monat war. Natürlich ist so eine Tat schockierend, egal ob man selber schwanger ist oder nicht. Aber als Co-Schwangere ging ich eben nicht nach erfolgter Lektüre zur Tagesordnung über, sondern schwankte noch tagelang zwischen haltloser Empörung und tiefer Verzweiflung, in was für eine Welt ich mein Kind eigentlich setzen würde. Wenn man sich vermehrt, haben schlechte Nachrichten, die andere Kinder betreffen, einen ganz neuen Bezug zum eigenen Leben. Eine psychisch gestörte Frau hat ein Baby aus einer Säuglingsstation entführt? Wie kann so etwas nur geschehen, die armen Eltern. Wenn das uns passiert wäre, undenkbar! Man leidet mit und atmet erleichtert auf, wenn das Kind nach fünf Tagen endlich gefunden wird. Ein Baby wird stark unterernährt und mit Spuren von Misshandlungen aufgefunden: Dann macht man sich klar, dass es ein ebenso liebenswertes, unschuldiges Wesen sein muss wie das eigene Kind und kämpft mit den Tränen. Kleinkinder verdursten zu Hause, weil ihre Mutter sie allein gelassen hat oder werden Opfer so genannter Familiendramen, weil Papa durchdreht und die Seinen meuchelt. Da begeistern sich selbst liberale Menschen schon mal für rigide Strafen, die nicht vom Grundgesetz gedeckt werden.

Und blickt man hinaus in die weite Welt, ist es auch nicht besser: Betrachtet man die Krisen- und Katastrophengebiete, wird einem klar, dass von allen schrecklichen Ereignissen eben auch Kinder betroffen sind. Meine Freundin Juliane war wochenlang völlig fertig, weil sie Bilder von hungernden Kindern in Afrika gesehen hatte. Natürlich gab es solche Bilder vorher auch schon. Aber seit sie wusste, wie herzzerreißend ihre Tochter schrie, wenn sie mal fünf Minuten auf die Mahlzeit warten musste, bekamen sie für Juliane eine ganz andere Bedeutung. Nun malte sie sich entsetzt aus, wie wohl ein Kind schreit, das wirklich und wahrhaftig verhungert. Zur selben Zeit starrte ich ängstlich in den Abendnachrichten auf das belagerte Sarajevo. Die Versorgungslage war dort dramatisch, Nahrung und Medikamente kaum vorhanden, Heckenschützen bedrohten die Bevölkerung. Ich hatte gerade ein paar Tage lang Panik geschoben, weil mein wohlgenährter, medizinisch gut versorgter Sohn unter einem spektakulären Brechdurchfall gelitten hatte und fragte mich nun, wie verzweifelt wohl eine Mutter mit einem kranken Kind in der bosnischen Hauptstadt sein müsste.

Kurz und schlecht: Wenn man zu Eltern geworden ist, könnte man sich nur noch gruseln oder die Decke über den Kopf ziehen und das Leid der Kinder dieser Welt beweinen. Das nützt denen leider nichts. Und irgendwann muss man sich auch wieder beruhigen, will man nicht vor Angst und Verzweiflung völlig gelähmt werden. Von daher gelangte ich persönlich zu dem etwas hippiesken Gedanken, dass es einfach gut wäre, sich umeinander zu kümmern. Und fair gehandelten Kaffee zu trinken, auch wenn der nicht so gut schmeckt wie die angestammte, unfaire Marke. Und regelmäßig zu spenden. Und sowieso sollte man auf die Kinder achten und damit in seiner nächsten Umgebung anfangen. Seitdem ich diesen edlen Entschluss gefasst habe, bin ich vermutlich Bezirksmeisterin in der Disziplin »Ausgebüxte Kleinkinder vor den Gefahren des Straßenverkehrs retten und zurück zu ihren Eltern bringen«. Und die Kleine aus dem dritten Stock fühlt sich wahrscheinlich von mir verfolgt, weil ich sie jedes Mal frage, ob ich helfen kann, wenn sie während eines akuten Trotzanfalls mal wieder heulend auf dem Treppenabsatz vor meiner Wohnung sitzt. Aber es könnte ja mal wirklich was sein. Und ich möchte auf gar keinen Fall über mich in der Zeitung lesen: »Verletztes Kind weinte stundenlang im Treppenhaus – und kein Nachbar half.«

»WELCHER KINDERWAGEN PASST ZU MIR?« ODER WAS BRAUCHT MEIN BABY WIRKLICH?

Um es gleich vorweg zu sagen: Ein Baby braucht in den ersten sechs Monaten seines Daseins in erster Linie Liebe, Wärme und Geborgenheit, Milch, Schlaf und viele, viele Windeln. Das lässt sich eigentlich ohne größere Kosten ganz gut bewerkstelligen. Abgesehen vielleicht von den Windeln, die ein echtes Loch in die Haushaltskasse fressen – völlig egal, ob man sich für Pampers oder Stoffwindeln entscheidet (nimmt sich übrigens auch unter ökologischen Gesichtspunkten nichts!). Es ist dem Säugling ziemlich egal, ob seine Kleidung vom Flohmarkt oder aus einer der Kinder-Designer-Boutiquen kommt, die derzeit ungeachtet der gesamtwirtschaftlichen Situation wie Pilze aus dem Boden schießen. Funktional beim An- und Ausziehen, bequem und hautfreundlich sollte sie sein. Und ganz sicher benötigt ein Neugeborenes kein komplett eingerichtetes Baby-Studio von ebenso namhaften wie hochpreisigen Kindermöbel-Anbietern. Egal, was die Werbung uns glauben machen möchte.

Es wäre also alles ganz unkompliziert, wenn es nicht den Nestbautrieb junger Mütter gäbe und das Bedürfnis werdender Eltern, sich nach allen Regeln der Kunst so gut es geht auf das unbekannte Kommende vorzubereiten, alles für den Säugling zu tun und ein Höchstmaß persönlicher Sicherheit mit einer möglichst perfekten Vorbereitung zu erreichen. Und das wissen Werbung und Babymarkt-Fachberaterinnen weidlich auszunutzen.

Während Wiegen und Stubenwagen klassisch innerhalb der Familie von Generation zu Generation weitergegeben werden, gehört der Kinderwagen zu den beliebten Neuanschaffungen und ist gerne auch ein dankbar – da scheußlich teures – angenommenes Geschenk der werdenden Großeltern. Mama und gegebenenfalls auch Papa in spe müssen nur noch sagen, welchen sie wollen. Hört sich prima an. Aber gehen Sie mal spaßeshalber in einem beliebigen Babymarkt in die Kinderwagen-Abteilung und beobachten sie folgende typische Szene: Eine engagierte Fachberaterin und die werdende Mutter flankiert von den werdenden Großeltern, manchmal auch noch der werdende Vater, stehen in einem Meer von Kinderwagenmodellen – von chromblitzend und klassisch-blau bis zu dreirädrig sportlich orange-kariert. Die Fachberaterin redet beschwörend und eifrig gestikulierend auf die Kaufinteressenten ein, zieht ein Modell nach dem anderen aus der nahezu unüberschaubaren Masse heraus, schiebt und zieht nach vorn und hinten, Fuß hierhin, Hände dorthin, Wagen auf- und wieder zusammengefaltet, Tasche rein- und rausgeschoben, -gehakt oder -geklappt, Verdeck auf und zu, Sonnenschutz hin und her, Babyschale runter, Karrenaufsatz rauf und so weiter, bis alle möglichen Funktionen des Hightech-Gefährtes ausreichend erläutert und demonstriert sind. Und das bei jedem Modell!

Derweil wechselt der Gesichtsausdruck der werdenden Mutter von Begeisterung zu Müdigkeit, gefolgt von Ratlosigkeit, Verwirrtheit und schließlich Verzweiflung. Die zunächst technisch noch hochinteressierten Väter und Großväter wenden sich gelangweilt anderen Dingen zu. Die werdende Großmutter schaut zunehmend besorgter oder aggressiver (»Ich habe meine Kinder auch ohne diesen Schnickschnack groß bekommen«) und die Kaufentscheidung wird verschoben. Heißt im Zweifel für die geplagte Schwangere, dass sie sich in noch ein Geschäft quält, um sich erneut »beraten« zu lassen.

Was also tun? Wie sich zurechtfinden in einem Meer immer komplexer und ausgefeilter werdender Produkte? Zum einen: Ruhig bleiben. Zum anderen: eine persönliche Bedarfsanalyse durchführen. Also: Sind Sie viel mit dem Auto unterwegs? Dann nehmen Sie ein Gefährt, das sich leicht und klein zusammenfalten lässt. Wohnen Sie im fünften Stock ohne Fahrstuhl? Dann um Gottes willen keine fest montierte Babyschale, sondern eine herausnehmbare Tasche. Sind Ihnen Statussymbole wichtig? Dann wählen Sie einen dieser chromblitzenden Klassiker. Werden Sie mit dem Baby viel in der Natur spazieren gehen? Dann sollte der Kinderwagen robust, pflegeleicht und mit guten Reifen ausgestattet sein. Dafür darf er groß sein. Wohnen Sie in der Stadt, sind viel in Geschäften und mit Bus und Bahn unterwegs? Dann ist das Leben leichter, wenn der Kinderwagen kleiner ist und bewegliche Räder hat. Wenn Sie Mehrlinge erwarten, haben Sie es etwas leichter, dann bleibt im Wesentlichen die Frage, ob Sie mit dem Kinderwagen lieber in die Länge oder in die Breite gehen wollen.

Wenn Sie sich dann mit diesen und ähnlichen Gedanken ein ungefähres Bild gemacht haben, gehen sie getrost in den nächstgelegenen Babymarkt – die anderen haben eh die gleichen Modelle. Vertrauen Sie der Verkäuferin, die sich mit Ihren Bedürfnissen auseinander setzt, und gehen Sie sofort wieder weg, wenn Ihnen jemand bestimmte Marken aufschwatzen will. Und vor allem: Lassen Sie sich einen Stuhl bringen und nehmen Sie genug zu essen und zu trinken für sich mit.

Übrigens – Kinderwagen gibt es sehr gut auch in gebrauchtem Zustand. Aber wenn es denn ein nagelneues Modell sein soll, dann lassen Sie sich gleich auch noch ein gutes Fahrradschloss dazuschenken.

DIE WISSENSCHAFT DER BABYPFLEGE

Unsere Mütter und Großmütter sind bei der Babypflege noch mit Penatencreme und Puder ausgekommen. Mit der Kombination aus beidem konnte der Babypopo ziemlich luftdicht versiegelt werden, damit auch ja nichts wund wurde. Heute reagieren unsere Mütter und Großmütter bisweilen mit mittelschwerem Unwillen, wenn diese Anwendungen von jungen Müttern vehement als äußerst schädlich für die zarte Babyhaut abgelehnt werden. Wer nicht gerade ein Faible für die Duftnuancen von Nivea, Penaten & Co hat, salbt Babys Po heutzutage maximal mit Mandel- oder gar nativem Olivenöl und beugt dem Wundwerden während der Stillzeit durch eigene Askese vor: keine Zitrusfrüchte, kein Alkohol, nicht zu scharfes Essen, aber auch nichts Süßes und die meisten anderen Sachen, die schmecken, eigentlich auch nicht.

Dafür wiederum wurde früher jeder Gegenstand, der mit dem Säugling in Berührung gekommen war, größten Hygieneprozeduren unterzogen: Kleidung, Windeln, Flaschen, Sauger und Schnuller wurden mindestens täglich ausgekocht, mit Salz desinfiziert beziehungsweise zum Zwecke der Bakterienvernichtung akribisch gebügelt. Das Gleiche könnte man von der ersten Beikost sagen: Mohrrüben und Kartoffeln, die zwei Stunden lang zu Brei gekocht wurden, bis auch der letzte wichtige und nahrhafte Inhaltsstoff in Dunst verwandelt war. Dafür aber möglichst fette Milch, die nach heutigen Erkenntnissen als überhaupt nicht empfehlenswert, da für Babys Bauch als zu schwer verdaulich eingestuft wird. Stattdessen greift man heute auf ungesüßte Tees, Pastinakenbrei und Haferflocken zurück, jedoch nicht, bevor das Baby nicht mindestens ein Jahr alt ist, um es bis dahin, wenn schon nicht mit der Mutterbrust, dann doch zumindest mit lebensmitteltechnisch vorverdauter Folgemilch oder »Pfui Spinne!«-Sojamilch (nichts für ungut, aber jeder hat so seine persönlichen Grenzen) zu verwöhnen.

Und auch hier begegnen die Generationen einander oft mit Kopfschütteln: Wenn junge Mütter die heruntergefallenen Schnuller und Löffel ihrer Babys sauber machen, indem sie diese kurzerhand ablecken, fürchten manche Vertreterinnen der älteren Generation den Ausbruch von Typhus, Ruhr oder ähnlichen todbringenden Krankheiten. Da muss man wohl um gegenseitiges Verständnis werben: Die Fortschritte der Medizin haben eben dazu geführt, dass Infektionskrankheiten vielfach keine wirkliche Bedrohung mehr sind. Im Gegenteil: Unser Alltag scheint im Wesentlichen so klinisch rein zu sein, dass unser Immunsystem faul geworden ist und ein bisschen Schmutz als Trainingsmaßnahme gilt. Dafür sind wir zahllosen anderen Umweltbelastungen ausgesetzt, von denen früher nicht einmal dem Namen nach die Rede war.

Sei's drum – nur, weil man heute neue Erkenntnisse hat, heißt das ja noch lange nicht, dass früher alles schlecht war. Zwar ist es heutzutage verpönt, Säuglinge von oben bis unten mit Daunenkissen, -decken und Nestchen zu umhüllen, dafür empfehlen Hebammen neuerdings wieder eine moderne Version des alten Steckkissens, in dem Säuglinge so fest eingewickelt wurden, dass sie sich gar nicht mehr bewegen konnten. Diese nachgestellte Enge aus Mamas Bauch wirke äußerst beruhigend.

Kurz und gut und kaum zu glauben: Auch der Umgang mit einem Säugling unterliegt Modewellen: Was beim Erstgeborenen das Nonplusultra war, kann beim drei Jahre später kommenden Geschwisterchen infolge neuer wissenschaftlicher Erkenntnisse und neuer ausgeklügelter Babyprodukte bereits völlig obsolet sein. Ob man sich davon beeindrucken lässt und was dann im Einzelfall das Richtige ist? Hier gilt: auf die eigene Intuition vertrauen und ausprobieren. Das Rad jedenfalls ist noch nicht neu erfunden worden.

SCHWANGEREN-YOGA UND ANDERE VORBEREITUNGSVERANSTALTUNGEN

Die irritierte Erstschwangere ist bestrebt, zu ihrer Information und Beruhigung den einen oder anderen Kurs zur Vorbereitung zu besuchen. Was erwartet mich bei der Geburt? Wie bereite ich meinen Körper am besten darauf vor? Was um Gottes willen braucht ein Baby zum Anziehen bzw. wie zieht man es überhaupt an?

Angesichts der Fragen, die man dann noch ganz naiv bei den verschiedenen Vorbereitungsveranstaltungen erlebt, staunt man, wie andernorts Kinder ganz ohne alle diese Informationen überhaupt auf die Welt gebracht werden können.

Der Vorbereitungskurs, wahlweise in Kliniken, Geburtshäusern oder Hebammenpraxen buchbar, ist wohl ein Muss für die erstmalig Schwangere. Nun gut, es sollen auch schon Babys ohne diesen Kurs gut geboren worden sein.

Was kann man dort erwarten? Zunächst einmal das heimelige Gefühl einer Gruppe von Frauen und Paaren in der gleichen schönen und gleichzeitig irritierenden Situation. Eventuell lassen sich hier schon erste Kontakte für die Zeit der vielen Kinderwagen-Spaziergänge knüpfen.

Schön fand ich es natürlich auch, den Kurs gemeinsam mit dem Partner zu besuchen. Ein inniges Erlebnis, davon abgesehen, dass bei Abendkursen Väter gerne mal auf den bequemen Matten einnicken (Protestschlaf? Überforderung?) und praktisch, da hier auch gerne Massagegriffe gezeigt werden. Wie Sie Ihren Mann dazu kriegen, Sie auch zu Hause regelmäßig zu massieren, kann ich Ihnen hier leider nicht sagen.

Irritieren kann in den Vorbereitungskursen leider der Typus der überbesorgten Mutter/des überbesorgten Paares, durch die sämtliche denkbaren und ganz persönlichen Schwangerschaftskomplikationen endlos mit der Hebamme/Kursleiterin ausdiskutiert werden. »Wie ist das noch mal, wenn die Fruchtblase platzt – darf ich dann noch die Treppe runterlaufen?« Eine gute Frauenärztin sagt Ihnen ganz auf Sie und die Lage Ihres Kindes bezogen, ob das für Sie überhaupt ein Problem werden wird und was dann zu tun ist. »Mein Kind hat noch immer die Steißlage!« Auch hier sind zu ausführliche Erläuterungen wirklich nur für einen geringen Teil der Gruppe interessant.

So kann es einem also passieren, dass man aus so einem Kurs besorgter rausgeht, als man hineingegangen ist. Also die Ohren eventuell zusperren und ein kleines Protestnickerchen einlegen?

Rückblickend berichteten Freundinnen mir, reiche ein Wochenendkurs zur Vorbereitung allemal, bei den sieben bis acht Abendveranstaltungen kann es wohl eher zu o.g. Phänomen kommen. Es ist für noch arbeitende Schwangere auf jeden Fall weniger ermüdend.

Nützlich sind die Atemübungen, wobei sich vor allem der Vater anstrengen sollte, sich diese zu merken. Ihm wird die wichtige Aufgabe während der Geburt zuteil, die Anweisungen für die richtige Atemtechnik unter Anleitung der Hebamme in das Ohr der Gebärenden zu brüllen.

Nicht nützlich empfand ich es hingegen, das Geburtserlebnis wie auch immer beschrieben zu bekommen: »Ein Gefühl, als ob man einen Kürbis kackt!« Abgesehen davon, dass mir zum Nachvollziehen dieses Erlebnisbildes schlicht die nötige Fantasie fehlt, ist das Geburtserlebnis für jede absolut einmalig. Für jede Frau und für jede einzelne Geburt. Verlassen Sie sich einfach darauf, dass Ihr Körper und die Hebamme alles von ganz allein für Sie regeln werden – und das versichere ich Ihnen als ehemalige Extrem-Geburtsangst-Habende.

Der Besuch eines Babypflege-Kurses kann, so man die Zeit hat, auch recht beruhigend sein. Hinterher kann man sich nicht vorstellen, was man alles nicht zu wissen und zu bewältigen glaubte – ich machte mir wochenlang echte Sorgen darüber, was von den vielen gehorteten und zusammengeliehenen Sachen man dem Baby denn nun anzieht, Strampler mit und ohne Füßchen versus Jäckchen versus Pulli versus Body lang und kurz und so weiter. Der Kurs ist auf jeden Fall wiederum eine Gelegenheit, sich gemeinsam mit dem Partner Zeit zu nehmen, sich einzustimmen auf das Kommende, Unvorstellbare, Schöne. Behalten müssen Sie eh nichts von dem Gesagten und Gezeigten, die Hebamme wird Ihnen in der Nachsorge alles Wichtige und Richtige zum passenden Zeitpunkt beibringen.

Das Schwangeren-Yoga ist Geschmackssache. Ich persönlich fand es toll, weil der schwer tragende Körper ordentlich durchgedehnt und entspannt wird und auch die Ischiasbeschwerden danach immer für mindestens eine Stunde verschwunden waren. Die Atemübungen werden hier auch viel intensiver praktiziert als im Vorbereitungskurs. Zu meinem Erstaunen und ungeplant hat mich die »AAAAH«-Übung fantastisch durch die erste Geburt gebracht, auch wenn ich mich nachträglich bei den anderen Müttern in Kreißsaal-Umgebung entschuldigen möchte. Falls Sie schon mal üben möchten: Arme fünf bis sechs Minuten lang zur Seite ausstrecken und gegen die kolossalen Muskelschmerzen dabei mit oben genannten Tönen angehen, d.h. mit dem möglichst langen Ausatmen »AAAH«, »OOOH« oder Ähnlichem im wahrsten Sinne des Wortes tönen.

Wie gesagt, auf die Welt kommt Ihr Baby natürlich auch ohne all diese Kurse. Aber beim ersten Kind beruhigen diese Aktivitäten doch ganz enorm.

»DIE ROSA WÄNDE FAND ICH DOOF« – KLINIK ODER GEBURTSHAUS?

Hätte man geahnt, dass man sich bei einem Krankenhaus seiner Wahl Monate vorher anmelden muss? Ich dachte immer, man taucht einfach mit Wehen auf – als Kranke meldet man sich doch auch nicht Monate vorher an.

Und was gibt es nicht alles für Unterschiede zu beachten: Farbe des Kreißsaals (»Also, die rosa Wände, das fand ich furchtbar«), die so genannte »Schnittrate« (wie viel Prozent Dammschnitte oder Kaiserschnitte werden dort gemacht), haben die Hebammen mehr das Sagen oder die Ärzte, gibt es Wannen, Seile, Bälle, allerlei Liege- und Stuhlvarianten im Kreißsaal, wie viele Hebammen arbeiten pro Schicht und wie trinken diese gern ihren Kaffee? Arbeitet man homöopathisch, mit Lachgas, gibt man auf Wunsch eine Periduralanästhesie (PDA)? »Und *welche* Schmerzmittel geben Sie denn?«

All diese Fragen kann man auf den Informationsveranstaltungen natürlich nur stellen, wenn man sich vorher gewissenhaft durch Berge von Ratgeberliteratur gearbeitet, somit quasi sein Arztstudium nachgeholt und viele Mütter und Väter interviewt hat. Ansonsten einfach dabeisitzen und staunen.

Nebenbei bemerkt: Welche Frau mit Wehen achtet auf die Farben der Wände, die sie just umgeben? Wichtig ist allerdings, was man an Tatsachenberichten von Müttern aufschnappt, die schon dort waren. Und das Allerwichtigste, wie diese die Hebammen empfunden haben. Und wie man die Mütter findet, die das erzählen, ist am allerallerwichtigsten.

Schlau ist es also, bei den Infoveranstaltungen und anschließenden Rundgängen eher darauf zu achten, wie man auf die dort arbeitenden Personen reagiert bzw. was einem das ganze Procedere und Gesagte über die dortige Arbeitsatmosphäre und das -klima sagt. Ob Seil, Wanne oder Ball ... das ist doch vielen unter Wehen eher schnurzpiepegal oder die Wanne ist gerade besetzt! Auf ein gut funktionierendes, erfahrenes Team sollte man sich aber hundertprozentig verlassen können. Das wird einem dann schon rechtzeitig mitteilen, welche indianische Hockstellung just erleichternd wäre.

Was nun könnte Sie bewegen, statt im Krankenhaus in einem Geburtshaus zu entbinden? Als Erstes natürlich die Meinung der begleitenden Gynäkologin *und* der Geburtshaushebammen, dass die Geburt ohne besondere Risiken vonstatten gehen wird. Der zweitwichtigste Grund kann die Atmosphäre eines Geburtshauses sein. Hier haben Hebammen das Sagen und die haben zuallererst einmal die Sicht und Erfahrung, dass eine Geburt ein natürlicher und auch schöner Vorgang ist. Hebammen untersuchen in der Regel auch mit ihren Händen, man höre und staune. Und können einem nicht selten viel präziser sagen, wie groß das Kind sein wird als das tollste Ultraschallgerät.

Geburtshäuser sind keine Massenbetriebe, die Chancen stehen also gut, während der ganzen Geburt nur eine Hebamme zur Seite zu haben. Die Entbindungszimmer sind kuschelig, wohnzimmerartig eingerichtet. Bälle, Seile, Wanne, Hocker (und Sprossenwände, ja, auch die können zum Dranhängen nützlich sein) stehen zur Verfügung. Es wird mit Aromaölen, Badezusätzen, Duftlampen, Musik und homöopathischen Mitteln gearbeitet und ... mit warmen Kaffeefiltern. Dies soll für den gestressten Damm recht entspannend sein – und der Kaffee tut vermutlich der Hebamme gut.

Wenn einem also das eine oder andere besichtigte Krankenhaus zu klinisch oder groß vorgekommen ist, einem o.g. Mittel und eine ganz persönliche Betreuung sehr wichtig sind und ein Geburtshaus in annehmbarer Nähe liegt, ist Letzteres die bessere Wahl – wie gesagt, medizinische Unbedenklichkeit vorausgesetzt. Bei akut auftretenden Problemen werden die Geburtshaushebammen rechtzeitig eine Verlegung in ein Krankenhaus veranlassen, wenn dies notwendig sein sollte.

Einen Wermutstropfen birgt das Geburtshaus allerdings in sich: In der Regel muss eine private Zuzahlung um die dreihundert Euro herum erfolgen, die wenige Krankenkassen erstatten. Und auch hier gilt: rechtzeitig informieren und anmelden, d.h. spätestens im 4./5. Monat.

Die Vorteile beider Institutionen hat – wenn die entsprechende Klinik dies anbietet – eine Beleghebamme. Diese betreut Sie vor und nach der Geburt und begleitet Sie in der Klinik durchgehend. Auch hier sollten Sie sich sehr frühzeitig anmelden, denn die Damen sind begehrt und nicht so zahlreich.

Schließlich gibt es noch die Möglichkeit einer Hausgeburt. Auch hier begleitet Sie eine Hebamme, die sich darauf spezialisiert hat. Wer sich dafür entscheidet, schätzt die persönliche und intime Atmosphäre der trauten vier Wände. »Schließlich haben vor nicht allzu langer Zeit alle Geburten so stattgefunden«, merkt Freundin Anna dazu an, die mittlerweile in ihrem Freundeskreis sechs Frauen kennt, die zu Hause problemlos entbunden haben.

Fairerweise sollte man noch sagen, dass hier wie auch bei der Entbindung im Geburtshaus manche Ärzte kritisch anmerken, dass nicht genügend Zeit für eine Verlegung sein könnte, wenn Komplikationen auftreten.

Es bleibt also eine ganz persönliche Entscheidung, wo Sie sich am sichersten und am wohlsten fühlen können.

»GEHT ES JETZT ENDLICH LOS?«

Nun haben Sie sich also neun Monate lang mehr oder minder intensiv auf das große Ereignis vorbereitet. Haben die ersten drei Monate vielleicht klassisch von Hormonen gebeutelt irgendwo zwischen Himmel und Hölle verbracht, haben brechend über der Kloschüssel gehangen oder sind vor Müdigkeit kaum aus dem Sessel gekommen. Im zweiten Drittel der Schwangerschaft haben sich Hormone, Körper und Geist vermutlich etwas beruhigt und an die Sache gewöhnt. Wenn Sie schlau sind, waren Sie mit Ihrem Liebsten noch mal auf Malle oder in der Karibik, um es sich so richtig gut gehen zu lassen und sich anschließend hemmungslos dem Nestbautrieb hinzugeben: Babykleidung anschaffen, Bettchen besorgen, haufenweise Ratschläge und Bücher verschlingen ... Und jetzt befinden Sie sich im letzten Drittel, der errechnete Termin naht und damit unweigerlich das Bedürfnis »Das Kind muss endlich raus! Alles ist besser, als noch weiter diese beschwerliche Kugel vor sich herzuschieben!«

Sie merken das übrigens auch spätestens dann, wenn Freunde und Verwandte Sie täglich anrufen oder SMS schicken: »Kind schon da?«, »Was meinste denn, wann kommt es denn?«, »Wie is'n dein Gefühl so?«, »Wann war noch mal Termin? Ach so, erst in drei Wochen« – alles total nervig! Eine Hebamme empfahl, an dieser Stelle offiziell verlauten zu lassen, die Ärzte hätten sich verrechnet, Kind komme vier Wochen später als erwartet. Sehr gute Idee!

Es ist dann also an der Zeit, sich erstens noch einmal einen Termin beim Friseur geben zu lassen und zweitens alles für den Klinik- oder Geburtshausaufenthalt rauszulegen, die so genannte Tasche zu packen. Na gut, muss man jetzt vielleicht nicht allzu wörtlich nehmen. Aber es ist schon von Vorteil, wenn die Sachen irgendwo parat liegen oder zumindest auf einem Zettel aufgelistet ist, was wo zu finden ist. Was Sie brauchen, steht in jedem Heftchen zur Geburtsvorbereitung, die in der Regel massenhaft bei Ihrer Frauenärztin ausliegen. Und im Geburtsvorbereitungskurs wird man Ihnen sicher auch entsprechende Listen mit auf den Weg gegeben haben. Drei Dinge allerdings seien hier noch wärmstens empfohlen:

Erstens: bequeme Kleidung für die Sie begleitende Person. Die erste Geburt kann schon die eine oder andere Stunde dauern, und man hört doch immer wieder von bedauernswerten Vätern oder Freundinnen, die vom Geschäfts-Meeting weg direkt in den Kreißsaal beordert werden und dann Stunden um Stunden im Business-Kostüm mit High Heels oder schwarzem Zweireiher und den seit Jahren zu engen schwarzen Schuhen engagiert Geburtshilfe leisten.

Zweitens: ein gut sortierter Fresskorb mit allem, was Ihr Herz und das der Begleitperson begehren könnte. Es wäre wirklich blöde, wenn Sie unter stärksten Wehen plötzlich tierischen Appetit auf ein Leberwurstbrot oder Ihre Lieblingsschokolade bekommen. Oder wenn Ihr Partner dringend einen Kaffee und irgendwas Fleischiges braucht, bevor er mit Ihnen weiter »Aaaahs« und »Oooohs« atmen kann. Im Kreißsaal wird man Ihnen da nicht weiterhelfen können, ist ja kein Fünf-Sterne-Hotel.

Drittens: So komisch es klingen mag, ein »Wunschzettel« für die Geburt hat sich bewährt. Den können Sie in aller Ruhe vorher schreiben und dann den diensthabenden Hebammen in die Hand drücken. Das minimiert die Gefahr, im Kliniktrott unterzugehen. Auf dem Wunschzettel können Sie zum Beispiel notieren, was Ihr Baby nach der Geburt anziehen soll, wenn es nicht die Klinik-Kleidung sein soll. Oder vielleicht haben Sie sich schon für eine bevorzugte Gebärposition entschieden – auf dem Gebärhocker in der Wanne, aber mit beiden Armen noch an der Sprossenwand oder so? – dann gehört das auf den Zettel. Sie wollen unbedingt oder keinesfalls Schmerzmittel? Und hinterher die Plazenta in der Tupperdose mitnehmen? Alles aufschreiben!

Bleibt noch die spannende Frage: Wann geht es denn nun endlich los? Wenn die Fruchtblase platzt, ist die Sache eindeutig. Da muss frau sich auf den Weg machen. Mit den Wehen sieht das anders aus: Wie oft kommen sie? Wie stark sind sie? Wie lange dauern sie? Da es nicht von ungefähr »Wehen« heißt, werden Sie in jedem Falle merken, was eine für den Geburtsverlauf ernst zu nehmende Wehe ist – das unterscheidet sich noch mal deutlich von den ganzen Senk-, Vor- und Frühwehen. Es obliegt dann ganz Ihnen, ob Sie lieber frühzeitig losfahren, auf die Gefahr hin, dass man Sie wieder nach Hause oder auf nervige Spaziergänge schickt. Oder ob Sie lieber so lange wie möglich zu Hause bleiben und noch eben schnell die Wäsche zusammenlegen oder die Küche polieren – auch wenn es durchaus Fälle gibt, die so spät kommen, dass sie quasi im Fahrstuhl des Krankenhauses entbinden.

Wenn man von einem geplanten Kaiserschnitt – ob bewusste Entscheidung oder medizinische Notwendigkeit – einmal absieht, kann den genauen Geburtsverlauf eh niemand vorhersagen: eine sechsstündige Bilderbuchgeburt? Wir gratulieren herzlich! 14 Stunden zähen Kampfes mit PDA und Wehentropf und schließlich doch Kaiserschnitt? Leider nicht unüblich. Oder eine zweistündige Schnellgeburt mit Wehen, die Ihnen kaum eine Verschnaufpause lassen? Egal – das alles geht vorbei. Und wenn Sie Ihr Baby dann auf der Brust liegen haben, seinen unnachahmlich wunderbaren Geruch einatmen, endlich sehen können, was für ein kleines wunderbares Menschenkind in Ihrem Bauch gewachsen ist, dann wird das der vielleicht schönste Moment in Ihrem Leben sein.

MUSS FRAU EIGENTLICH STILLEN?

Muss man eigentlich unbedingt stillen?, fragte mich eine schwangere Geschäftsfrau, die gerade generalstabsmäßig die Zeit nach der Niederkunft plante. »Ich fand es ganz praktisch«, entgegnete ich und erntete nur ein kritisches Stirnrunzeln.

Stillen wird von der WHO empfohlen. Ihm werden Wunderdinge nachgesagt: Die Kinder werden optimal versorgt, vor Krankheiten und Allergien geschützt, die Mutter-Kind-Bindung wird gefördert, die Kinder werden intelligenter, das Urvertrauen bildet sich schneller heran, der Stuhl ist fluffig und weniger unappetitlich, die Beinchen praller als bei Flaschenkindern, die Rückbildung der Gebärmutter wird beschleunigt und Mutter verliert ihre Pfunde schneller. Ich muss gestehen, dass diese Argumente bei meiner Entscheidung, einen beherzten Stillversuch zu unternehmen, nicht ausschlaggebend waren. In meinem Kopf spukte vielmehr folgende lebhafte Vorstellung: Ich tappe mitten in der Nacht in der Küche herum, das Baby schreit aus Leibeskräften, ich finde keine sterilisierte Flasche, muss also erst eine sauber machen, dann verschütte ich teures Milchpulver auf dem Fußboden, bin zu müde, es aufzufegen und verteile es in der ganzen Wohnung. Weil ich so viel verstreut habe, ist nicht mehr genug da für die Morgenflasche, so dass ich welches kaufen muss, habe aber nicht mehr genügend Bargeld und als ich mit Karte zahlen will, fällt mir die PIN partout nicht mehr ein, während das Baby schreit und schreit und schreit ...

Und so ähnlich ist es auch, verrieten mir erfahrene Flaschenkost-Eltern. Während ich sie glühend darum beneidete, dass die Mutter viel mehr Freiraum hat, weil Papa das Fläschchen geben kann, beschrieben sie mir abschreckend genug, wie lange es dauert, nachts bzw. an ungeeigneten Orten die Flaschennahrung in korrekter Temperatur zuzubereiten. Nichts mit »Schwupps-Baby-ins-Bett-rübergeholt-und-gemütlich-im-Halbschlaf-Stillen«.

Daher: Stillen ist praktisch. Man hat alles Notwendige zur Baby-Verköstigung immer dabei, man spart enorm viel Geld, man muss keine Flaschen sterilisieren, sich mit zu großen, zu kleinen oder verstopften Saugern herumärgern. Und vor allen Dingen: Stillen verleiht der Mutter automatisch ein Stück Heiligenschein, allein weil sie stillt, wie es sich für die anständige, moderne Mutter gehört. Frauen, die offensiv zur (Nuckel-)Flasche greifen, kriegen den Wind direkt von vorn und müssen sich ständig rechtfertigen. Weswegen viele einfach sagen: »Ich wollte sie so gerne stillen, aber es hat einfach nicht geklappt …«, nur um endlich Ruhe zu haben.

Dennoch hat das Stillen seine Tücken – zumal in der ersten Zeit: Der Milcheinschuss ist schmerzhaft. Der Busen droht zu platzen (wenigstens ein Mal im Leben werden Sie prallere Brüste haben als Dolly Buster) und ausgerechnet jetzt schläft das liebe kleine Prinzesschen sanft und süß. Man möchte es wachrütteln und sofort anlegen, um diesen Druck zu mildern, wird aber von Prinzesschens Vater vehement zurückgehalten. Um Brustentzündungen vorzubeugen, heißt es dann selber Hand anlegen oder sich mit Kohl- oder Quarkwickeln Linderung verschaffen. Es gibt wahrlich Schöneres! Und wussten Sie, dass Säuglinge einen ganz schönen Zug am Leibe haben können? Da dämmert es einem langsam, warum manche Ratgeber empfehlen, die Brustwarzen vor der Geburt »abzuhärten«. Aber das lassen Sie lieber – es nützt auch gar nichts und Sie werden in der Schwangerschaft sicher angenehmere Beschäftigungen finden, als ihre armen Brustwarzen abzuhärten. Es ist einfach so: Sobald das Baby andockt und den ersten Schluck nimmt, krallen manche Mütter die Zehennägel in den Fußboden und unterdrücken mühsam wilde Flüche. Aber das geht vorbei und Stillen wird zur Routine. Gelegentliche Bemerkungen von Großmüttern, die der mütterlichen Brust nicht trauen, wie »Ist er schon wieder hungrig? Meinst du denn, dass du alles richtig machst?« oder »Hast du denn auch genug Milch?« lernt man genauso zu ignorieren wie die Leute, die verständnislos fragen »Stillst du denn immer noch?«, sobald das Kind zwölf Wochen alt ist oder jene, die ständig irgendwelche Untersuchungen zitieren müssen, nach denen Muttermilch ja schwerst schadstoffbelastet sei.

Übrigens: Wenn Sie in der Zeit des Stillens zu Vergesslichkeit, Tüdeligkeit, Wuschigkeit neigen, machen Sie sich nichts daraus, das ist die so genannte Stilldemenz. Eine Freundin pflegt dazu zu sagen: »Wird wohl das Gehirn mit rausgesaugt.« Das geht vorüber!

Auch muss erwähnt werden, dass Stillen den Busen nicht eben straffer macht. Eher weicher ...

Hat man persönliche Bedenken, dass Stillen in der Öffentlichkeit doch zu exhibitionistisch sei – Freundin Paula schien gerade das zu genießen –, sei bemerkt, dass die notwendige Busenfreilegung durch Kleidungsstücke, Tücher etc. recht dezent geschehen kann.

Wenn Sie nun alle Tücken und Hürden des Stillens einmal hinter sich gelassen haben, dann gibt es da noch etwas anderes, was fast zu schön klingt, um wahr zu sein: den tiefen inneren Frieden, der einen beim Stillen durchdringt, die innige Verbindung mit dem Baby und das Gefühl eins mit der Welt zu sein. Das sollte doch Mut machen, es zumindest zu probieren.

Ach so, die oben erwähnte Dame stillte ihre Kinder über die empfohlenen sechs Monate hinaus, genoss die Zeit und musste herzhaft über sich lachen, als ich sie später an jenen pränatalen Wortwechsel erinnerte.

DER BABY-BLUES

Sie haben kurz vor der Geburt noch vieles erledigt und auf die Reihe gekriegt, Freunde getroffen oder haben es sich zu Hause mit Ihrem Partner so richtig gemütlich gemacht. Viele Schwangere putzen und renovieren kurz vor der Geburt noch einmal ordentlich durch, für erfahrene Hebammen ein sicheres Zeichen, dass das Kind jetzt sehr bald kommt.

Kurzum, Sie waren aktiv, dabei relaxt und erwartungsfroh. Sie haben sich gefragt, wie das Leben mit Kind wohl aussieht und freuten sich, die Schwangerschaft bald hinter sich zu haben und Ihr heiß ersehntes Baby endlich zu Gesicht zu bekommen und in den Armen zu halten.

Die Geburt ist schließlich überstanden, Sie sind eine Heldin, das finden auch Ihr Mann, die Hebammen und Freundinnen.

Vielleicht haben Sie sogar das Glück, auf der Wöchnerinnenstation in ein Einzelzimmer gelegt zu werden, um Ruhe zu finden und sich mit dem neuen Erdenbürger anzufreunden. Sie sind aber sowieso noch so von körpereigenen Opiaten berauscht, die zur Schmerzhemmung unter Wehen massenhaft ausgeschüttet wurden, dass Sie in der ersten Nacht bei jedem Pieps Ihres Babys wach werden und es verliebt anstarren. Natürlich starren Sie es auch verliebt an, wenn es gerade nicht piept. Selbst stündliches Anlegen, d.h. das empfohlene Stillen nach Bedarf, bringt Sie nicht von Ihrem Hoch herunter.

Nicht selten erwartet einen aber dann eine wahre Achterbahnfahrt der Gefühle.

So um den dritten Tag herum ist der Schlafmangel durch nächtliches Stillen oder ein schreiendes Baby schon recht groß, die Opiate abgebaut. Mich haben nach unruhigen Nächten auch leider immer der eine oder andere Besucher, meine Bettnachbarin, ihr Baby, ein Anruf, Arzt, Schwester etc. wiederholt aus meinen verzweifelten Kurznickerchen gerissen.

In dieser Phase können Lieb- und Gedankenlosigkeiten Ihres Umfeldes Sie leicht in eine depressive Stimmung stürzen. Immerhin haben Sie gerade ein wehrloses, liebebedürftiges Geschöpf in diese raue Welt gesetzt. Sie selber sind auch schutz- und liebebedürftig, Ihr Körper hat einiges hinter sich und vieles noch vor sich. Da sollten Sie von Mitgefühl und Verständnis umgeben sein und gehegt und gepflegt werden.

Meine beste Freundin litt einige Tage im Krankenhaus an so einer postnatalen Depression, nachdem ihr der Chefarzt – sie hatte den Mann noch nie zuvor gesehen – bei seiner Visite wortlos an die Brust gegrapscht hatte und zu seiner Begleitmeute sagte: »Na, viel Milch hat sie aber nicht.« Fortan schwamm sie in einem Meer aus Tränen. Beendet wurde die Depression von ihrer libanesischen Bettnachbarin: Die bot ihr Pralinen an und nötigte sie, sich ordentlich zu bedienen. Schokolade hebt ja bekanntlich den Serotonin-Spiegel, der unter anderem für gute Laune zuständig ist.

Aber es gibt auch Fälle, wo alle Schokolade dieser Welt nichts nützt: Felicitas hatte eine richtig heftige Depression nach einer sehr schweren Geburt und einer Infektion ihres Neugeborenen, der dann sofort im Kinderkrankenhaus behandelt wurde und somit die ersten Tage von ihr getrennt war. Leider war für sie das Einzelzimmer genau das Falsche und sie litt in dieser Phase so sehr, dass ein Psychiater hinzugezogen werden musste.

Es sind also durchaus behandlungsbedürftige, schwere depressive Zustände nach einer Geburt möglich. Eine schnelle Unterstützung ist in einer solchen Situation sehr wichtig! Scheuen Sie sich also nicht, professionelle Unterstützung und Behandlung durch einen Arzt oder Psychotherapeuten zu suchen.

Für alle frisch gebackenen Mütter und damit auch Zweit- und Mehrfachmütter gilt, dass die hormonelle Umstellung nach der Geburt, der oft unterbrochene, zu kurze Schlaf und der anfängliche Dauerstress, ein Neugeborenes zu versorgen, dazu führen, dass die Laune oft bei geringen Anlässen oder auch ohne solche tief in den Keller sinken kann. Und das mitten im Mutterglück, zwischen innigen Momenten mit Baby und Partner, Stolz und Freude, so etwas Schönes auf die Welt gebracht zu haben!

Ich fand es tröstlich, solche emotionalen Abstürze auf die Hormone zu schieben und damit sicher sein zu können, dass es bald wieder vorübergeht. Enorm hilfreich ist auch ein geduldiger und nervenstarker Partner, der in der ersten Zeit nicht zu spät von der Arbeit nach Hause kommt, der sich des schreienden Kindes annimmt und in ein anderes Zimmer geht, wenn Stillen, Wickeln und Herumtragen durch die Mutter gar nicht helfen. Weiterhin Freunde und liebe (!) Verwandte, ein – zuweilen ausgestöpseltes – Telefon, Nachbarn – kurzum Menschen, die einen aufmuntern, ablenken, für einen da sind. Und das, ohne groß darum gebeten zu werden!

Meine nicht repräsentativen Umfragen unter Zweitmüttern ergaben interessanterweise, dass das Mega-Hochstimmungsgefühl direkt nach der Geburt bei der zweiten leider auch mal ausbleibt. Zwar wird auch die Ansicht vertreten »Geburt wird erst beim Zweiten schön!«, aber es kann auch mal das Gegenteil der Fall sein: Während und nach der Geburt wird dann von einer maulig-schlechten Stimmung berichtet: »Wann ist es endlich vorbei?« und »Kürzer war's, leichter aber nicht!«. Dafür ist der Kontrast zu den Gefühlstumulten der nächsten Wochen vielleicht nicht so krass?

Nach der Geburt meines zweiten Kindes war ich im Übrigen überrascht, was mir da in solchen Phasen immer wieder Mut machte: meine zweijährige Tochter zu sehen. Was sie alles kann, wie selbstständig sie schon ist, wie viel Freude sie mir täglich macht. »So wird das Baby auch bald sein!«, lautete also mein Mantra. Hilfreich war auch der Stolz, viele Situationen sowie Wickeln, Stillen, Kind beruhigen mit Erfahrung weitaus besser und gelassener zu meistern – was übrigens für beide Elternteile gilt!

WARUM JUNGEN MÜTTERN REGELMÄSSIG DIE DECKE AUF DEN KOPF FÄLLT

Ja, warum nur? Jetzt haben wir doch das Glück auf Erden, halten das bezauberndste Wesen unter der Sonne endlich im Arm, die Geburt ist geschafft, wir können uns ohne vorgelagerte Schwangerschaftskugel wieder wie halbwegs normale Menschen bewegen und – wir durchschreiten ein Jammertal. Wohl gemerkt, wer das zweite, dritte, vierte Kind bekommt, hat dafür in der Regel gar keine Zeit. Außerdem weiß man dann schon um die Dinge, insbesondere darum, dass alles ja nur vorübergehende Phasen sind.

Aber die durchschnittliche Erstgebärende findet sich holterdipolter in einer für sie völlig ungewohnten Lage wieder. Es gibt wohl kaum noch Frauen, deren Tagesinhalt daraus besteht, in den eigenen vier mehr oder minder großen Wänden darauf zu warten, dass sie endlich schwanger werden. Nein, die Frau von heute hat einen vollen Terminkalender, arbeitet, bildet sich aus oder weiter, sucht einen Job, stellt was auf die Beine, pflegt Kontakte, kauft ein, putzt, macht und tut und hat eigentlich nie Zeit – wir sprachen ja bereits darüber.

Sehr schlau von Mutter Natur, dass die Schwangerschaft neun Monate dauert und uns modernen Frauen langsam – aber mit Nachdruck! – ein anderes Tempo aufzwingt und der ebenfalls von Mutter Natur angelegte Nestbautrieb spätestens in den letzten Wochen dazu führt, nicht mehr ganz so viel auf Achse sein zu wollen. So werden wir im Prinzip sachte an das Kommende herangeführt – wenn wir es doch nur auch entsprechend beachten würden. Dann wäre nach der Geburt der Fall in das große Loch der Isolation bei mancher Frau vielleicht nicht ganz so arg.

Denn sehen Sie, Sie werden einfach von, sagen wir, Tempo 150 auf Null gebremst und aus dem Rennen genommen. Hatten Sie vorher ihren regelmäßigen und ausfüllenden und vor allem von Ihnen selbst bestimmten Tagesablauf, dann sieht das jetzt anders aus: Ihr

Säugling bestimmt Ihren Tagesablauf, und zwar 24 Stunden täglich neu und anders. Wenn er heute den ganzen Tag schreit, ständig an die Brust will und das arme Wesen einfach keine Ruhe findet, dann ist es morgen wieder das genaue Gegenteil: Das Schätzelchen pennt und pennt und pennt. Und was heißt das für Sie (abgesehen davon, dass Sie an einem Tag vielleicht denken, die Brust müsste jetzt eigentlich auf Tage hinaus leer getrunken sein und Ihnen am nächsten Tag dieselbe zu platzen droht)? Heute kommen Sie nicht einmal dazu, ein Brötchen zu essen, geschweige denn sich anzuziehen, sind schweißgebadet und wissen nicht mehr wohin mit sich selbst und dem schreienden Kind. Am nächsten Tag mopsen Sie sich, weil Sie sich innerlich darauf eingerichtet haben, dass Sie eh nix schaffen, können mit der urplötzlich gewonnenen Zeit aber auch nichts anfangen, denn das Baby könnte ja auch gleich wieder aufwachen, und dann heißt es erneut alles Angefangene stehen und liegen lassen. Dieser Spannungszustand macht jungen Müttern in der ersten Zeit schwer zu schaffen. Umso mehr, als sie nicht ausgeschlafen und erholt in jeden neuen Tag gehen, sondern durch das nächtliche Stillen oder Füttern eh schon den Morgen auf dem Zahnfleisch begrüßen. Immerhin und zum Troste: Hierbei handelt es sich schlicht um die ersten harten Wochen, bis das Baby so etwas wie einen Tag- und Nachtrhythmus entwickelt hat und mit einiger Verlässlichkeit nach dem Stillen oder Füttern seine drei Stunden schläft. Bis dahin gilt, sein Schicksal in Geduld und Demut anzunehmen, und jeden Tag zu nehmen, wie er ist.

Seit die Großfamilien aus der Mode gekommen sind, kommt aber hinzu, dass junge Mütter mit ihren Babys ganze Tage, Wochen, ja Monate mehr oder minder alleine zu Hause ohne weitere Sozialkontakte verbringen, abgesehen vielleicht vom Paketboten, der hoffentlich hübsche Geschenke der Verwandtschaft bringt oder dem Monteur, der die zu allem Übel auch noch leckende Waschmaschine repariert. Es ist ja auch nicht jedem gegeben, mit Energie und Tatendrang allmorgendlich den Kinderwagen zu satteln und sich auf die Walz zu begeben – egal, wie die Nacht war und die Laune ist. Bei manch einer Mutter führen Anspannung und Schlafentzug zu wirklich unangenehmen, depressiven Verstimmungen und Antriebslosigkeit. Für diese Frauen ist es eine scheußliche Perspektive, jetzt auch noch aus dem Haus zu müssen, sich noch mehr Herausforderungen und unvorhersehbaren Situationen stellen zu müssen: »Dann muss ich alles wieder anziehen und runtertragen. Es ist auch so langweilig und deprimierend, alleine mit dem Kinderwagen herumzuschieben. Und wenn das Baby schreit, dann gucken alle! Und kalt ist es auch, fängt bestimmt gleich an zu regnen.« So oder ähnlich sind die Gedanken, die einen dann dazu bewegen, doch lieber daheim zu bleiben und sich die Decke auf den Kopf fallen zu lassen. Und da können die Tage schon echt lang werden, bis vielleicht der Partner von der Arbeit nach Hause kommt und man also mal wieder mit einem Erwachsenen ein vernünftiges Wort wechseln könnte oder das Baby aus den eigenen schmerzenden Armen in die eines anderen übergeben könnte. Dumm nur, dass viele Partner dann auch gerne erst mal ihre Ruhe wollen und wenig Verständnis dafür aufbringen, dass die geplagte Mutter dringend persönliche Ansprache und Entlastung braucht. Diese wechselseitigen Erwartungen und Enttäuschung sind eine kolossale Belastung für die Partnerschaft, da darf man sich nichts vormachen.

Und zudem – traurig, aber wahr – werden Sie womöglich die Erfahrung machen, dass es gesellschaftspolitisch zwar unbedingt wünschenswert, aber leider überhaupt nicht anerkannt ist, Kinder zu bekommen. Vielleicht leben Sie ja in einem kinderfreundlichen Umfeld, herzlichen Glückwunsch! Aber wenn Sie sich bisher ausschließlich über Ihren Beruf und Ihr Einkommen definiert haben oder in einem Umfeld leben, für das Beruf und Einkommen einzig sinnstiftende Parameter sind, dann könnten Sie ein Problem bekommen. Denn Beruf »Mutter« und Einkommen »leider keins« – da schreit in diesen Kreisen kaum einer: »Wow, was für eine tolle Frau. Und so erfolgreich!«

Aber, selbst ist die Frau! Schaffen Sie sich Sicherungen! In fast jedem kleinen Nest gibt es inzwischen ein gutes Netz von Still- und Krabbelgruppen, in denen Sie Kontakt und Austausch finden können. Nutzen Sie es unbedingt! Hier ist frau (seltener mann, kommt inzwischen aber auch verstärkt vor und ist kein Grund mehr, sich zu drücken!) unter Gleichgesinnten und kann hemmungslos jammern, klagen, dumme Fragen stellen, stolz sein oder einfach auch mal nur dem heimischen Babykäfig entfliehen. Und wenn Sie partout die eigenen vier Wände nicht verlassen wollen, dann schauen Sie, wen Sie zu sich nach Hause einladen können. Lassen Sie Freunde oder Bekannte anreisen. Vielleicht haben Sie auch schon eine Mutter kennen gelernt, die auch ein kleines Kind hat. Verabreden Sie sich mit ihr und verbringen Sie zwei gemeinsame Stunden, das wird Sie durch den Tag tragen! Und was die gesellschaftliche Akzeptanz angeht – bleiben Sie doch einfach eine Zeit lang unter Ihresgleichen und machen Sie die Erfahrung, dass Kinder ungleich sinnstiftender sind als »mein Haus«, »mein Auto«, »mein Segelboot«.

BABYWATCHING – EINE UNSITTE!

Haben Sie schon einmal gehört, dass jemand nach einer Operation auf die Idee gekommen wäre, den Patienten möglichst noch auf der Intensivstation zu besuchen, um die Narbe zu beglückwünschen? Ich nicht! Da ist doch klar: Der- oder diejenige ist rekonvaleszent und bedarf der Schonung. Man schickt vielleicht ein Kärtchen oder Blumen, fragt, ob man helfen kann, und wartet ansonsten auf ein Signal, ob Besuch gewünscht ist.

Nicht so nach einer Geburt! Es ist wirklich eine scheußliche Unsitte, aber am besten noch im Krankenhaus daselbst setzt der Wettkampf ein, beim Babywatching den ersten Platz zu belegen. Als meine Freundin just von ihrem ersten Kind entbunden worden war, hat der Mann ihrer Bettnachbarin – der dummerweise am Tag der Geburt seiner Tochter selber Geburtstag hatte – schon seine ganzen Kumpels zum Begutachten und Gratulieren einbestellt. Eine Zumutung, sag ich Ihnen. Und mit was für einer Dreistigkeit diese Typen das Zimmer inklusive Wickelkommode in Beschlag genommen haben! Lungerten da rum, während sie sich nach einer 14-stündigen Geburt und noch nicht einmal gewaschen am Stillen versuchte.

Aber damit nicht genug, obgleich meine Freundin auch für die Zeit nach dem Krankenhaus ein striktes Besuchsverbot ausgesprochen hatte, standen die ersten Verwandten fast noch vor ihr und dem Baby vor der Wohnungstür:

> *»Oh, das sind jetzt meine Eltern, die haben vorhin angerufen, dass sie kurz hereinschauen wollen!«*
> *»Wie bitte?«*
> *»Ja, ich hab auch gesagt, dass das unpassend ist und sie lieber morgen kommen sollen. Aber da soll wohl das Auto in die Werkstatt.«*

Das war der Auslöser für ihre erste gravierende postnatale Beziehungskrise. In der folgenden Woche kamen auch noch die Geschwister des Mannes samt Anhang und ließen sich von ihr mit Kaffee, Keksen und Campari-Orange bewirten. Und zwischendurch dann noch dieser und jener Freund oder Nachbar, der nur mal eben schnell vorbeischauen und »Hallo« sagen wollte:

»Ach wie nett! Kommt doch rein!«
»Und? Wo ist denn der neue Erdenbürger?«
»Schläft gerade.«
»Na, ein bisschen Zeit haben wir. Wacht ja vielleicht bald auf! Erzähl doch mal, wie war es denn so?«
»Du, ehrlich gesagt ...«

Warum sie sie nicht einfach rausgeschmissen hat? Tja, man will ja nicht unhöflich sein! Und dann versuchen Sie doch mal, nach einem Besucher-Marathon noch irgendetwas auf die Reihe zu kriegen. Stattdessen hat sie den Leuten abgesagt, die sie tatsächlich gerne gesehen hätte. Nebenbei sei erwähnt, dass sich die meisten dieser Baby-Paparazzi ausschließlich in der ersten Woche für das Kind interessiert haben. Für späteres Babysitten stand kaum einer zur Verfügung.

Zum Babywatching gehört natürlich auch das fachmännische Begutachten der Familienähnlichkeiten:

»Ach wie süß, und ganz der Papa, sieht man sofort!«
»Nein, die Augen sind entschieden von der Mutter!«
»Musst mal alte Bilder anschauen. Deine Großmutter sah genauso aus als Baby. Schau mal, ich hab da welche mitgebracht.«

In einem Geburtsvorbereitungskurs gab die Hebamme zum Babywatching folgende Tipps, die Schule machen sollten:

1. Nehmen Sie auf Ihrem Anrufbeantworter das Geschrei Ihres Neugeborenen auf. Das schützt wirkungsvoll vor allzu vielen Nachrichten.

2. Legen Sie einfach einen bestimmten Termin fest, so vielleicht vier bis sechs Wochen nach der Geburt, zu dem alle zum »offiziellen Babywatching« kommen können. Und lassen Sie die Gäste ihren Kuchen selber mitbringen!
3. Schicken Sie gnadenlos alle unangemeldeten und ungelegen kommenden Besucher mit Hinweis auf diesen Termin wieder weg.

Willkommen sind

1. Freunde und Verwandte, die Sie selber zu Ihrer eigenen Freude oder mentalen Unterstützung gerne sehen wollen.
2. Freunde und Nachbarn, die an der Tür klingeln, um neben Grüßen und Glückwünschen etwas zu essen oder ein nettes Geschenk abgeben und dann wieder gehen.
3. Dienende Geister, die für Sie einkaufen, putzen, Wäsche machen, ohne deshalb ein riesiges Aufsehen darum zu veranstalten.

WIE SOLL DAS KIND DENN HEISSEN?

Jedes Kind braucht einen Namen. Die erste große Chance im Elternleben, es so richtig zu vergeigen, Hohn und Spott auf sich zu ziehen und es niemandem recht zu machen. Hier scheiden sich die Geister. Werdende Eltern bekommen ständig die Frage gestellt: »Habt ihr euch schon einen Namen überlegt?« Egal, was man sagt, die Antwort ist falsch. Man hat zum Beispiel in völliger Ahnungslosigkeit einen Modenamen gewählt. »Marie? So heißt doch jede! Der Name ist seit Ewigkeiten in den Top Ten ganz oben dabei.« Die Schwangere hat sich nichts Böses bei dieser Namenswahl gedacht, aber sie wollte eine Tochter namens Marie, seitdem sie mit fünf ihrer gleichnamigen Puppe die Frisur verschandelt hat. Oder noch schlimmer, man wählt einen Proll-Namen. Was Proll-Namen sind, weiß keiner so genau. Wer sein Kind Kevin nennt, macht sich auf alle Fälle verdächtig. Auch wenn dem jungen Vater die Bedeutung des Namens gefällt und der Lieblingsonkel aus dem irischen Zweig der Familie ebenso heißt. Geht gar nicht. Ist ein Name weder Mode noch Proll, kennt bestimmt irgendwer einen besonders scheußlichen Träger ebenjenen Namens, den man für sein Kind gewählt hat. »Ihr wollt den Jungen doch nicht ernsthaft Marcus nennen? Ich kannte da einen Marcus in der zweiten Klasse, der hat immer so komisch gerochen. Alissa für ein Mädchen? Da muss ich gleich an die eingebildete Alissa aus meinem Tango-Kurs denken!«

Manche Eltern sind völlig aufgeschmissen, was die Namenswahl angeht und warten erst mal ab, gucken sich das Baby an und grübeln dann darüber nach, wie das Kind denn heißen soll. Das kann sich bewähren, immerhin geht das alte Sprichwort, dass Kinder ihre Namen mitbringen und einer, der in der Vorauswahl abgeschlagen auf den hinteren Rängen gelandet war, ist plötzlich der richtige. Zum Glück ist nach der Geburt für Unentschlossene noch etwas Zeit und man kann gründlich überlegen, ob »Baptist-Tileon« oder »Benedetta-Louisa« wirklich das Nonplusultra ist.

Aber eigentlich ist die Namenswahl ganz einfach: Der Vorname sollte zum Nachnamen passen und sich irgendwie aussprechen lassen, ohne dass in der Zunge ein Knoten zurückbleibt. Eltern und vor allem das Kind sollen damit leben können – die kleine Gwenhwyvar wird ständig ihren Namen buchstabieren müssen und sich später der Einfachheit halber Jennifer nennen. Der kleine Pierré wird den Accent irgendwann stillschweigend unter den Tisch fallen lassen. Und eines Tages hört er vielleicht auch auf, sich über den Standesbeamten zu wundern, der diese Schreibweise durchgehen ließ.

Nichts kann eine Mütterrunde so in Stimmung bringen, wie prickelnder Tratsch über Kindernamen. Wenn die Zeit für die Lektüre des Feuilletons nicht mehr reicht, für die Geburtsanzeigen langt sie allemal. »Baldwin und Helmar haben ein Brüderchen bekommen: Wir freuen uns über die Ankunft von Gandolf«, wird dann prustend beim nächsten Mütterstammtisch zum Besten gegeben. »Sind das jetzt Kinder oder Deutsche Schäferhunde?« »Er heißt Sven-Karim. Ja, als Doppelname, Abkürzungen sind streng verboten. Und hinten dran Dombrowski, da passt doch eins nicht zum anderen. Soll das Multikulti sein oder was?« Es wird das Schicksal von Cheyenne-Chastity betrauert: »Bundeskanzlerin wird die mit diesem Namen nie!« Dann muss schnell noch hemmungslos über die Nachbarin gelästert werden, die, des Französischen nur unzureichend mächtig, ihre Töchter Jacqueline und Chantal genannt hat. »Wenn ich die schon höre, wie die auf dem Spielplatz ›Tschackeliene! Schanntalle!‹ ruft«, stöhnt die Mutter von Lina und Lotte. Die Mutter von Jacqueline und Chantal unterhält derweil ihren Mütterstammtisch mit Geschichten über ihre Nachbarin, deren Kinder so langweilige, altmodische Oma-Namen haben.

DAS NORM-BABY

Die Föten werden hierzulande immer schwerer, die Mütter immer älter. Angeblich soll ein Zusammenhang zwischen beidem bestehen: Das habe mit dem altersbedingt vermehrten Fettgewebe der Mütter zu tun. Ich will das hier nicht weiter vertiefen, ist ja nicht erquicklich, das Thema Fettgewebe, und außerdem gibt es auch noch andere Thesen dazu.

Zum Trost und zum Mutmachen möchte ich zunächst einmal ein Gerücht bzw. eine laienhafte Erwartung aus der Welt räumen: Das Geburtsgewicht der Babys hat überhaupt nichts mit einem guten oder schlechten Geburtsverlauf zu tun!

Also noch mal: Kleine, leichte Babys können es sich und der Mutter auch sehr schwer bei der Geburt machen, sei es durch Zufall oder weil sie nicht kräftig genug sind, sich im Laufe des Geburtsvorganges zweckmäßig hin- und herzudrehen oder eben gerade so klein, *dass* sie sich unvorteilhaft hin- und herdrehen. Große Babys, und damit meine ich die ab 4000 Gramm, bei denen die Mediziner das hässliche Wort »Makrosomie« in den Mutterpass kritzeln, können durchaus problemloser und schneller auf die Welt flutschen als die zarten Winzlinge. Man beachte hier bitte das Wort »können«, denn es wäre dumm, hier nur von einem Faktor als Vorhersagewert für die Geburt auszugehen.

Nach der Geburt beginnen allerdings ein paar Nachteile durch das höhere Geburtsgewicht.

Von Anfang an musste ich mein 4500-Gramm-Baby schleppen und behaupte anhand meiner unrepräsentativen Umfragen, dass sich das Geburtsgewicht mit der Anzahl der Treppen, über die die elterliche Wohnung zu erreichen ist, anteilig erhöht. Mütterlicher Rücken und Bizeps haben keine Gelegenheit, sich langsam hochzutrainieren. Auch kann eine falsche Haltung beim Tragen und Hochnehmen zu einseitigen Belastungen und schließlich zu Rückenschmerzen führen.

Dies ist allerdings harmlos verglichen mit der Reaktion der restlichen Bevölkerung auf nicht »normgerechte« Babys. Und ich beklage dies hier auch zur Ehrenrettung der Mütter von kleinen, zarten Babys und Kleinkindern, die den gleichen Nerv unter umgekehrten Vorzeichen erleben. »Solltest du nicht langsam zufüttern? Hast du denn noch genug Milch?«, tönt es der Mutter des leichten Babys entgegen. »Boa, ist die aber groß! Was, erst sechs Monate alt? Was kriegt sie denn zu trinken? Sahne? Hahaha!«

Die erste Frage der Erzieher unserer Tochter bei der Elternsprechstunde lautete dann auch: »*Das* müssen wir jetzt mal als Erstes fragen: *Was* kriegt sie eigentlich zu Hause zu essen?« »Und – isst sie hier bei euch zu viel?«, lautete unsere genervte Gegenfrage, nein, natürlich nicht, dafür futtert die zarte Antonia vier Stullen zum Frühstück, soso.

Selbst der Opa zählt ihr die Brotstücke in den Mund – und ich fürchte die Entstehung frühkindlicher Essstörungen, überlege bei jeder Süßigkeit, ob das nun zu viel ist.

Mich rettet jedes Mal bei diesen düsteren Gedanken meine wunderbare Kinderärztin. Noch nie hat sie mein Kind als ungewöhnlich groß oder schwer bezeichnet und lobt es über dies und jenes, dass das Mutterherz vor Freude im Leib zerspringen will. Natürlich ist es normal!

Irgendwann schnappte ich die schöne Rechnung auf, dass sich das Geburtsgewicht zu einem bestimmten Zeitpunkt verdoppelt und dann verdreifacht hat. Passte zu unserer Tochter und passte zur zarten Nachbarstochter. Alles normal also.

Übrigens: Genauso nervig wie der Verdacht des Zu-viel-Essens ist der Satz »Na, Sie sind ja auch groß/kräftig/nicht klein«. Weiß ich doch zu gut, dass meine gleich große, gleich schwere Schwester alle drei Kinderlein um die 3200 bis 3800 Gramm hingekriegt hat!

Woher stammt das so verbreitete Bedürfnis nach Babys und Kindern mit Normgewicht? Ich glaube nicht, dass die dankenswerterweise von Frau Künast angeschobene öffentliche Diskussion um übergewichtige Kinder hier die Reden und Kommentare verursacht.

Vielleicht ist es der deutsche Drang nach Normierung und Tabellen, Mittelwerten und Statistiken?

Wie mag es da erst Eltern gehen, deren Kind wirklich »aus der Norm« fällt, Kindern mit Handicaps und Entwicklungsstörungen?

WILLKOMMEN IN DER WELT DER PHASEN

Na, ist die blöde Phase denn jetzt vorbei?, fragte mich meine Großmutter am Telefon, als mein Sohn so ungefähr zehn Wochen alt war. »Welche blöde Phase denn?«, fragte ich unwissende Jungmutter zurück. Was wiederum meine Oma irritierte: »Ja, hat er denn keine Koliken?« Doch, Koliken hatte mein Spross reichlich. Ich wusste bloß noch nicht, dass ich mit den Koliken in die Welt der Phasen gelangt war. Die ersten drei Monate im Leben eines Kindes, an denen jeder Chaosforscher seine helle Freude hätte, weil nichts nach irgendeinem Schema läuft, sind also eine Phase. Das Baby wird von Koliken geplagt, sobald es sich auch nur mit einem Kohlkopf im gleichen Raum befindet oder sobald die Mutter auch nur flüchtig an einen Teller Linsensuppe denkt. Dann krümmt es sich und schreit und alles ist ganz furchtbar. In Mütterkreisen kursieren hierzu jede Menge Tipps: Baby soll Fencheltee trinken; Mutter, so sie denn stillt, soll Fencheltee trinken; stillende Mütter müssen sowieso streng auf die Ernährung achten und alles, was bläht, tunlichst meiden; beim Wickeln soll man mit dem Kind Gymnastik machen und dabei dessen Beine gegen die Bauchdecke drücken; man soll Schwarzkümmelöl um den Bauchnabel herum einmassieren oder auch etwas energischer rektal Fieber messen. Nützt alles nicht. Der Gedanke, dass das nur eine Phase ist, beruhigt da ungemein. Auch anderer Unbill der ersten Monate fällt unter diesen Begriff: Wenn das Wort »Schlafrhythmus« die übernächtigten Eltern in Hohngelächter ausbrechen lässt, weil das Baby regelmäßig bereits zehn Minuten nach dem Stillen wieder Hunger hat, wenn es aus unerfindlichen Gründen jeden Abend zwischen 18.30 Uhr und 19 Uhr eine halbe Stunde lang ununterbrochen schreit – alles nur eine Phase.

Und so geht es dann Schlag auf Schlag: Es gibt Phasen des Fremdelns, Prügel-Phasen, Kratz-Phasen, die legendäre Trotzphase, Albtraum-Phasen, Phasen, in denen das Kind nur rote T-Shirts trägt oder nur von Papa ins Bett gebracht werden möchte. Die Liste lässt sich endlos fortsetzen. Jede Phase ist schrecklich, wenn man mittendrin steckt. Viele verlieren rückblickend jedoch ihren Schrecken. Selbst die zweijährige Phase, als das Kind regelmäßig kurz nach Mitternacht am Bett der Eltern auftauchte und deren Nachtruhe empfindlich störte, erscheint plötzlich idyllisch, wenn man bemerkt, dass die Phase der kompletten Hausaufgabenverweigerung mittlerweile sechs Jahre andauert und ein Ende noch nicht absehbar ist.

HIER IST GUTER RAT NICHT TEUER

Die durchschnittliche Erstgebärende liest während der Schwangerschaft ungefähr ein halbes Dutzend Ratgeber über Kinder im Allgemeinen, zwei über das erste Lebensjahr im Besonderen, drei populärwissenschaftliche Bücher über Entwicklungspsychologie und ein Lexikon der Kinderkrankheiten. Wenn sie Glück hat, taugen einige Bücher tatsächlich etwas und passen auch in ihr Weltbild. Ratgeber ist nicht gleich Ratgeber und was der einen Bibel ist, ist der anderen Hassobjekt. Dann kauft sie sich noch ein paar Ausgaben einschlägiger Elternzeitschriften, betrachtet gerührt die Babyfotos und liest sich schon mal prophylaktisch Wissen über Töpfchentraining, verschiedene Schulformen und Teenagers ersten Liebeskummer an. Das alles irritiert sie zutiefst und sie holt sich zusätzlich Rat und Tat bei den Müttern aus ihrer Umgebung, vorzugsweise bei solchen, deren Entbindungen noch nicht allzu lange zurückliegen. Mütter mit älteren Kindern eignen sich nicht als Ratgeberinnen, weil die mütterliche Amnesie bereits im dritten Lebensjahr des jüngsten Kindes einsetzt und sich ab dann Dichtung und Wahrheit vermischen. Wenn sie wiederum Glück hat, findet sie auch Beraterinnen, die etwas taugen. Langsam lichtet sich das Dunkel und die Primagravida fasst etwas Vertrauen in die Zukunft.

Dann ist das Baby da und siehe da: Viele Fragen erscheinen einfach lächerlich. Dafür tauchen ebenso viele neue auf. Da hat man sich stapelweise Notizen gemacht, während man den Worten der weisen Freundin lauschte, die geduldig referierte: »Also, ein Body ist eine Kombination aus Unterhemd und Unterhose. Der kommt über die Windel. Ein Jäckchen ist eine Art Wickelpulli aus Baumwolle. Ja, es gibt auch normale Sweatshirts für Babys, aber ich fand, dass sich in den ersten Wochen die Jäckchen einfach besser anziehen ließen.«

Überraschenderweise stellt es sich in der Praxis als gar nicht so schwer heraus, wie man immer geglaubt hatte, einen Säugling zu kleiden. Die patente Hebamme geht mit einem kategorischen »Ist doch Blödsinn!« über die Frage hinweg, ob es stimmt, dass man vor dem Stillen die Brustwarzen desinfizieren muss, man hätte da so was gelesen?

Schließlich sind die Anfangsschwierigkeiten gemeistert und die Dinge spielen sich ein. Aus irgendwelchen Gründen klappt es mit der Milchbildung und Baby kommt auch prima mit Mutters Brustwarzen zurecht. Es wächst und gedeiht und schreit auch nie länger als eine halbe Stunde am Stück. Das Kind schneidet bei den Vorsorgeuntersuchungen bravourös ab und wird von der Kinderärztin ausführlich gelobt und bewundert. Die junge Mutter vergisst vor Erleichterung schlagartig drei Viertel des angelesenen Wissens und gelangt zu der Ansicht, dass sie offensichtlich nicht ganz so hoffnungslos inkompetent und eine Zumutung für ihren Nachwuchs ist, wie sie immer gedacht hat.

Trotzdem gibt es etwas, das das zaghafte Selbstvertrauen der jungen Mutter nachhaltig erschüttern kann, kaum dass es sich gebildet hat: Es wimmelt von wohlmeinenden Ratgebern, die prinzipiell alles besser wissen.

Offenbar meinen viele, allein die Tatsache, selber Kind gewesen zu sein oder mal Eltern mit Kindern beobachtet zu haben (»Also, Sabine macht das immer so mit ihren Kindern ...«), qualifiziere sie, hochwillkommene Ratschläge und Kommentare abgeben zu dürfen.

Oder sie haben selber Kinder, für deren Aufzucht sie die einzig wahre Art und Weise gewählt haben und diese müssen sie nun all jenen verkünden, die auch nur einen Hauch von Unsicherheit durchblicken lassen. Nehmen wir zum Beispiel die zum Glück aussterbenden Großmütter, die, starr dem finsteren Gedankengut der fünfziger Jahre verhaftet, das arme Kind anschauen und sagen »Ach, jetzt sind sie ja noch so niedlich, aber später brauchen sie noch so viel auf den Po«, oder »Da wirst du aber noch ordentlich zu tun haben, um ihr den Willen zu brechen« und die sich auch von Hinweisen auf die recht eindeutige Gesetzeslage nicht von dieser Ansicht abbringen lassen. Es gibt Hobbypsychologinnen, die verständnislos fragen, warum man die drei Monate alte Tochter denn nicht schreien lässt. »Sie muss doch lernen, mit Frustrationserlebnissen fertig zu werden.« Da sind ausgesprochen dogmatische Mütter, die etwas davon schwatzen: »Nur alle vier Stunden füttern, damit Rhythmus reinkommt!« und die nicht davor zurückschrecken, friedlich schlafende Babys zwecks Fütterung wachzurütteln, damit ebendieser Rhythmus reinkommt. Nicht zu vergessen notorische Bessermuttis, die einen wegen Wegwerfwindeln, elterlichen Fleischverzehrs, mangelnder Kenntnis einschlägiger Kinderlieder oder Elektrosmog in der Wohnung geißeln. Auch ist es überraschend, was Freunde aus ihrer eigenen Babyzeit noch so alles wissen. »Ich war in dem Alter immer ganz brav«, behauptet der alte Freund der Familie etwas vorwurfsvoll angesichts eines zahnenden, also quengeligen sechs Monate alten Babys und wenn man ihn zu dieser außergewöhnlichen Gedächtnisleistung beglückwünscht, beruft er sich auf Aussagen seiner Frau Mama. Und überhaupt: »Ist denn so viel Spielzeug nötig? Jetzt nimm ihn doch nicht hoch, nur weil er schreit, du züchtest dir einen Tyrannen heran! Muss ich wirklich zum Rauchen auf den Balkon, man kann doch ein Fenster aufmachen? Wird dem Kleinen schon nichts ausmachen. Könnt ihr das Kind nicht mal einen Abend lang allein lassen, wenn es seit sechs Wochen immer von acht bis zwölf durchschläft? Die Angst, dass was passieren könnte, ist doch reine Hysterie!« Als frisch gebackener Elternteil könnte man ständig die herrlichsten und sinnlosesten Diskussionen führen. Wenn man nicht meistens zu müde wäre. »Warum bist du eigentlich immer so müde? Als ich damals in den Semesterferien in der Krankenhausküche jobbte, musste ich immer um halb sechs morgens aufstehen. Das war auch hart!« Ganz ruhig! Nicht zuschlagen! Irgendwann werden Sie darüber lachen können, ganz bestimmt! Oder noch besser: Irgendwann vermehren sich diese besserwissenden Nervensägen und dann können Sie Ihrerseits vom Leder ziehen. Was Sie natürlich eingedenk Ihrer Erfahrungen niemals machen würden, oder?

DER LIEBE BECKENBODEN

Kennen Sie Ihren Beckenboden? Wissen Sie, was Sie machen müssen, wenn von »Fahrstuhl« oder »Seerose« die Rede ist? Nein? Da geht es Ihnen vermutlich wie den meisten Frauen. Aber spätestens nach der Geburt des ersten Kindes werden Sie unweigerlich mit Ihrem Beckenboden konfrontiert.

Erste Frage: »Wo genau, bitte, ist der Beckenboden?«

Das muss man sich in etwa so vorstellen: Wenn Sie von oben in Ihre Beckenknochen schauen, dann bilden die ein Loch. Damit durch dieses Loch die Organe nicht herausfallen, gibt es dort ein Geflecht aus Muskeln, Sehnen und Bändern. Und wie bei einem Trampolin hüpft während der Schwangerschaft die Gebärmutter mit dem wachsenden Kind bei Schritt und Tritt auf diesem Geflecht herum. Dem Kind macht das nichts aus. Für den Beckenboden allerdings sieht das anders aus: Viele Schwangere haben – vor allem beim zweiten oder dritten Kind – Schwierigkeiten mit ihrem Beckenboden, weil er schlicht ausgeleiert oder untrainiert ist. Das kann zu Harninkontinenz beim Husten, Niesen, Hüpfen, Lachen führen. Und weil wir natürlich alle noch zu jung sind, um still auf der Bank zu sitzen, sondern lieber mit unseren Kindern hüpfen und lachen wollen, heißt es fleißig den Beckenboden trainieren, insbesondere nach der Geburt – zumal ein kräftig trainierter Beckenboden (wenn man ihn denn erst einmal gefunden hat) auch die sexuelle Empfindungsfähigkeit steigern soll.

Das Ganze fängt damit an, sich des Beckenbodens überhaupt bewusst zu werden. Was mir beispielsweise größte Schwierigkeiten bereitete. Wie spürt man einen Körperteil, der sich eigentlich erst dadurch bemerkbar macht, dass er nicht mehr so recht spürbar ist? Ich meinte nämlich, durch Übungen aus der Rückbildungsgymnastik nach der Geburt meinen Beckenboden immer fleißig trainiert zu haben, bis mir meine Frauenärztin durch einen schlichten Handgriff bewies, dass ich sicher irgendetwas, aber leider nicht den Beckenboden trainiert hatte. Entsprechende Beschwerden bei meiner zweiten Schwangerschaft gaben ihr leider Recht. Mit welchem Geflecht auch immer ich »Fahrstuhl« gefahren sein mag, mit dem des Beckenbodens jedenfalls nicht. Der war geschmeidig und durchlässig.

Erster Anlaufpunkt für ein konsequentes Beckenbodentraining ist die Rückbildungsgymnastik – übrigens frühestens sechs Wochen nach der Geburt. Hier können Sie gemeinsam mit anderen Ihren Beckenboden suchen und hoffentlich auch finden und mit einer Hand voll Übungen trainieren.

Damit ich nicht wieder einem Irrtum aufsitze, bin ich jetzt dazu übergegangen, mir eine gewisse Bandbreite an Übungen anzueignen, die sich übrigens problemlos im Internet recherchieren lassen. Und aus der Schnittmenge der Muskelempfindungen meine ich inzwischen auch herausgefunden zu haben, wo mein Beckenboden liegt. Diesen Befund werde ich dann irgendwann von meiner Frauenärztin überprüfen lassen. Hoffentlich mit mehr Erfolg!

PEKIP UND ANDERES MÜTTER-ENTERTAINMENT – DIE WELT DER POSTNATALEN GRUPPENANGEBOTE

In meinem nächsten Leben warte ich mit meiner ersten Schwangerschaft, bis in meinem Freundes- und Bekanntenkreis mindestens ein rundes Dutzend kleiner Kinder herumspringt. Außerdem müsste eine gute Freundin von mir möglichst zeitnah schwanger sein. Zwei bis drei nette Nachbarinnen sollten auch im gleichen Zeitraum wie ich niederkommen. Dann wäre alles prima. Man hätte genügend Leute, die man um Rat fragen könnte, hätte Begleitung bei den täglichen Kinderwagenausfahrten, könnte sich ständig gegenseitig zum Malzkaffeetrinken besuchen, mit Windeln aushelfen, endlos über Babys quatschen und in Mutterbefindlichkeiten schwelgen. Im ersten halben, dreiviertel Jahr hätte man Ablenkung, Unterstützung. Ansprache und Austausch.

So wäre das Leben in der besten aller Welten. In der wahren Welt ist es wahrscheinlicher, dass weit und breit keine andere Co-Mutter in Sicht ist. Die beste Freundin ist zwar schwanger, wohnt aber 300 Kilometer weit weg und gemeinsames Zeittotschlagen bei Malzkaffee oder Rooibuschtee entfällt. Die Kinder im Freundeskreis sind allesamt schon älter und die dazugehörigen Mütter sind an Baby-Geschichten auch eher nur aus Höflichkeit interessiert. Das Kind der Nachbarin ist ein paar Monate älter, und sie ist schon wieder stundenweise an ihrem Arbeitsplatz, sodass man nicht ständig spontan hereinschneien und plaudern kann. Und auch die geduldigste Mutter von nebenan ist höchstwahrscheinlich nicht entzückt, wenn es jeden Tag mindestens einmal zum Zeittotschlagen und Sich-mit-einem-Erwachsenen-Unterhalten an ihre Tür klopft. Und so verschlägt es fast jede junge Mutter auf der Suche nach Abwechslung und Ansprache in die Welt der postnatalen Gesellschaftsangebote.

Die Rückbildungsgymnastik zählt hier nicht wirklich dazu, denn dort ist frau so mit Beckenboden-Hüpfenlassen und diversen anderen unaussprechlichen Verrenkungen beschäftigt, dass das Kontakteknüpfen dabei schon eine Kunst ist. Aber davon abgesehen ist natürlich auch die Rückbildungsgymnastik eine Gelegenheit, andere Frauen in der gleichen Situation wohnortnah zu treffen.

Was gibt es sonst noch so? In vielen Parkbank-Mütter-Gesprächen stößt man fast unausweichlich auf die PEKIP-Gruppen, das Prager-Eltern-Kind-Programm. In meinen Worten möchte ich es als »anregende, die Entwicklung begleitende Spiele für das Baby im ersten Lebensjahr« beschreiben. Da können Sie Ihr Baby schon ab der vierten Lebenswoche hinschleppen.

Vorstellen muss man sich das etwa so: sehr warmer Raum (in Kliniken, Geburtshäusern, Hebammenpraxen, Familienbildungsstätten etc.), ungefähr sechs bis acht schwitzende Mütter, seltener Väter, und die entsprechende Anzahl nackiger Babys. Eine ausgebildete PEKIP-Gruppenleiterin weist nun die staunenden Mütter und Väter neunzig Minuten lang mit allerlei Spielzeug und Gesinge in harmlose Übungen ein, die man – fand ich laienhafte Erstmutter – eigentlich auch instinktiv zu Hause schon durchgeführt hat. Es sind aber natürlich auch immer neue neckische Anregungen wie Spiegel, aufblasbares Spielzeug, Tücher und Ähnliches dabei. Seitens der Babys wird fleißig auf die Unterlagen gepinkelt, an der Brust getrunken und ähnlichen Grundbedürfnissen nachgegangen.

Ich möchte behaupten, dass alle Babys drauf stehen – wohl auch auf die wonnigliche Gesellschaft einer Hand voll nackter Kameraden und Kameradinnen. Und ein nicht unerheblicher Vorteil für die Mutter ist, dass die Babys anschließend mindestens eine Dreiviertelstunde bombenfest schlummern – Zeit für einen entspannten Café-Besuch mit den anderen Elternteilen.

Diesen Schlaf-Vorteil bietet auch das Babyschwimmen. Je nachdem wie engagiert der Vater oder auch erschöpft die Mutter ist, besucht man dieses frühpädagogisch wertvolle Angebot zu zweit oder allein. Eine Dreiviertelstunde wird dann unter fachkundiger Anleitung geplanscht, geschwenkt und – wahrscheinlich aufregender für die Eltern als für das Baby – getaucht. Fazit: ein Angebot für Eltern, die selbst gern schwimmen gehen, entspannend für Eltern und Kind und faszinierend allemal, die ganz Kleinen dabei zu erleben. Ob es später mal die Wassergewöhnung oder Schwimmlust maßgeblich beeinflusst, sei dahingestellt. Hier spielt das elterliche Modell der gesamten ersten Jahre doch wohl die größere Rolle.

Dritte bekannte Variante des mütterlichen Gruppenangebotes: die Krabbelgruppe. Aber nicht bei allen beliebt. »Da gehe ich nicht hin, da sitzen dann all diese Weiber und tratschen nur über Brei und Windeln!«, ist noch ein relativ mildes Urteil mancher Frauen. Dabei ist gegen Gespräche über Brei und Windeln gar nichts zu sagen, es gibt Zeiten im Leben, wo diese Themen einen sehr hohen Stellenwert einnehmen können. Und es gibt ja auch Momente, wo man einfach entspannt mit anderen Müttern ohne Übungen und Anleitung abhängen will. In so einer Situation machte ich mich einst auf zur nächsten Kirchengemeinde, weil die gerade in der Stadtteilzeitung inseriert hatte, dass eine Krabbelgruppe in Gründung sei. Dort saß schon ein Dutzend Frauen mit recht frisch geschlüpften Babys, die wahrscheinlich auf Monate hinaus noch nicht krabbeln würden und redete über babyrelevante Themen wie über die schon erwähnten Windeln. Ich plauderte entspannt mit und eigentlich war alles ganz nett. Dann kam die Gruppenleiterin, verkündete lauthals, dass sie gerade ihre Dreijährige in den Mini-Club gebracht habe und drapierte einen Anderthalbjährigen und ein etwa fünf Monate altes Baby auf dem Teppich. Nun sollten wir uns hurtig vorstellen. Das dauerte. Dann wurde für jedes Kind ein Begrüßungslied gesungen. Das dauerte noch länger. Die ersten Babys fingen an zu greinen und mussten gefüttert, geschaukelt oder anderweitig beruhigt werden. Endlich war man durch. Die Gruppenleiterin schaute sich in der Runde um und stellte fest: »Alles Einzelkinder, wie? Ich habe drei. Ihr müsst unbedingt noch mehr Kinder kriegen!« Dieses Edikt ließ die eine Hälfte der anwesenden Mütter zusammenzucken. Immerhin hatten sie just das erste Kind glücklich auf die Welt gebracht und versuchten erst mal mühsam, mit dem Muttersein an sich klarzukommen. Die andere Hälfte dagegen hing sofort ergeben an den Lippen der weisen Profi-Mutter und sog begierig den Nektar ihrer Erfahrungen. Ich gehörte zu der ersten Hälfte, die sich hastig verabschiedete und niemals wiederkehrte.

Trotzdem sollte man den Krabbelgruppen gewogen bleiben. Monate später machte ich einen zweiten Versuch mit einer anderen Gruppe und zog das große Los: lauter nette Frauen, viele auf meiner

Wellenlänge, die sich tatkräftig gegenseitig unterstützten. Die Kontakte dort hielten lange und noch Jahre später half man einander mit Babysitterdiensten.

Auch wenn dieses Unternehmen ein großer Erfolg war: Aus irgendwelchen Gründen gingen viele der Mütter, die bald weiteren Nachwuchs erwarteten, mit den Zweitgeborenen nicht in irgendwelche Gruppen. Die zweiten Kinder wurden einfach zu den bestehenden Sozialkontakten mitgeschleppt und fertig. Wenn man Glück hat, sorgen die Krabbelgruppenkolleginnen für genügend Nachwuchs, sodass auch die Zweitgeborenen nicht vereinsamen. Wenn man Pech hat, beginnt das Spiel von vorne. Wie sagte doch Mit-Mutter Claudia, die sich mit dem Zweiten etwas mehr Zeit gelassen hatte als der Rest? »Ich muss jetzt mit Lena in irgendeine Gruppe. Wir kennen gar keine Kinder, die wir zu ihrem Geburtstag einladen könnten.«

BEWARE OF SUPERMAMIS

Solche vorgeblich für das Baby und seine gesunde Entwicklung vorgesehenen Angebote haben noch einen anderen tieferen Sinn: Mütter stellen dort permanent Vergleiche an.

Natürlich dient dies in der Regel der eigenen Beruhigung, der Einordnung der ungeheuerlichen Neuigkeiten und Vorgänge der ersten Monate. Woher soll man wissen, ab wann was normal ist, wenn man keine Großfamilie mehr zur Seite hat, oft noch nicht mal mehr (Groß-)Mütter in der Nähe? Wann ist ein Dünnpfiff ein Dünnpfiff, wann darf man über Viel/Wenig-Trinken oder Wenig/Viel-Schlafen seufzen, stöhnen, jubeln? Neben der fehlenden verbalen Ansprache während des Baby-Hütens besteht hier also ein starker Drang nach Reden, Fragen und dem eigenen, brandneuen Erfahrungsschatz Ausstreuen.

Aber, Mitmütter, seid gewarnt: gerade PEKIP-Gruppen sind ein Tummelplatz für die berüchtigte *Supermami*, Frau »Kann-alles-weiß-alles-klappt-alles«.

»Wie geht's so«, fragt in harmloser Absicht die PEKIP-Gruppenleiterin.

»Och, gut«, sagt meine Freundin Lilli euphorisch, »er (drei Monate alt) hat wunderbarerweise sieben Stunden durchgeschlafen.«

Supermami daraufhin: »Soll ich dich mal neidisch machen?« Und genau darum geht es ihr wohl auch: »Meine schläft jede Nacht von abends um acht bis morgens um sieben! Und wenn sie dann zwei Mal die Woche *einmal* nachts kommt, schick ich meinen Mann!«

Meine Freundin war natürlich den Tränen nahe.

Rücksichtsvolles Klappehalten ist solchen Mitmüttern gänzlich fremd. Unbarmherzig drängen sie dem gestressten Rest ihre Erfolgsgeschichten rund um die Themen Essen, Schlafen und Motorik auf.

Und viele lassen sich dort und andernorts auch unter Druck setzen. Müsste er nicht schon, sollte sie nicht öfter, warum kann er noch nicht ... es gibt hier in dieser empfindlichen Phase der frühen

Mutterrollenfindung endlose Gelegenheiten, sich minderbegabt und vom Schicksal gebeutelt zu fühlen.

Und das geht Monat für Monat so weiter: erster Zahn, erster Brei, Breimenge, immer wieder Schlaf(muster), erstes Krabbeln, Schritte, Laufen. Man ahnt es nicht, endlose Vergleichsmöglichkeiten!

Bullshit! Wo wir allerorten über den grausamen Konkurrenzdruck und die Ellenbogengesellschaft jammern, lasst uns bitte nicht schon bei unseren Babys anfangen. Sie sollen um Himmels willen unterschiedlich sein, je mehr, desto besser. Begreift ihre Einmaligkeit als die Chance für euch, dieser Individualität respektvoll und neugierig zu begegnen. Achtet auf ihre Stärken, nicht auf ihr »das-kann-es-noch-nicht«. Das ist *eine* der wertvollen Lektionen des Eltern-Seins.

STILLSTAND AUF RÄDERN

Wer einen Kinderwagen schiebt, merkt plötzlich, wie viele Stufen es überhaupt gibt. Es gibt sie natürlich in Mietshäusern, aber auch vorm örtlichen Postamt, der Erziehungsgeldstelle, in Kaufhäusern und Restaurants, mitten auf öffentlichen Plätzen, in U- und S-Bahnhöfen. Sind ein bis zwei Stufen mit Kinderwagen noch locker zu bewältigen, stellt eine größere Anzahl von Stufen, gar solche die sich zu Treppen auswachsen, ein Problem dar. Man knirscht mit den Zähnen und beginnt zumindest den Hauch einer Ahnung zu haben, was Rollstuhlfahrer durchmachen (die durchschnittliche Mutter wird den Kinderwagen irgendwann mal los, der durchschnittliche Rollstuhlfahrer kann sich dieser Gewissheit nicht erfreuen). Mütter, können auf Anhieb sagen, welche U-Bahnhöfe mit Fahrstühlen ausgestattet sind und welche nicht. Mütter wissen, welcher Fahrstuhl im Kaufhaus der schnellste ist. Mütter nehmen eine längere Anfahrt in Kauf, um barrierefrei die Bankgeschäfte erledigen zu können. Trotzdem tritt regelmäßig folgender Umstand ein: Man ist auf die Hilfe lieber Mitmenschen angewiesen. Und zum Glück gibt es wirklich liebe Mitmenschen, die auch ungefragt Hilfe anbieten, sobald sie sehen, dass sie gebraucht wird.

Bleiben freiwillige Hilfsangebote aus, muss man fragen. Spätestens dann, wenn ca. 30 Leute an einem vorbeigehastet sind, die sich von einem flehenden Blick nicht rühren ließen. Robustere Naturen werden meist recht schnell energisch, etwas sensiblere können durchaus in Tränen ausbrechen. Und gerade frisch gebackene Mütter sind enorm sensibel.

Es ist ja keinesfalls so, dass Stadtplaner und Architekten allesamt Ignoranten sind. Nein, es gibt durchaus Rampen speziell für Kinderwagen. Bloß sind diese für vierrädrige Kinderwagen konzipiert. Und Kinderwagen neueren Datums sind immer öfter auf nur drei Rädern unterwegs. Dumm gelaufen.

2.

VON TROTZKÖPFEN UND VORSCHULKINDERN

ZURÜCK IN DIE KINDHEIT – GRENZERFAHRUNGEN

Ein Kind zu haben und zu erleben, wie es aufwächst, sich entwickelt, seine Persönlichkeit mehr und mehr zu erkennen, weckt in den Eltern viele Erinnerungen an die eigene Kindheit. Was hat einen beeindruckt, was hat einem Angst gemacht, wen und was hat man geliebt?

Konsequenterweise haben wir einen großen Wunsch: unserem Kind all die schönen Erlebnisse zu verschaffen, die wir selbst hoffentlich hatten. Den schönen Strand, das Meer, an dem wir immer Urlaub gemacht haben, dieselben Muscheln sammeln und an der gleichen Eisdiele jeden Tag Halt machen. Den Teddy, den wir jahrelang abgöttisch geliebt haben. Einige gehen so weit, ein Lieblingskleidungsstück aufzuheben, das dann auch ihr Kind bitte wieder tragen soll.

Manche von uns haben am eigenen Leib erlebt, dass ihre Eltern auch noch mehr wollten: etwas Besseres, als sie selbst erreicht haben, durften oder konnten. Psychologisch gesehen eine schwere Bürde für ein Kind. Nicht seine Talente, Vorlieben und Bedürfnisse sind wichtig, sondern die unerfüllten Sehnsüchte des Vaters oder der Mutter müssen gelebt werden. Kinder wollen ihren Eltern bedingungslos gefallen und versuchen verzweifelt, diese ungelebten Träume zu erfüllen. Klaviervirtuosen zu werden, die gesellschaftliche Leiter aufzusteigen, reicher, schöner, besser zu sein, sehr oft auf Kosten des eigenen Glücks.

Dies scheint mir aber eher ein Phänomen der Nachkriegseltern zu sein, die viele Chancen und Möglichkeiten nicht hatten, die für uns Baby-Boomer selbstverständlich waren. Die Wunschausbildung, ein Studium, Auslandsaufenthalte, wechselnde Partnerschaften, bevor wir uns fest binden, so etwas wie Selbstverwirklichung.

Mir scheint, dass uns als derzeitige Elterngeneration eine andere Sorge umtreibt: unseren Kindern nicht genügend Freiraum zu geben, ihrer Entfaltung womit auch immer im Wege zu stehen. Sind wir doch wiederum Kinder von Eltern und vor allem Vätern, denen Strenge, Disziplin, ja sogar »eine Tracht Prügel« als Erziehungsprinzipien nicht so fern lagen. Unsere Sorge treibt allerdings wilde Blüten.

»Ich will meinem Kind nicht das Rückgrat brechen, wie mein Vater es getan hat« sagte ein junger Vater in einer Erziehungsberatungsstelle, in der ich arbeitete. Währenddessen sprang sein sechsjähriges Kind im Zimmer herum, warf Möbel um und riss fast die Tapete von den Wänden, um alle Aufmerksamkeit auf sich zu ziehen. Im Laufe meiner Tätigkeit kam ich zu dem Schluss, dass wir dort zwei Typen von gestörten Kindern und Jugendlichen behandelten: das misshandelte Kind, das vernachlässigt und geschlagen worden war und dessen Traumatisierung behutsam behandelt werden musste. Hier ging es um Vertrauen, Sicherheit und Liebe, die fehlte oder übel missbraucht worden war.

Der zweite Typus Störung jedoch zeigte sich in völlig »grenzenlosen« Kindern, die oft selbst andere Kinder im Kindergarten oder in der Schule misshandelten, Gegenstände zerstörten, zündelten und dergleichen mehr. Harmlosere Varianten zeigten sich in einem ständigen Heischen nach Aufmerksamkeit mit sich steigernden Mitteln, angefangen von ständigem Ins-Wort-Fallen und Herumschreien bis zu dauerhafter Unruhe in Form von Herumrennen, Möbel umstoßen, sich auf die Erde werfen oder anwesende Erwachsene angehen. Mit Angehen umschreibe ich hier vorsichtig Anspringen, ans Bein hängen, Beißen, an den Haaren ziehen und so weiter.

Wenn man dies so liest, fühlt man sich zunächst an einen formidablen Trotzanfall erinnert, wie er ja im zweiten Lebenjahr beim eigenen Kind immer mal wieder in voller Pracht zu erleben ist. Ich meine aber hier Verhaltensweisen mit so genanntem Störungswert, d.h. sie treten von der Häufigkeit und den Gelegenheiten so häufig und unangemessen auf, dass das Kind sich und anderen damit schadet.

Vielleicht steigt in Ihnen auch eine Erinnerung an so ein Kind auf, das vermutlich gerade Ihren Liebling in der Kita, Schule oder auf dem Spielplatz drangsalierte.

Noch mal: Ich schreibe hier nicht von entwicklungsüblichen Trotzanfällen oder auch den sozial notwendigen Machtkämpfen, die immer zwischen Kindern in Gruppen auftreten. Die Masse, Wucht und Unangemessenheit machen den Unterschied zur Störung!

Während ich die Ärzte und Psychologen in dieser Erziehungsberatungsstelle beobachtete, fiel mir auf, woran bei diesen Kindern mit den Eltern gearbeitet wurde: Diese Eltern, die ängstlich darauf bedacht waren, ihre Sprösslinge nicht einzuschränken, enthielten ihnen etwas für Kinder absolut Notwendiges vor: Grenzen.

Diese Grenzen erfordern wiederum Konsequenz und Durchsetzungsvermögen seitens der Eltern. Das muss nun nicht übertrieben werden, und wie oft habe ich selbst am eigenen Leib erfahren, dass die Mutterliebe, Müdigkeit oder völliges Entnervt-Sein mich dazu gebracht haben, doch nachzugeben.

Aber ich scheue mich auch nicht, an einem bestimmten Punkt konsequent Einhalt zu gebieten oder meinen Willen bei meinen Kindern durchzusetzen. Das schulde ich ihnen und ihrer gesunden psychischen Entwicklung, denn ich bin die Erwachsene, die ihnen die Welt sozusagen in verdaubaren Häppchen begreiflich machen und so gestalten muss, dass sie sie mit den ihnen zur Verfügung stehenden Mitteln bewältigen können. Zu diesen Mitteln gehören übrigens in den ersten paar Lebenjahren nicht endlose Erklärungen und Diskussionen. Oder Ansagen wie: »Ich glaube, ich hätte jetzt gerne, dass du vielleicht dein T-Shirt ausziehst«, so original auf einem Campingplatz mitgehört.

Schließlich ärgert mich auch immer wieder mitzuerleben, wie noch nicht mal Einjährigen permanent Entscheidungsfragen von ihren Eltern gestellt werden: »Möchtest du die rote Strumpfhose oder die blaue?«, »Magst du zur Oma fahren oder lieber zu Hause bleiben?« Es dauert noch mindestens sechs bis acht Monate, bis Kinder entwicklungspsychologisch überhaupt dazu in der Lage sind, solche Alternativen abzuwägen und willentlich eine Entscheidung zu treffen. Auch mit zwei Jahren kann man dann erleben, dass die von ihnen getroffenen Entscheidungen eher ein Ausprobieren sind, manchmal Trotzreaktionen, jedenfalls nicht wohl durchdachte, begründete Wünsche und Vorlieben.

Wenn man – möglichst nicht die eigenen – Kinder aufmerksam beobachtet, können Sie vielleicht selbst feststellen, dass diese konsequentes Verhalten als erleichternd und entlastend empfinden. Es schafft ihnen genau das, was oben in anderem Kontext beschrieben wurde: Sicherheit, Vertrauen und verlässliche Umweltbedingungen, um den großen ganzen unkalkulierbaren Rest in den Griff zu kriegen, vor dem wir sie eh nicht bewahren können.

Und von der rabiaten Strenge mancher Väter und Mütter in den fünfziger und sechziger Jahren sind diese Erziehungsprinzipien wirklich meilenweit entfernt.

VON ENGELN UND TEUFELN – DIE TROTZPHASE

Wenn kleine Kinder so etwa anderthalb bis zwei Jahre alt sind, sind sie ja ganz besonders niedlich – schon optisch: Mit dem Laufenlernen verliert sich der Säuglingsspeck und der Körper streckt sich ein wenig. Die Kinder saugen nicht mehr so viel an Brust oder Flasche und damit verändert sich auch die Gesichtsform. Weg von prallen Trinkerbacken hin zum typischen Kindchenschema, in dem große, neugierige Augen leuchten. Kurz, aus der Milchmade wird ein kleiner, unglaublich süß anzuschauender Erdenbürger, der willens und bereit ist, die Welt zu entdecken und zu erobern. Juchhe, dann nix wie los!

Machen Sie sich klar, es ist das Alter, in dem in Ihrem Kind erstmals das Bewusstsein für das eigene »Ich« ans Tageslicht kommt. In dem das Kind erstmals bewusst die Erfahrung macht: »Ich bewirke etwas«, »Ich will etwas«, »Ich will etwas ganz und gar nicht«, »Ich will ganz entschieden etwas anderes als meine Mama«, »Ich will unverzüglich und sofort«, in jedem Fall »ICH WILL!«.

Sie merken: Die Trotzphase wird eingeläutet. Denn wie das mit dem eigenen Willen so ist, das läuft bei weitem nicht immer soziabel und geschmeidig ab – ist ja nicht einmal in unserem fortgeschrittenen Alter so. Nun geht es natürlich nicht darum, den Willen des kleinen Wesens zu brechen, wie manch ein/e Vertreter/in älterer Generationen uns noch glauben machen möchte. Schließlich kann niemand Interesse an einem Volk willenloser Esel haben. Es kann aber auch nicht darum gehen, sich durch grenzenlose Nachgiebigkeit vom Kinderwillen verschlingen zu lassen und eine Schar von Despoten und Tyrannen heranzuziehen.

Es geht wie immer darum, einen Mittelweg zu finden. Und dafür muss man sich vielleicht zwei Dinge vor Augen halten.

Erstens: Kinder wollen und brauchen Regeln, zu ihrer eigenen Orientierung und Sicherheit. Es gefällt den »ich«-Monstern zwar meistens überhaupt nicht, in der entsprechenden Situation damit konfrontiert zu werden, aber es ist ihnen komischerweise dennoch wichtig. Lassen Sie es uns ruhig so sagen: Kein Kind kann glücklich werden, wenn es nicht die Sicherheit eines verlässlichen Regelwerkes hat. Mit anderen Worten, Sie sind noch lange kein autoritäres Arschloch, wenn Sie Ihre mütterliche Macht einsetzen und ihrem Kind etwas verbieten.

Zweitens: Dieses Regelwerk muss dem Kind natürlich irgendwie auch verständlich sein, heißt vor allem: klar, simpel, konsequent. Nehmen wir an, Ihr zweijähriger Sohn hat gerade entdeckt, dass er endlich an die Fernbedienung vom Fernseher kommt, auf den Knöpfen herumdrücken kann und mit etwas Glück das Gerät auch noch in Gang bekommt. Und nehmen wir weiterhin an, Sie möchten das aber nicht. Dann ist es angesagt, ein klares »Nein« auszusprechen und auch bei größtem Zeter-und-Mordio-Geschrei bei ebendiesem auch zu bleiben. Auch wenn Sie versucht sind, entnervt die Dinge laufen zu lassen, nur um endlich einmal Ihre Ruhe zu haben oder vielleicht als allein erziehende berufstätige Mutter ihr latent schlechtes Gewissen nicht mit weiteren »Neins« zu belasten. Und es ist übrigens auch unbedingt angesagt, dass sich alle anderen Bezugspersonen ebenso daran halten und nicht im Hintergrund ein nachgiebiger Papa dem Sohnemann die Fernbedienung heimlich wieder zusteckt.

Soweit die Theorie!

Nun sind Kinder bekanntlich unterschiedlich und auch die Entdeckung des eigenen Willens vollzieht sich natürlich höchst individuell. Es gibt Kinder, die mit ruhiger Beharrlichkeit die Dinge angehen, denen man schlicht Zeit und Muße lässt, und alles läuft prima. Nehmen Sie beispielsweise die Zuckerdose weg, weil der Inhalt dann doch nicht auf dem Boden ausgestreut werden soll, dann wenden sie sich eben anderen Dinge zu, werfen Ihnen schlimmstenfalls einen erstaunt-beleidigten Blick zu oder ein mauliges »Na gut!«. Diese Kinder zerren manchmal vielleicht ein bisschen an Mamas Hand, weil sie hier oder dort etwas Spannendes gesehen haben, gehen aber insgesamt dennoch – wie man so sagt – brav mit zum Einkaufen und lassen sich anstandslos durch die Süßwarenabteilung lotsen. Auch diese Kinder werden ihre Grenzen haben, aber insgesamt kommen sie offenbar mit großer innerer Gelassenheit durch die erste Trotzphase – und Sie mit ihnen.

Oh Mann, was werden diese Mütter beneidet von all jenen, für die die erste Trotzphase einen Kampf auf Leben und Tod bedeutet. Sie werden diese Szenen kennen: Schlimm-entnervte Mutter mit grimmigem Gesicht schultert ein ohrenbetäubend brüllendes Kind, dem Rotz und Schnodder aus dem Gesicht auf Mutters Kleidung rinnen (soweit die nicht schon voll gespuckt ist), das mit allem haut, boxt, kratzt und tritt, was am eigenen Körper angewachsen ist oder was es irgendwie anderweitig zu fassen bekommt. Das sich verzweifelt an Ästen oder anderen Dingen festkrallt, nur um nicht weiter fortgeschleppt zu werden. Und wenn es sprachbegabt und schlau ist, dann schreit das Kind vielleicht noch lautstark: »Das ist nicht meine Mutter!« Mutmaßlicher Anlass dieser scheußlichen Szenerie, in der Passanten natürlich auch vor die Frage gestellt werden »Ist das jetzt wirklich Kindesentführung?«: Mama möchte nach einem langen Nachmittag auf dem Spielplatz endlich einmal nach Hause gehen und das Kind war mit guten Worten nicht dazu zu bewegen.

Willensstarke Kinder sind in der Lage, jeden verflixten Tag solchen oder ähnlichen Zauber zu veranstalten – über Monate hinaus. Meine Freundin hat ihre Tochter zeitweise jeden Morgen unangezogen und unter Geschrei in den Kindergarten gebracht. Was sollte sie tun, sie musste zur Arbeit. Und keine Abwandlung im morgendlichen Procedere hat irgendetwas bewirkt. Mir fiel zum Trost auch nur ein, dass kein Schulkind jemals unangezogen und schreiend von seinen Eltern geschultert zur Schule gebracht wurde. Meine eigene Tochter hat mit ihrem Wutgebrüll einmal nachts um zwei unseren Nachbarn von unten geweckt und aufgescheucht. Er klingelte besorgt an unserer Tür, um zu fragen, ob etwas passiert sei. Eine halbe Stunde hatte sie gebrüllt, weil sie partout nicht zulassen wollte, dass ich meine Decke behalte und sie ihre. War uns das peinlich! Und wer kennt nicht die brüllenden Gören, die sich auf offener Straße oder im Supermarkt auf dem Boden wälzen, weil sie unbedingt in eine andere Richtung abhauen oder diese tolle, glitzernde Flasche aus dem Regal haben wollen.

Wenn Sie keinen Zeitdruck haben, gibt es da eigentlich nur eins: Ruhe bewahren, Ohrstöpsel in die Ohren, sich hinsetzen und *ab-*

warten. Aber bitte, sperren Sie Ihr Kind deswegen nicht weg und lassen Sie es nicht alleine! Seien Sie versichert, Ihr Kind fühlt sich in diesen Momenten auch nicht wohl. Mit etwas Glück treffen Sie auf wissende Mitbürger, die durch sanfte Intervention die Situation durchbrechen und Ihr kreischendes Wutbündel von seinem Ungemach ablenken. Mit etwas weniger Glück ernten Sie von den Passanten doofe Kommentare, macht aber auch nix. In jedem Fall: auch wenn Sie am liebsten selber loskreischen und das Wutbündel zum Mond schleudern würden. Das hilft in der Regel überhaupt nicht, im Gegenteil, hinterher plagt Sie noch ihr eigenes schlechtes Gewissen. Lieber drei Mal wirklich tief durchatmen und die letzten Reste mütterlicher Coolness aktivieren. Sie werden das schaffen!

Übrigens trifft man als Mutter eines solchen Derwischs erstaunlich oft auf irritiertes Unverständnis, ja manchmal geradezu Verurteilung, bei den Eltern, die mit derartigen Ausbrüchen nichts oder kaum zu tun haben: »Ihr Kind ist aber leicht frustriert!« oder »Schmeißt Ihr Kind immer so mit Sand?« Das vermittelt sofort das Gefühl, irgendetwas als Mutter wieder fundamental falsch gemacht zu haben. Legen Sie das bloß nicht auf die Goldwaage, sondern am besten gleich wieder vergessen! Das ist nix als Stutenbissigkeit einer Mutter, die Sie vermutlich insgeheim um die schönen Haare Ihrer Tochter beneidet.

»ICH KOMME!«

Ich komme! gehört ohne Zweifel zu den Sätzen, die Mütter von Kleinkindern am häufigsten von sich geben. Nicht was Sie jetzt vielleicht denken, wäre ja zu schön, um wahr zu sein! Nein, etwaige erotische Assoziationen können wir mal getrost vergessen. Gemeint ist »ich komme gleich«, wahlweise auch »komme schon!«, »bin schon unterwegs!«, »einen Moment noch«, »jaha doch!« »Was ist denn?« und Ähnliches. In jedem Falle sitzt Kind irgendwo und krakeelt unmissverständlich und mit Nachdruck nach Mama, die bitte doch auch *sofort* zu erscheinen hat. Sei es, dass es irgendwo nicht drankommt oder unbedingt zeigen muss, was für einen schönen Turm es gebaut hat oder wie lustig es aussieht, wenn die Stumpfhose wie eine Mütze auf dem Kopf sitzt oder vielleicht auch nur Mama nun schon eine ganze Minute lang nicht gesehen hat oder auf Toilette sitzt und auf den mütterlichen Abputz-Dienst wartet.

Und warten ist nun einmal nicht der Kinder Sache. Das verlangt Geduld und die wird von Mutter Natur eindeutig nicht automatisch bei der Geburt mitgeliefert. Tonfall und Phonzahl wachsen beim Ruf nach Mama Hand in Hand zügig an, von zunächst noch »Mama!« über »Mama?« und – schon deutlich ungeduldiger – »Maaaaamaaaaa!« zu »Mama, Mama, Mama, Mama!« bis Ihnen und der Umwelt die Ohren abfallen. Machen Sie doch mal ein klitzekleines Experiment: Rennen Sie nicht sofort los, sondern genießen Sie doch mal in Ruhe (ja, ja, ich weiß schon) alle Schattierungen des »Mama«-Rufs, zu denen Ihr Goldschatz fähig ist.

Und wenn wir schon einmal bei dem Thema sind, lassen Sie uns noch einen Blick auf das werfen, was Sie auch zunächst dachten. Mit Wehmut erinnern wir uns an den absoluten Sex vor Schwangerschaft und Geburt: wild, tabulos bis zur Ekstase. Jederzeit oder zumindest immer, wenn man Lust hatte: Sonntagvormittag, Montag früh und noch mal nach der Arbeit, Dienstag auch, Mittwoch vielleicht mal gar nicht, dafür aber donnerstags zwischendurch in der Mittagspause und ab Freitagnachmittag sowieso stündlich.

Wer nicht gerade ein Frühwarnsystem im elterlichen Schlafzimmer angebracht oder seine Betten in palastartiger Entfernung zum Kinderzimmer stehen hat, der geht – wenn das erste Kind erst einmal da ist – in der Regel zu einer ruhigeren und vor allem leiseren Gangart über. Spätestens wenn erstmals mitten im heißesten Sex der Sprössling überraschend vor dem Bett steht und mault: »Ich kann nicht schlafen.«

Es ist aber auch nicht untypisch, schon in der Schwangerschaft weit hinter den Durchschnitt zurückzufallen: Sei es, weil frau sich mit wachsender Kilozahl irgendwie auch wachsend unattraktiv fühlt. Sei es, weil mann trotz aller Aufklärung der irrigen Vorstellung ist, beim Sex würde er Sohnemann irgendwie mit seinem Penis ditschen.

Und nach der Schwangerschaft? Ja, da sind alle Beteiligten erst mal total müde, müssen die Geburt verarbeiten und sich mit ihren neuen Rollen als Mutter und Vater beschäftigen. Das ist der Libido auch nicht immer förderlich.

Laut Statistik und zahllosen Beratungseinrichtungen sind die ersten drei Lebensjahre eines Kindes beziehungstechnisch die schwersten. Soll heißen, wenn eine Partnerschaft scheitert, dann in den ersten drei Jahren. Danach hat sie eine reelle Chance (ab dem dritten Kind denkt zumindest frau eh nicht mehr darüber nach, sich zu trennen). Von diesen ersten drei Jahren wiederum ist das erste Lebensjahr des Kindes für die Beziehung am gefährlichsten. Aber dieser Gefahr kann man ja tatkräftig entgegentreten: Also Babysitter her und Freiraum schaffen. Dann hat die junge Mutter auch gute Aussichten, dass »Ich komme!« nicht nur dem Popo-Abwischen vorbehalten ist.

WIE KINDER DIE WOHNUNG VERWANDELN

Was waren wir doch stolz, als unsere Hebamme während der Nachsorge bei unserem ersten Kind bemerkte: »Meine Güte, ist das hier aufgeräumt – für eine Wohnung mit einem Neugeborenen.« Was meinte sie damit? Dass in dieser Phase Wohnungen oft chaotisch aussehen, weil die frisch gebackenen Eltern zu nichts anderem kommen, als ihr Baby zu füttern, zu wickeln, herumzutragen und natürlich auch noch ein paar elementare Verrichtungen des täglichen Lebens auf die Reihe zu bekommen.

Auch auf den Bildern aus diesen ersten sechs Monaten bin ich immer wieder erstaunt und entzückt, wie leer die Wohnung darauf aussieht mit freien Ecken, Schrankoberflächen und geräumigem Flur. Ich verstand damals noch nicht, was Kinder dann peu à peu aus einer Wohnung machen.

Langsam wälzte sich die Lawine heran, doch zunächst fing es ganz harmlos an: Stubenwagen oder Wiege, Wickeltisch und der Kinderwagen im Hausflur, das war ja alles noch ganz enthusiastisch und wohl organisiert untergebracht worden. Dann lag plötzlich ein Schaffell in einem Zimmer und in der Küche tauchte die Wippe auf, eine Art kleiner Liegeplatz auf einem Rohrgestell für Babys, die ja zunächst nicht sitzen können und dürfen. Erste Stolperfallen, besonders wenn man ein Kind auf dem Arm trägt und damit nicht mehr freie Bodensicht hat. Meine Schwester schenkte uns noch eine kleine Babyhängematte, die die Kleine ganz toll beruhigen sollte – wieder musste hierfür ein Eckchen gefunden werden. Dann schleppte man natürlich die Babyschale aus dem Auto mit in die Wohnung und der große Lammfelleinsatz für den Kinderwagen belegte die zweite Flurecke. Denken Sie nicht, das wäre es jetzt schon gewesen: Dies war erst die Spitze des Eisberges.

Das Kind wurde älter, also kamen langsam die ersten Spielgeräte: Ein Mobile wurde an der Wohnzimmerdecke befestigt und ein Trapez über dem Schaffell aufgestellt, denn Baby musste sich ja schließlich anhand solcher Dinge visuell und motorisch entwickeln können. Das Kind lernte langsam zu sitzen, nun, da brauchte es aber große Kissen, gegen die es sich lehnen konnte und schließlich einen Kindersitz am Esstisch.

Das Trapez benutzte es schließlich für die ersten Laufversuche, indem es dies als eine Art Laufhilfe vor sich herschob. Da konnte man es doch nicht einfach wegräumen und Platz schaffen für die nächsten entwicklungsgerechten Spielzeuge: ein Bobby-Car, eine kleine Spielmatratze und ein Hüpftier – wir waren sehr froh, als sie schließlich selbst drauf hüpfen konnte und nicht wir sie darauf festhalten und auf und ab hopsen lassen mussten. Da jubelten die Bandscheiben ...

Apropos Hopsen, ich vergaß den riesigen Pezziball, auf dem sich die geplagte Mutter vom ewigen Herumtragen erholte und mit wilden Hüpfbewegungen auf dem Ball das verdauende Kind zu unterstützen versuchte. Nimmt mächtig Platz weg, zumal er gern unkontrolliert von einer Ecke in die andere rollt.

Das zweite Lebensjahr brach an, unsere Tochter lernte laufen. Flugs kamen ein kleiner Puppen-Buggy, schließlich ein Roller – von den Nachbarn geliehen – und im Hof ein Dreirad in unseren Besitz.

Sie haben jetzt lebhaft vor Augen, wie jede verfügbare Ecke sich mehr und mehr mit diesen Gegenständen füllte, auch dann noch, als wir unser bisheriges Arbeitszimmer in ein kombiniertes Arbeits-Schlaf-Zimmer verwandelten und endlich ein eigenes Kinderzimmer herrichteten. Was glauben Sie denn, wo die ersten Kaufmannsladensachen, das Puppenhaus und Dutzende Kinderbücher blieben? Das Gitterbett und die Hängematte, die sie bei den Nachbarn so toll fand?

Nicht etwa, dass die Kleine sich außer zum Schlafen und natürlich, wenn Besucherkinder dort einfallen, viel im Spielzimmer aufhält. Ein zweijähriges Kind spielt am meisten dort, wo auch die Eltern sind. So werden jeden Abend Mengen an Spielzeug vom Wohnzimmer ins Kinderzimmer zurückgebaggert, wieder und wieder.

Demnächst wollen wir unser Sofa rauswerfen und uns schöne Bezüge für die vielen Plüschtiere nähen – darauf kann man schließlich auch bequem sitzen. Brauchen Sie vielleicht ein prima Schlafsofa mit abwaschbarem Bezug – kaum benutzt?

SCHLAF, KINDCHEN, SCHLAF

Es gibt Klassiker in der Mütter-Ratgeber-Szene, die jeder Mutter in den ersten Wochen zu Ohren kommen bzw. ihr hoffentlich geschenkt werden. Eines davon ist »Jedes Kind kann schlafen lernen«[3] von Annette Kast-Zahn und Dr. Hartmut Morgenroth. »Ohne dieses Buch hätte ich nicht fünf Kinder bekommen«, meint Ole dazu und das sagt wohl alles über die Bedeutung dieses unentbehrlichen Werkes. Auch Prominente wie der Schauspieler Markus Maria Profitlich berichtete in der Harald-Schmidt-Show, wie er damit seine zehn Monate alte Tochter zum Schlafen trainierte.

Trainiert? Ja, so ist es, denn Schlafen will bei fast allen Kindern gelernt sein! Aber leider geht das nicht gleich zu Beginn, auch wenn ich schon nach kurzer Zeit mit Neugeborenem eine tiefe Sehnsucht nach sechs oder acht Stunden ununterbrochenem Schlaf hatte.

Unser Baby ist ja anfangs gewohnt und bedürftig, nachts ein, zwei, drei Mal an Mamas trost- und milchreiche Brust zu kommen, sich satt zu trinken und im besten Fall sofort weiter zu schlafen.

Man kann sich wohl gut vorstellen, dass diese süße Nachtmahlzeit nicht gern aufgegeben wird. Meine Tochter wollte sie jedenfalls bis zum kompletten Abstillen genießen, als sie schon längst tagsüber Brei und Breifläschchen zu sich nahm.

Wir kannten damals noch nicht den Trick, dass Papa nach drei bis vier Monaten den Wonneproppen beim nächtlichen Aufwachen Nacht für Nacht ein wenig länger »hinhält«, bis er an die Brust kommt. Diese Methode soll sehr hilfreich wirken, um das Kind vom nächtlichen Trinken langsam und sanft zu entwöhnen. Denn nötig ist diese Mahlzeit ab dem vierten, fünften Monat nicht mehr wirklich.

---

3 *Annette Kast-Zahn / Hartmut Morgenroth: Jedes Kind kann schlafen lernen. Oberstebrink 2001*

Erst ab diesem Zeitpunkt ist überhaupt so etwas wie ein Durchschlafen zu erwarten, da erst in diesem Alter die Tiefschlaf- gegenüber den unruhigeren Aktivschlafphasen zunehmen.

Daher lassen Sie sich bitte nicht von einer der Lieblingsfragen anderer Mütter verunsichern: »Schläft es denn schon durch?«, gerne gefolgt von »Meine hat ja sehr schnell durchgeschlafen«. Unter Durchschlafen verstehen manche nämlich schon so etwas wie Mitternacht bis sechs Uhr morgens ohne Aufwachen.

Babys sind also durch Hunger und Gewohnheit (!), vermehrte Aktivschlafphasen und vieles, was sie in ihren ersten Lebensmonaten bewältigen und verarbeiten müssen, nicht per se zum sofortigen Durchschlafen und auch nicht zum schnellen Einschlafen prädestiniert.

Daher begehen viele Eltern auch zahlreiche »Erziehungssünden« rund um Babys Schlaf und deswegen ist das oben erwähnte Buch auch so unentbehrlich. Einige Beispiele solcher »Sünden«: Viele Mütter legen sich – da sie eh erschöpft sind vom Tag – beim Zubettbringen ihrer Kinder mit ins Bett. Peinlich, wenn Gäste vergeblich warten, weil Mama selig mit eingeschlafen ist. Wir ließen unsere Tochter immer ein Milchfläschchen vor dem Schlafengehen trinken, zu unserer Ehrenrettung möchte ich aber hinzufügen, dass sie dies nicht im Bettchen trank, sondern mit Mama oder Papa im Kuschelsessel. »Ich darf gar nicht sagen, was ich tue«, flüsterte meine Frauenärztin, als wir uns über die Schlafgewohnheiten unserer Kinder unterhielten, »meine kriegten nachts ... Fruchtsaft.« Wir schauderten angesichts dem vernichtenden Urteil von Kinderärzten zu so einer Schwäche! Alle Kinder haben glücklicherweise keine Zahnschäden davongetragen. Erzieherin Doreen, die nun wirklich weiß, wie man Kinder in den Griff bekommt, lässt ihre dreijährige Tochter bis abends um zehn aufbleiben. Auch scheint weit verbreitet, was Freundin Thea machte: am Bett ihres Sohnes seine Hand haltend sitzen zu bleiben, bis er eingeschlafen war.

Meine These hierzu ist, dass wir einfach abends von Arbeit und Kindern so kaputt sind, dass unsere Prinzipientreue und unser Durchsetzungsvermögen in dem Umfang abnehmen, wie die Tiefe unserer Augenringe zunimmt. Friedlich soll es zugehen, unser Kind soll glücklich sein und nicht unter Kämpfen und Geschrei ins Bett gezwungen werden.

Ich brauche Ihnen wohl nicht zu sagen, dass all diese Tricks von den Autoren des Schlafratgebers schwer verdammt werden. Was also sagen die Profis?

Sie empfehlen die so genannte »checking-up«-Methode. Das bedeutet, dass das Kind zum Schlafengehen nach erlaubten Ritualen wie Singen oder eine Geschichte vorlesen auf jeden Fall noch wach ins Bettchen gelegt wird und Sie den Raum verlassen. Die meisten Kinder werden jetzt anfangen, bitterlich zu weinen oder alles mögliche anzustellen, um Mama und Papa dazu zu bringen, noch mal reinzukommen, z.B. Rufen, Aufstehen oder Toben.

Nun heißt es, nervenstark zu bleiben. Sie warten zwei bis drei Minuten ab und gehen erst dann wieder rein, um Ihr Kind kurz zu beruhigen. Sie versichern ihm, dass Sie noch mal nach ihm schauen und gehen wieder raus. Das Spiel beginnt von vorne. Nun steigern Sie von Mal zu Mal die Zeit auf sieben bis schließlich zehn Minuten, bis Sie wieder hineingehen. Das Ganze wiederholen Sie, bis es schließlich schläft.

Sie glauben nicht, dass Sie das durchhalten? Lassen Sie die ersten ein, zwei Abende Ihren Mann den Job übernehmen. Sie glauben nicht, dass es wirkt? Es wirkt so gut wie immer und bei allen, und zwar bereits nach zwei, drei Nächten – versprochen!

Ich fürchte, unsere Mütter und Großmütter lachen ein wenig über uns, dass wir ein Buch dazu benötigen, was sie schon immer gewusst haben: dass man die Kleinen manchmal ein bisschen schreien lassen muss. In diesem Fall wirklich zu ihrem eigenen Wohl. Eine sehr erfahrene Hebamme erzählte mir, dass viele unerfahrene Eltern ihr Kind viel zu schnell aus der Wiege herausnehmen, wenn es beim Einschlafen unruhig ist. Und es damit leider genau daran hindern und die Unruhe noch verstärken.

Also abwarten und Tee trinken – mit einem Paar Ohrstöpsel.

Das Buch betont übrigens, dass Ausnahmen wie das Kind nachts ins elterliche Bett zu lassen, erlaubt sind, wenn es krank ist oder schlecht träumt und Angst hat. Die erwähnte Hebamme hat zuweilen drei bis vier ihrer fünf Kinder ins Elternbett gelassen ...

Das lässt nun uns wieder beruhigt schlafen, oder?

DAS LEIDIGE ANZIEHEN

Das leidige Anziehen ist ein Thema, an dem Mütter verzweifeln können. Egal, ob es sich darum handelt, sich selber anzuziehen oder ob es um die Kinder geht. Bevor ich selber Kinder hatte, stand ich in dem Ruf, morgens mindestens eine Stunde im Bad zu verbringen. Seit ich Kinder habe bin ich froh, wenn mir morgens fürs Zähneputzen, Duschen, Anziehen und manchmal vielleicht sogar noch Schminken zehn ungestörte Minuten vergönnt sind. Tausenderlei Unterbrechungen können sich einstellen: Kind schreit, weil es sich wehgetan hat oder hämmert an die Tür, weil es Gesellschaft haben will, muss aufs Klo und abgeputzt werden oder will unbedingt mit duschen, verschleppt beim Anziehen den BH und rückt ihn nur unter lautstarkem Protest wieder heraus, flegelt sich auf dem Pullover und will auch da nicht ohne Widerworte wieder herunter, hängt Mama am Bein, weil es mit dem Lippenstift nicht schnell genug geht und, und, und …

Dann kommen die Kinder dran: Kinder müssen – soweit sie das noch nicht selber tun können – morgens gewaschen und angezogen und abends gewaschen und ausgezogen werden. Das leuchtet jedem ein und ist eigentlich auch nicht so schwierig. Soweit ich gehört habe, ist das bei Jungs auch nie so problematisch. Und soweit ich ebenfalls gehört habe, ist das bei Mädchen oftmals eine mittelschwere Katastrophe: In den Geschichten, wo unangezogene Kinder unter Geschrei in den Kindergarten gebracht werden, scheinen immer Mädchen die Hauptrolle zu spielen. Selbst bei den sanftmütigsten Wesen scheint irgendwo schon im Kleinkindalter abgespeichert zu sein: Lippenstift und Duft: Ja! Waschen und Zähneputzen: Niemals! Anziehen: Prinzipiell nein! Und das da schon gar nicht!

Das spielt sich dann zum Beispiel so ab: Stellen Sie sich einen nasskalten Wintertag vor, also definitiv kein Wetter für die geliebten Lackschühchen und das rosa Kleid mit Schmetterlingen und Blümchen von Oma.

»Glitzerspangen ja. Kleid und Schühchen nein!«

»Dann ziehe ich gar nix an!«

»Musst du aber, es ist kalt draußen und wir müssen los!«

»Nein, ich will nicht!«

»Bitte, lass uns deshalb nicht zanken!«

»Ich will nicht!«

»Wir müssen wirklich los. Wenn es etwas wärmer ist, dann kannst du das Kleid anziehen. Heute aber Strumpfhose und Hose und Pullover. Schau mal, der hat auch Blümchen!«

»Die finde ich aber doof!«

Auf diese Weise kann man sich den ganzen Vormittag vertreiben. Zum Beispiel, wenn Mutter auf der Suche nach einem Kompromiss zwischendurch erst noch ein Buch vorliest: »Dann aber wirklich anziehen, ok?« – »Ok!« Das Buch wird vorgelesen, angezogen wird sich deshalb aber noch lange nicht.

Irgendwann sind Geduld, Zeit und Nerven ausgereizt und es wird zu härteren Mitteln gegriffen:

»Wenn du nicht sofort kommst, gibt es Ärger!«

Im schlimmsten Falle schnappt sich Mutter ihr Kind und versucht, dem widerspenstig strampelnden Wutbündel die notwendigsten Dinge mit Macht überzuziehen. Das macht niemandem Spaß, kommt aber trotzdem in den besten Familien vor. Der Winter ist in diesem Zusammenhang von besonderem Reiz, wenn nämlich zusätzlich zu der normalen Kleidung irgendwie auch noch Schneeanzüge, Stiefel, Schals, Mützen und Handschuhe an das Kind gebracht werden müssen.

Was freue ich mich auf den Sommer!

ROLLENSPIELE – JA GERNE!

Anlässlich eines turnusmäßigen Elterngesprächs wollte mir die Vorschullehrerin meines Kindes noch einen guten Tipp mit auf den Weg geben: »Spielen Sie mit Ihrem Sohn doch mal Rollenspiele!«, schlug sie enthusiastisch vor. Ich hätte beinahe hysterisch aufgelacht, denn mein Leben schien zu dem Zeitpunkt aus einer einzigen Abfolge von Rollenspielen zu bestehen. Wann immer ich mein Kind erblickte, wusste ich nicht, ob ich einen Verkäufer, einen Ritter, einen Piraten oder Lukas, den Lokomotivführer, vor mir hatte.

Alle Kinder schlüpfen gerne in andere Rollen. Zunächst ist es noch ganz einfach: Das kleine Mädchen kommt an, sagt: »Ich bin ein Drache«, lässt ein lautes Fauchen ertönen und man muss sich ganz schrecklich fürchten. Der kleine Junge kommt auf allen Vieren angekrabbelt, sagt: »Miau, ich bin eine Katze«, und man muss ihn streicheln. Wahlweise sind Kinder auch Autos, Prinzen und Prinzessinnen, Blumen oder Dachse. Man spielt Kaufmannsladen und selbstverständlich nimmt man dann die Rollen von Kundin oder Verkäuferin ein. Man spielt Krankenhaus und wird zur Ärztin oder Patientin.

Dann wird auch immer sehr gerne die liebste Hörspielkassette oder Fernsehserie nachgespielt. Das geht so:

»Also Mama, ich bin Benjamin Blümchen. Du bist Otto. Du fragst mich jetzt: ›Warum guckst du denn so traurig, Benjamin?‹ und ich sage dann: ›Weil der Löwe krank ist.‹« Mama liefert also brav den Satz ab, das Kind alias Benjamin Blümchen antwortet: »Weil der Löwe krank ist« und gibt die nächste Regieanweisung. Und so weiter. Es ist auf Dauer zwar etwas enervierend, aber perfekt geeignet, um beispielsweise längere Wartezeiten beim Arzt zu überbrücken.

Überhaupt kann man Rollenspiele fast überall machen und in alle möglichen Tätigkeiten einbinden. Steht der kleine Junge quengelig in der Küche und behindert Mutter beim Tischdecken, könnte sie vorschlagen: »Pass auf, du bist jetzt der Ober, wie in einem richtigen

Restaurant. Du bist dafür zuständig, dass der Tisch schön gedeckt ist.« Dann stellt sie Becher auf den Abendbrottisch und ruft: »Herr Ober, hier fehlt noch was!« Der Herr Ober springt herbei und ergänzt das Ensemble mit Brettchen. Nachdem sie Brotkorb und Käseplatte auf den Tisch gepackt hat, ruft sie erneut: »Aber hier fehlt doch immer noch was?« und der Herr Ober legt noch das Besteck hinzu. Und so weiter, bis der Tisch gedeckt ist und die Familie beim Abendbrot zusammensitzt. Alle haben sich amüsiert und beim nächsten Abendbrot macht man es gerne wieder so. Doch dann verselbstständigt sich alles. Das Kind ist mit Leib und Seele Ober und das Szenario wird ausgebaut. Wenn der Tisch fertig gedeckt ist, müssen die Eltern die Küche verlassen, an der Küchentür stehen und »Dingdong« rufen. Dann kommt Ihnen der Herr Ober entgegen, begrüßt Sie und führt Sie zu Ihrem Tisch. Den müssen die Eltern natürlich ausgiebig bewundern. Dann fragen Sie den Herrn Ober, ob er nicht mit Ihnen speisen möchte, wo er sich doch so viel Mühe mit dem Tisch gemacht hat. Der Ober willigt ein und endlich kann man mit dem Essen beginnen. Das ganze Spiel begleitet bald nicht nur das Abendbrot, sondern auch das Frühstück. Sämtliche Änderungen des eingespielten Ablaufs, zum Beispiel weil es schnell gehen muss, verleiten den Herrn Ober sofort zu Tobsuchtsanfällen. Uneingeweihte Besucher sehen sich wüsten Anfeindungen ausgesetzt, wenn sie das Spiel nicht gleich durchschauen und mitspielen. Das bedarf dann definitiv einiger Korrekturen. Die gestalten sich mitunter schwierig, da der Spielleiter keinerlei Abänderungen duldet – man darf ja noch nicht mal die Betonung variieren – und Vorschläge wie »Der Ober ist doch gerade auf Urlaub« werden mit Geheul quittiert. Entweder man ist unerschrocken, klärt das Ganze nachdrücklich in einem »Bis hierher und nicht weiter«-Gespräch und nimmt dafür Tage voll schlechter Laune in Kauf oder man hofft, dass das kindliche Alter Ego durch einen Wechsel der Gewohnheiten von selber verschwindet: während man im Urlaub ist, das Kind eine Woche bei Oma und Opa weilt oder mit Scharlach daniederliegt.

Ältere Kinder neigen gerne zur hohen Kunst der Improvisation. Und dabei nun können endlich auch wir Erziehungsberechtigten großen Spaß haben: Es gibt einen groben Entwurf von Szenerie und Rolle und los geht's. Sie sind nur an eine lose Vorgabe gebunden und können endlich all jene Ambitionen wieder ausleben, die Sie seit der Theater-AG in der zehnten Klasse meinten hinter sich gelassen zu haben. Man erforscht todesmutig fremde Planeten (eigentlich den altbekannten Stadtpark). Man nimmt an tollkühnen Autorennen teil (eigentlich sitzt man im Bus und tut so, als ob man ihn selber in rasender Geschwindigkeit durch allerlei Haarnadelkurven steuert). Man ist Bootsmaat in der gefürchteten Piratencrew von Käpten Kralle auf der Suche nach dem Goldschatz (eigentlich läuft man nur vom Spielplatz aus nach Hause, als Hinweise dienen Verkehrsschilder). Dabei können Sie auch prima fluchen und herumgrölen, weil die Rolle es ja so verlangt. Aber Obacht und nicht zu sehr mitreißen lassen: Wenn man Käpten Kralles stolzen Dreimaster »Pulverzisch' nicht rechtzeitig verlässt und wieder in der normalen Umgebung landet, kann es vorkommen, dass man immer noch ganz blutrünstiger Pirat in die Bäckerei schreitet und der armen Verkäuferin entgegenschmettert »Gebt mir vier Brötchen, Elende, oder ich jage dich über die Planke ... !« Das liebe Kind steht derweil daneben und schämt sich.

MUSIKALISCHE FRÜHERZIEHUNG, TURNEN, ENGLISCH FÜR WINDELHOPSER – ALLES BESONDERS WERTVOLL!

Es ist ja beeindruckend, wie voll der Wochenplan eines zwei- bis dreijährigen Kindes schon sein kann: montags Musikschule, mittwochs zum Kinderturnen und donnerstags erste Annäherung an die englische Sprache (obgleich es vielleicht noch nicht einmal die eigene richtig beherrscht). Alles prima Angebote, die der Frühförderung des Kindes dienen, was ja bekanntlich kolossal wichtig ist. Und welche engagierte Mutter, welcher engagierte Vater will sich nachsagen lassen, nicht alles für sein Kind zu tun – soweit es Zeit und Geldbeutel erlauben, denn für die Angebote muss man natürlich zahlen, und meistens nicht zu knapp!

Der musikalischen Früherziehung werden ja Wunderdinge nachgesagt: In jeder Hinsicht extrem entwicklungsfördernd, die rechte und linke Gehirnhälfte werden prima miteinander verknüpft, Kinder, die in diesen Genuss kommen, lernen früher und besser sprechen, können sich später besser konzentrieren, bekommen eine schnellere und höhere Auffassungsgabe, sind überhaupt insgesamt ausgeglichener und intelligenter und, und, und.

Kinderturnen ist natürlich auch nicht zu verachten: Hier werden Grob- und Feinmotorik wunderbar geschult, Körper und Geist kommen so richtig in Schwung, die Kinder können sich austoben und ihren Körper erleben, mit anderen spielen, Aggressionen abbauen, werden bewegungsfreudiger und dadurch vielleicht später nicht so dick. Klasse!

Und ab dem zweiten Lebensjahr schon Englisch lernen? Das ist doch der Traum eines jeden Menschen, der nicht zweisprachig aufgewachsen ist! So spielerisch wäre doch jeder gerne an diese Sprache herangeführt worden. Hier gibt es noch kein lästiges Pauken. Die Kinder saugen das einfach von alleine auf, haben später in der

Schule weniger Schwierigkeiten und für die oben schon genannten Gehirnverknüpfungen ist es Gold wert!

Als engagierte Mutter habe ich mich mit diesen Angeboten natürlich auch intensiv beschäftigt und meine Tochter notgedrungen mit mir.

Die musikalische Früherziehung war ein Bombenerfolg, war *das* Highlight im Leben meiner Tochter. Mit Begeisterung und großer Konzentration hat sie alles, was die Musiklehrerin vorgemacht hat, aufgesogen und nachgemacht, hat die Spiele und Lieder zu Hause tagelang nachgespielt und nachgesungen, konnte binnen kürzester Zeit die Texte einschlägiger Kinderlieder besser als ich. Aber sie war auch entsprechend »geprägt«, denn so wie andere Mütter gerne mit ihren Sprösslingen turnen und mit Bauklötzen spielen, so habe ich mit meiner Tochter immer gesungen und getanzt. Machte mir selber halt am meisten Spaß. Bauklötze langweilen mich schnell und bei den Klettergerüsten auf Spielplätzen wird mir schwindelig. Also habe ich bei meiner Tochter unwillkürlich das gefördert, was mir selber am nächsten lag. Und eine gewisse genetische Veranlagung mag dazu geführt haben, dass es bei ihr auf entsprechend fruchtbaren Boden fiel.

Bei so manch anderen Kindern in ihrer Musikgruppe hatte ich nicht den Eindruck, dass sie mit sonderlich großem Spaß bei der Sache waren. Hier schienen eher die Mütter die treibenden Kräfte zu sein, die ihre Kinder mit einem nachdrücklichen »nun mach doch mal mit, bist doch sonst nicht so schüchtern« voranschubsten. Und die Kinder wollten sich am liebsten hinter Mamas Rücken verstecken. Also bitte, warum sind die dahin gegangen?

Nachdem meine Tochter also sprachlich und musikalisch bestens ausgerüstet wurde, dachte ich, ich müsste vielleicht mal einen motorischen Gegenpol schaffen, denn mit Klettern und Laufrad fahren hatte sie es ja gar nicht. Wie auch, wenn ich als Mutter das nicht entsprechend fördere und der Vater eine faule Socke ist, so dachte ich. Also verabredete ich mich mit einer anderen Mutter zum Kinderturnen. Es brauchte eine Zeit des Zuschauens, aber dann war auch das Turnen ein voller Erfolg. Die Zauberkinder wetzten ausgelassen kreischend durch die Turnhalle, kullerten Gymnastikbälle vor sich her, die größer waren als sie selbst. Meine angsthasige Tochter traute sich irgendwann auch an die aufgebauten Geräte und brüllte furchtbar los, wenn die Stunde vorbei war und sie ihre Turnkleidung ausziehen sollte, weil es nach Hause ging. Das brachte mich einmal in die Verlegenheit, meinem splitterfasernackten Kinde – die nächste Stunde hatte bereits angefangen – diverse Male hinterherzurennen, um sie unter irgendwelchen Turngeräten hervorzuziehen – nur weil sie noch bleiben wollte. Aber das nur am Rande.

Nun, was soll ich Ihnen sagen? Auch hier waren Erziehungsberechtigte, die ihre Kinder zu den Matten schleppten, an die Turngeräte drängten oder sie an irgendwelchen Ringen aufhängten, obgleich die kleinen Würmer denkbar unglücklich aus der Wäsche schauten. Und wieder fragte ich mich: »Warum gehen die dahin?«

»Englisch für Windelhopser« habe ich mir natürlich auch angesehen und meine Tochter selbstverständlich mit mir. Das haben wir uns dann allerdings gespart – im wahrsten Sinne des Wortes. Die Freizeitaktivitäten wurden in der Summe einfach zu teuer. Es wird Sie aber nicht überraschen zu hören, dass auch hier bei weitem nicht alle Kinder so begeistert mitgemacht haben, wie die sie begleitenden Eltern es gerne gesehen hätten. Es stellte sich also erneut diese eine Frage ...

Ich bin da zu folgendem Schluss gekommen: All die prima Angebote frühkindlicher Förderung sind gleichzeitig auch alles prima Angebote, die der Beschäftigung des Kindes dienen, wenn die Zeit der Still- und Krabbelgruppen um ist. Dann ist das Kind vielleicht vormittags im Kindergarten und nachmittags zu Hause. Wenn Mama und Papa dann keine Lust haben, mit Bauklötzchen zu spielen, vorzulesen oder auf dem Spielplatz zu frieren, dann geht man doch einfach in eine schicke Gruppe. Da ist das Kind beschäftigt und es macht auch noch was her, dass ich meinen Nachwuchs so ungemein fördere. Und wenn es dann vier Jahre alt ist, kann es da auch schon ohne Eltern hin und Mama oder Papa können Shoppen oder sonst was machen. Es wäre doch mal eine Untersuchung wert, wie viele Kinder in solchen und ähnlichen Angeboten schlicht wegorganisiert werden, obgleich sie daran vielleicht wirklich und wahrhaftig keinen Spaß haben.

PENG, DU BIST TOT!

Ich habe meinem Sohn ein frühkindliches Trauma zugefügt. Ich habe einem älteren Herrn nicht gestattet, dem damals Dreijährigen eine Spielzeugpistole zu schenken. Das hat sich in sein Gedächtnis eingegraben und schwer in ihm gearbeitet, denn Jahre später fragte er mich: »Warum durfte ich damals die Pistole eigentlich nicht haben?« – »Weil ich dachte, man könne Jungs auch ohne Waffen großziehen«, gab ich zurück. Worauf mich mein Junior mit diesem speziellen »Mütter haben auch von nichts eine Ahnung«-Blick bedachte und kopfschüttelnd meinte: »Das geht nun wirklich nicht!«

Kleine Mädchen greifen ab und an mal zur Waffe. Kleine Jungs sind regelrecht besessen davon. Es müssen auch gar keine Pistolen oder Revolver sein. Ein Stock lässt sich genauso gut umfunktionieren. Oder eine Banane. Oder man beißt ein Stück Brot in die richtige Form. Das reicht, um sich vor dem nächstbesten Erwachsenen aufzubauen, die improvisierte Waffe in Anschlag zu bringen und zu brüllen: »Peng, du bist tot!« Die dazugehörigen Mütter sehen das meist gar nicht gerne und verstricken die Kinder in endlose Diskussionen: »Warum willst du denn auf mich schießen? Du könntest mich verletzen oder töten! Natürlich weiß ich, dass das ein Stock ist, aber wenn das eine echte Waffe wäre …« Den Kindern ist das egal, sie wollen herumballern. Wahrscheinlich, weil man mit wenig Aufwand große Wirkung erzielen kann. Da geht der Knirps auf Emils Vater zu, streckt den Finger aus, sagt »Peng, Peng« und schon wälzt sich ein Zwei-Meter-Mann theatralisch auf dem Fußboden und schreit: »Ah, ich bin getroffen …«

Irgendwann sind Kinder die Ersatzobjekte natürlich leid. Dann muss eine echte Spielzeugpistole her. Mutter weigert sich, dem Kind so was zu kaufen. Väter diskutieren über den Einsatz von Handfeuerwaffen eher weniger. Auch bestehen sie seltener darauf, Wasserpistolen durch Spritztiere zu ersetzen. Aber Vater zieht pflichtschuldig mit, immerhin ist er anerkannter Kriegsdienstverweigerer. Das Kind stürzt sich bei Besuchen sofort auf das Waffenarsenal seiner kleinen Freunde. Es quatscht ständig über die verschiedenen Modelle, die es im örtlichen Spielzeugladen gibt. Der Vater ist geneigt nachzugeben. Mutter nicht. Das Kind baut Gewehre aus Stöcken, Lego oder Wäscheklammern. Es schallt ständig »Piou, Piou« durch die Wohnung. Das Kind quengelt: »Ich will eine Pistole!« Mutter ist genervt. Schließlich naht der Geburtstag. Die Mutter des Kindergartenkumpels fragt, was das Kind sich wünscht. Aus der Mutter des Geburtstagskindes bricht es heraus: »Schenk ihm um Gottes willen eine Pistole. Ich habe ihm zwar gesagt, dass er von mir keine kriegt, aber wenn er eine geschenkt kriegt, ist das okay.« Zwar hätte die Mutter des Kindergartenkumpels lieber pädagogisch wertvolles Holzspielzeug geschenkt, aber sie fügt sich. Kind ist überglücklich. Mit der neuen Pistole wird ab sofort gekuschelt.

UNFÄLLE PASSIEREN EINFACH

Sobald Kinder mobil werden, fallen sie hin, stolpern gegen Tischkanten, purzeln von Sofas oder Rutschen. Außerdem haben sie ihre Finger meist da, wo sie nicht hingehören und stecken alles in den Mund. Kindersicherheit wird zum Thema. Steckdosen werden gesichert, die Ecken von niedrigen Tischen mit Kantenschonern versehen, Schränke verriegelt, Treppengitter angebracht, Fensterschlösser angeschafft und vieles mehr. Ist alles vollbracht, kann man etwas beruhigter sein, was die körperliche Unversehrtheit des Kleinkindes betrifft. Trotzdem sehen die Kleinen manchmal ganz schön ramponiert aus. Lisa hat sich bei einer Rolle vorwärts über ihren Bettkasten einen Zahn ausgeschlagen, Jan hat eine brandneue Beule direkt neben der von letzter Woche, und hätte man den Streit zwischen Nina und Benjamin um den Spielzeughammer nicht selber mitgekriegt und wüsste daher, warum Nina ein blaues Auge hat, würde man überlegen, ob ihre Mutter der Kindesmisshandlung fähig wäre. Wir Eltern lernen jedoch, mit allerlei Blessuren unserer Söhne und Töchter zu leben, schließlich kann und soll man Kinder nicht in Watte packen.

Aber es gibt Unfälle, die man unbedingt vermeiden will, weil die Folgen eben nicht bis zur Hochzeit wieder gut sind. Und da kann jeder ein paar gruselige Erlebnisse beitragen:

Ich war mit meinem Sohn und dessen Freund Tom im Park. Junior begann gerade mit dem Abstieg von dem Baum, auf den er geklettert war. Ich stand direkt unter ihm, um ihm gegebenenfalls helfen zu können. Tom fragte mich: »Wann gehen wir nach Hause?« Ich drehte mich nur kurz zu ihm hin, um zu antworten, da purzelte mein Kind mit einem eleganten Salto aus ca. 2,5 m Höhe – für mich sahen es eher wie fünf Meter aus – vom Baum.

Die Zwillinge einer Bekannten spielten in der Wohnung Verstecken. Zwilling 1 verkroch sich unter Papas geliebtem massiven alten Schreibtisch Marke Eigenbau. Just diesen Augenblick wählte der

Schreibtisch, um zusammenzubrechen. Gehirnerschütterung für das arme Kind, ein kaputter Monitor und Riesenschreck für alle Beteiligten inklusive.

Ein Paar hatte abends Besuch von Freunden. Jemand vergaß eine angebrochene Packung Zigaretten. Die Mutter legte die Packung in ein kindergesichertes Fach im Küchenschrank. Ob die Kindersicherung nicht richtig eingerastet war oder Töchterchen sie neuerdings aushebeln konnte, war nicht ganz klar, als die Mutter die Zweijährige dabei erwischte, wie sie gerade die zweite Zigarette verspeiste.

Eine andere Bekannte fragt sich immer noch, wie es ihren Söhnen gelang, ihr Kinderzimmer abzufackeln. Zugang zu Feuerzeugen hatten die Kinder zu Hause nämlich nicht, das einzige Feuerzeug des Haushalts lag nach dem Vorfall immer noch da, wo es liegen sollte, nämlich außerhalb der Reichweite ihrer Kinder. Hatten sie Feuerzeug oder Streichhölzer auf dem Spielplatz gefunden? Da die Eltern nicht gewohnheitsmäßig Leibesvisitationen nach Ausflügen durchgeführt hatten, konnte die Frage nicht abschließend geklärt werden.

Eine Mutter aus dem Kindergarten hatte Logierbesuch von einer Freundin. Als Mutter und Tochter am Nachmittag in die Wohnung kamen, rannte die Kleine in ihr Zimmer, setzte sich dort auf die Fensterbank, um vom dritten Stock aus auf die Straße hinunterzublicken – so wie sie es jeden Tag machte. Als die Mutter in das Kinderzimmer trat, blieb ihr fast das Herz stehen: Ihre Besucherin hatte nett sein wollen und gelüftet, hinterher aber leider vergessen, das Fenster auch wieder zu schließen.

Eine Bekannte hatte mit ihrem Mann verabredet, dass sie auf den Einjährigen aufpasst, während er das Essen kocht. Da büxte der Junge aus und rannte zu Papa in die Küche. Dort trafen dann gleich drei unglückliche Umstände zusammen: Der Stiel der Pfanne ragte über den Herd, in der Pfanne befand sich heißes Fett und Papa kramte gerade in den hinteren Regionen des Kühlschranks. Was dann passierte, kann man sich jetzt leicht denken: Der Junge angelte unbemerkt nach dem Pfannenstiel, zog die Pfanne runter und das Fett lief ihm übers Gesicht. Die Eltern litten noch Jahre später unter dem Vorfall. Besonders die Mutter war schwer in ihrem Selbstbewusstsein erschüttert. Sie war bis zu jenem Zeitpunkt nämlich der Meinung gewesen, dass es die Schuld der Eltern sei, wenn Kinder verunglückten und meinte, alles getan zu haben, um eine kindersichere Umgebung zu schaffen.

Das meinen viele Eltern, stimmt aber oft gar nicht. Wahrscheinlich ist es nur ein Schutzmechanismus, der einen so denken lässt. Wenn wir von Kinderunfällen lesen, wissen wir, dass es auch die eigenen Kinder treffen könnte. Wir tun unser Bestmögliches, um sie zu schützen; aber allen Eventualitäten können wir nicht vorbeugen. Dabei entwickeln viele schon eine recht morbide Phantasie und überlegen ständig, was sonst noch so alles passieren könnte. Wir untersuchen den Garten der Großeltern auf Giftpflanzen, entfernen halsnahe Kordeln aus Kleidungsstücken, sammeln Zigarettenkippen aus dem Sandkasten auf dem Spielplatz und schieben automatisch heiße Getränke zur Mitte des Tisches, selbst wenn gar keine Kinder dabei sind. Mit der Tatsache »Unfälle passieren eben« mögen wir uns nicht abfinden. Man muss sich doch schützen können. Wenn einem Kind etwas Schwerwiegendes passiert, muss irgendwer oder irgendwas schuld sein. Den Umstand, dass ein ungerechtes Schicksal einfach so schaltet und waltet, mag man nicht akzeptieren. Es ist zum Beispiel verantwortungslos, Putzmittel für Kinder zugänglich zu machen. Selbstverständlich gehören die ganz oben in den Badezimmerschrank und den muss man zusätzlich mit einer Kindersicherung versehen. Wer aber realistisch ist oder das Leben mit Kindern aus der Praxis kennt, wird sich eingestehen müssen, dass viele Unfälle eben nicht sträflichem Leichtsinn geschuldet sind, sondern eher dem Zufall.

Folgendes Szenario: Mutter putzt das Bad. Kind spielt friedlich im Wohnzimmer. Da klingelt es an der Tür. Mutter geht hin und lässt den Essigreiniger einfach auf dem Badewannenrand stehen. Nun könnte theoretisch Folgendes passieren:

- Dem Kind wird langweilig, es rennt ins Bad, wo es die Mutter wähnt, entdeckt die verlockende, wenn auch verbotene Flasche und nimmt einen tiefen Zug. Vergiftung, Krankenhaus, ganz klar Schuld der Mutter.
- Das Kind könnte den Inhalt der Flasche einfach komplett ins Klo kippen, so wie Mama und Papa es auch immer beim Putzen machen. Mutter würde wahrscheinlich schimpfen, hätte aber ein

schlechtes Gewissen, weil Putzmittel nun mal nicht in Kinderhände gehören.
- Das Kind könnte die Flasche auch ganz und gar ignorieren und stattdessen Berge von Klopapier abrollen. Auch hier würde Mutter schimpfen, ohne schlechtes Gewissen, denn die Gefahr, die vom Essigreiniger ausging, wäre ihr vermutlich gar nicht bewusst.
- Das Kind verlässt einfach das Bad wieder und sucht weiter die Mutter, findet sie an der Tür, wo sie gerade ein Paket für einen Nachbarn annimmt und verwickelt den Postboten in ein Gespräch über Enten. Nichts passiert, alles Bingo.

Es ist also kein Beweis für überragende mütterliche Fähigkeiten, wenn einem Besuche in der Notaufnahme, Krankenwagenfahrten oder Anrufe beim Giftnotruf erspart bleiben. Man hat nur Riesenschwein und eine ganze Horde äußerst tüchtiger Schutzengel.

Und wenn trotzdem etwas schief geht, gibt es immer noch das Glück im Unglück: Mein Sohn zog sich bei seinem spektakulären Sturz vom Baum nur einen glatten Armbruch zu. Der Zwilling unter dem einstürzenden Schreibtisch war zwei Tage später bereits wieder guter Dinge. Auch wenn bereits der Verzehr einer einzigen Zigarette für ein Kleinkind tödlich sein kann, ist die Tochter meiner Bekannten am Leben und putzmunter. Den beiden pyromanischen Jungen und ihrer Familie entstand kein körperlicher Schaden, den finanziellen nimmt man dann geradezu dankbar in Kauf. Meine Mitmutter aus dem Kindergarten hat zum Glück die Nerven behalten, als sie ihre Tochter am offenen Fenster sitzen sah. Sie hat nicht geschrien oder sich auf ihre Tochter gestürzt und sie so erschreckt und zusätzlich in Gefahr gebracht, sondern ruhig und eindringlich auf sie eingeredet und vom Fenster weggelockt. Der brandverletzte Junge bescherte seinen Ärzten ein Wunder: Obwohl das ganze Gesicht verbrannt war, blieben nur zwei kleine Narben zurück.

PFUI, DAS STINKT!

Also, eine Freundin von mir hat täglich bis zu dreißig Zigaretten geraucht. Urplötzlich verging ihr aber jegliche Lust aufs Rauchen, und von einem Tag auf den anderen ließ sie es sein. Zwei Wochen später stellte sie fest, dass sie schwanger war.« Das bekam ich zu hören, als ich schwanger und vorübergehend rauchfrei im Kreise meiner schmökenden Kolleginnen saß und darüber jammerte, wie schwer mir der Verzicht auf die Glimmstängel doch fiel. Ich hielt diese Geschichte immer für einen urbanen Mythos.

Wer Nachwuchs plant, sollte das Rauchen am besten vorher aufgeben. Das ist der einfachste Weg. Es versichern auch viele Frauen glaubhaft, in dem Moment, in dem sie den positiven Schwangerschaftstest in den Händen hielten, von den Zichten gelassen zu haben. Die hatten es also auch leicht. Weil aber sowohl beim Kinderkriegen als auch beim Rauchen manche Dinge etwas kompliziert sind, finden sich viele Frauen unverhofft als schwangere Raucherin wieder. Und leider ist die Sucht oft stärker als die Einsicht, dass Rauchen in der Schwangerschaft nicht nur der Mutter, sondern auch dem Kind schadet. Dieser Einsicht zum Trotz werden dann Ausreden gesucht: Es sei für das Ungeborene genauso schrecklich, den Entzug der Mutter mitzumachen, da seien ein paar Zigaretten täglich das kleinere Übel. Die Nichtraucherfraktion kontert mit dem schrecklichen Entzug, den das Kind dann nach der Geburt durchmacht, wenn es nicht mehr per Nabelschnur mit dem gewohnten Chemiecocktail versorgt wird. Rauchen an sich rufe gar keine Missbildungen hervor. Die Kinder würden einfach nur kleiner und leichter. Schlimm genug, das Ungeborene wird ja auch schlechter versorgt. Und was ist mit dem erhöhten Fehl-, Früh- und Totgeburtsrisiko? Eine bestimmte Anzahl von Zigaretten ist in Ordnung. Stimmt, es gibt Frauenärzte, die in drei, fünf oder sieben Zigaretten täglich kein Problem sehen. Wahrscheinlich werden deren Adressen im Tabakhandel unter der Hand an verzweifelte, süchtige Schwangere weitergereicht. Aber wenn nicht alles glatt geht, nagt das schlechte Gewissen dann doch an vielen dieser Mütter: Ist der eingeschränkte Nikotinkonsum vielleicht doch an den vorzeitigen Wehen schuld? Daran, dass sich die Plazenta nicht richtig löste und eine Ausschabung nötig wurde? Lässt sich der schlechte Appetit der Tochter oder die Infektanfälligkeit des Sohnes mit diesen vier, fünf Zigaretten täglich erklären? Wer sich solche Fragen nicht stellen möchte, lässt das Rauchen lieber sein.

Wer nun vorher zwanzig bis dreißig täglich geraucht hat, vollbringt schon eine beachtliche Leistung, diesen Konsum auf vier bis sechs herunterzuschrauben. Eigentlich könnte man es wirklich gleich bleiben lassen. Aber wir reden hier von einer Sucht und die ist mächtig. Viele Frauen richten sich also mit einem bestimmten Maximum an Zigaretten pro Tag ein und hoffen auf das Beste. Diese maximale Zigarettenzahl muss nicht zwingend täglich konsumiert werden. Das Baby wird begeistert sein, wenn es statt vier täglich auch mal nur eine oder zwei werden. Aber egal wie und in welchem Umfang frau das Laster einschränkt: Es lässt sich garantiert besser durchhalten, wenn der Partner mitzieht. Nichts verdirbt einer schwangeren Raucherin so sehr die Laune wie ein Mann, der rigide überwacht, dass die Gattin ja nicht mehr als die abgesprochenen drei Zigaretten täglich raucht, aber selber am Arbeitsplatz ungestört das übliche Pensum schmaucht und allabendlich rauchgeschwängert nach Hause zurückkehrt. Oder selbst alle halbe Stunde auf die Terrasse rennt, um genüsslich eine durchzuziehen. Dann ist Mutters Griff zur Zigarette pure Notwehr, weil sein Geruch anderweitig kaum zu ertragen wäre.

Was für die Schwangerschaft gilt, trifft auch für die Stillzeit zu. Hände weg von den Kippen, möglichst komplett. Zumindest im ersten Lebensjahr des ersten Kindes sind Eltern meistens noch hoch motiviert, was die rauchfreie Umgebung ihrer Sprösslinge betrifft. Engagierte Eltern werden dann zu Balkonrauchern und entdecken dabei erstaunlich viele Leidensgenossen. Da das aber auf die Dauer kein Zustand ist, werden mitunter merkwürdige Abmachungen getroffen: »Wir rauchen nur in der Küche.« Oder: »Bei uns wird nur abends im Wohnzimmer geraucht.« Solche und ähnliche Arrangements folgen mitunter einer sehr eigenen Logik: »Sobald er laufen kann, darf im Arbeitszimmer geraucht werden«, erklärte mir ein Bekannter anlässlich einer winterlichen Zigarettenlänge auf dem Balkon, »obwohl das keinen Sinn ergibt.« Stimmt, der einzig erkennbare Sinn besteht darin, dass der Junge vor den elterlichen Rauchschwaden weglaufen kann.

Wer während der Schwangerschaft heroisch auf den Stoff verzichtet, ist jedoch keineswegs clean. »Acht Monate qualmfrei und vier Stunden nach der Entbindung stand ich vor der Klinik und rauchte eine«, erzählte mir eine Exraucherin, »was war ich bescheuert.« Wer noch eine Stillzeit »ohne« dranhängt, bringt es dann schon auf eine beachtliche Rauchpause, ist aber keineswegs vor Rückfällen sicher. Besonders wenn die partnerschaftliche Unterstützung auch hier ausbleibt. Es gibt viele Wiedereinsteigerinnen, die sich hinterher über sich selber ärgern.

Sobald sie es können, fangen die Kinder an zu fragen: »Warum rauchst du eigentlich?« Wer weiß darauf eine wirklich gute Antwort? »Weil es mir schmeckt«, wird dann gesagt. Dann wird gleich weiter gebohrt: »Wie schmeckt denn eine Zigarette überhaupt?« »Kann etwas, das so stinkt, eigentlich schmecken?« Schon wieder Erklärungsnotstand. Im Übrigen sehen es selbst hartgesottene Rauchereltern nicht gerne, wenn der Nachwuchs im kindlichen Nachahmungstrieb Strohhalme oder Salzstangen »raucht«. Da meldet sich dann doch das schlechte Gewissen. Das wird aber mit dem Gedanken beruhigt, dass das eigene Beispiel so abschreckend sein dürfte, dass die Kinder garantiert nicht mit den Kippen anfangen. Was natürlich nicht stimmt: Kinder von Rauchern rauchen später häufiger selbst.

Spätestens mit fünf haben Kinder im Kindergarten aufgeschnappt oder im KiKa gesehen, dass Rauchen schädlich ist und sie nehmen mit Verwunderung zur Kenntnis, dass Raucher dies auch wissen, es aber einfach nicht lassen können. Nun werden sie jedes Mal die Nase rümpfen, wenn Mama oder Papa sich eine anzünden, vorwurfsvoll anfangen zu husten und überhaupt die lieben Eltern wie Schwachköpfe behandeln. Da raucht es sich überhaupt nicht mehr entspannt und manch harsches Machtwort wird gesprochen: »Jetzt ist aber mal Schluss, lass mir doch das Vergnügen! Geh doch raus, wenn der Geruch dich nervt.« Sicher nicht pädagogisch wertvoll, aber es ist immerhin Ruhe. Die Situation kann sich aber nach der

Einschulung noch einmal verschärfen: Die Kinder lernen lesen und die Warnhinweise auf den Zigarettenschachteln sprechen eine deutliche Sprache. »Rauchen kann tödlich sein«, entziffert die Siebenjährige und fragt entsetzt: »Mama, musst du jetzt sterben?« Da kann Mama dann wieder prima herumdrucksen und Ausflüchte erfinden, von wegen: »So schlimm wird es bestimmt nicht kommen.« – »Aber warum steht das denn auf den Schachteln? Und andere Sachen, wie ›Rauchen verursacht Krebs‹?« Ältere Kinder versuchen, die Mütter bei der Eitelkeit zu packen: »Rauchen beschleunigt die Hautalterung«, oder sie fahren ganz schwere Geschütze auf: »Passivrauchen schadet meiner Gesundheit, wollt ihr mir das wirklich antun?«

Kinder haben ein enormes Nervpotential. Und wenn sie tüchtig nerven, macht man manchmal unbedachte Versprechungen. »Ich höre auf, wenn ich vierzig bin«, versicherte ich leichtsinnig meinem Sohn, als der mal wieder referierte, wie sehr mein Rauchen ihm schade, und ich einfach meine Ruhe haben wollte. Dummerweise hat er das Versprechen nicht vergessen und ein paar Jahre später wurde ich tatsächlich vierzig. Also musste ich aufhören, denn ein Rückzieher wäre zu erbärmlich gewesen. Junior ertrug tapfer sechs Wochen lang Schimpftiraden und grottenschlechte Laune, brachte mir Getränke und Süßigkeiten, begleitete mich auf therapeutischen Spaziergängen und erklärte mir ständig und sehr überzeugend, dass ich das Schlimmste bald hinter mir hätte. Er war nahezu beängstigend gut und ich fragte mich, ob er eventuell heimlich einen Kurs namens »Der kleine Entwöhnungs-Coach« besucht hatte. Auf alle Fälle war er erfolgreich, denn ich bin jetzt schon eine ganze Weile rauchfrei. Auch wenn ich es immer noch nicht richtig glauben kann.

»BIST DU EIN NEGER?« – POLITICAL CORRECTNESS IM KINDERZIMMER

Freundin Juliane war geschockt: Sie hatte gerade damit begonnen, ihrer Tochter Alina »Pippi Langstrumpf« vorzulesen. »Und stell dir vor: Pippis Vater wird immer noch als ›Negerkönig‹ bezeichnet. Da habe ich natürlich einen ›Inselkönig‹ draus gemacht.« Juliane hatte einen afrikanischen Kollegen und sorgte sich, dass ihr Töchterchen diesen mit der Frage begrüßen könnte: »Bist du ein Neger?«

Gut, kann man machen. Es empfiehlt sich dann allerdings vielleicht, eventuelle Abwandlungen des Buchtextes anderen Bezugspersonen mitzuteilen. Alina kam eines Tages von der Oma wieder und war furchtbar sauer, weil die behauptet hatte, Kapitän Langstrumpf sei ein Negerkönig.

Ich habe meine ultimativ peinliche Erfahrung mit Kind und Menschen anderer Hautfarbe schon sehr früh gemacht, als nämlich Junior in einer sehr frühen Phase des Spracherwerbs beim Anblick einer sehr dunkelhäutigen und sehr langhaarigen Frau begeistert juchzte: »Affe!« Daher verstand ich Julianes Besorgnis. Kein liberaler Elternteil möchte gerne den Eindruck erwecken, einen kleinen Neonazi oder eine kleine Rassistin großzuziehen. Dabei sind Kinder natürlich gar nicht rassistisch, sie benennen nur augenfällige Unterschiede oder Ähnlichkeiten. Egal, ob diese die Hautfarbe oder andere Merkmale betreffen. »Mama, warum sieht der Junge so komisch aus?«, fragt die kleine Tochter beim Anblick eines Kindes mit Down-Syndrom (nein, es heißt nicht mehr »mongoloid«). Zu sagen: »Der ist behindert«, ist nicht nur politisch unkorrekt, sondern schlicht taktlos. Zu sagen: »Der ist krank«, stimmt nicht, zumal der Junge gerade fröhlich auf dem Trampolin herumhüpft und gar keinen kranken Eindruck macht. Also verrenkt Mutter sich und erzählt was von: »Das sind besondere Kinder, die nach einem anderen Bauplan gebaut sind ...«

Viele werden jetzt die Nase rümpfen und meinen, man könne alles übertreiben. Aber andererseits sollen aus unseren Kindern doch tolerante Menschen werden, die Verständnis für andere Kulturen, andere Religionen und andere Lebensweisen haben, die Schwächeren helfen und überhaupt edel und gut sind. Daher muss man ein Fundament legen, auf dem diese Werte dann aufbauen können. Sie sollten natürlich auf gar keinen Fall aufgezwungen, sondern vorgelebt werden. »Wo ist denn meine Schippe?«, fragte Sohnemann auf dem Spielplatz. Die hatte ich gerade dem einzigen anwesenden schwarzen Jungen geliehen und antwortete nun politisch hochkorrekt: »Die hat der Junge im roten Pullover.« Sohnemann guckte in die Runde und brüllte: »Du meinst den Braunen?« Da zuckte ich natürlich zusammen. Aber als er mir später einen Vortrag darüber hielt, dass die Bezeichnung »Schwarze« seiner Ansicht nach eine Frechheit sei, da die Menschen ja gar nicht richtig schwarz sind, sondern nur braun, fand ich das gar nicht so verkehrt. Im Zweifelsfalle haben die Menschen ja auch Namen, dann nennt man sie Karen, Max oder Kwesi und das ist definitiv Bezeichnungen vorzuziehen, die auf Äußerlichkeiten abzielen.

Spätestens in der Schule können Kinder auf sehr fundamentalistische Meinungen stoßen, dann wäre es ganz gut, wenn sie wüssten, dass es weder Neger noch Kanake heißt, dass die Mehrheit der Polen nicht vom Autoklau lebt, dass Schwule Menschen wie du und ich sind, dass das Klischee vom bösen Russen seit über zehn Jahren obsolet ist. Vielleicht lassen sich Kinder, die im Glauben an Freiheit, Gleichheit und Geschwisterlichkeit aufgewachsen sind, kurzfristig von abweichenden Ansichten irritieren, aber das hält nicht lange und sie kehren zu angestammten Überzeugungen zurück. Irgendwann können Sie vielleicht erstaunt feststellen, dass dieses ganze Bemühen gefruchtet hat. Eine Bekannte von mir litt darunter, dass ihre Söhne aus dem Kindergarten die Floskel »Bist du behindert?« mitgebracht hatten, die sie eifrig als Beleidigung benutzten und fragte mich, wie ich das meinem Sohn abgewöhnt hätte. So gründlich ich auch in meinem Gedächtnis forschte, mir fiel kein einziger Fall ein, wo er etwas Derartiges gesagt hätte. Vielleicht machte er es ja heimlich. Also es lohnt sich, es mit der Korrektheit genau zu nehmen. Wenn garantiert keine kleinen Öhrchen zugegen sind, dürfen Sie auch gerne den einen oder anderen politisch nicht ganz korrekten Witz zum Besten geben. Aber nur, wenn der richtig gut ist.

GUCK MAL, WER DA GUCKT! – VON FREUD UND LEID DES FERNSEHENS

Sie sind Pädagoge? Dann übergehen Sie das Folgende am besten und blättern gleich weiter!

Neulich habe ich gehört, dass in den Vereinigten Staaten schon die Zweijährigen bis zu zwei Stunden täglich vor dem Fernseher sitzen. Kann ja wohl nicht wahr sein, dachte ich. Inzwischen habe ich aber den Verdacht, dass das hierzulande gar nicht so viel anders ist, auch wenn bei Lichte betrachtet vermutlich jeder die Ansicht vertreten würde, dass Kinder in diesem Alter nicht stundenlang vor den Fernseher gehören. Missverstehen Sie mich bitte nicht: Wir leben im Informationszeitalter, und wer Fernseher, DVD oder PC grundsätzlich verteufelt, ist wohl irgendwie in der Vergangenheit stehen geblieben. Außerdem freue ich mich schon jetzt darauf, mit den Kindern endlich wieder ungestraft »Pippi Langstrumpf« oder »Dschungelbuch« sehen zu dürfen. Ich finde auch, dass es großartige neue Sendungen gibt, liebe den »Bären im blauen Haus« und die Geschichten vom »Kleinen König«.

Aber aus Erzählungen hört man ja das eine oder andere heraus, was mich wirklich ins Grübeln bringt: Zum Beispiel sagte mir letztens eine Mutter, ihre dreijährige Tochter würde rasend gerne bei der »Deutschland sucht den Superstar«-Show auftreten. Wie bitte? Das kommt doch erst im Abendprogramm. Da schlafen anständige Kinder längst. Die Lieblingssendung der gleichen Tochter sei die »Bravo«-Show, und aus Erzählungen der Tochter selbst weiß ich mehr über die Sendungen des Kinderkanals als durch eigenes Zuschauen. Eine andere Mutter wiederum erzählte mir, ihr gut vierjähriger Sohn habe gerade ein verlängertes Wochenende bei der Verwandtschaft verbracht. Seitdem kenne er »Wicki«, »Lola, der Vampir« und noch zahllose andere Kindersendungen, für die er eigentlich noch viel zu klein ist. Mit fast schon bewundernswerter Offenheit gab auch meine Freundin zu, dass sie einfach die Flimmerkiste anmacht, wenn ihre Kids morgens zu früh aufwachen. Und selbst aus intellektuellen Kreisen ist zu hören: »Wenn mich die Kinder nerven, setze ich sie vor den Fernseher.« Hm!

Dann ist es doch kaum verwunderlich, wenn heutzutage moniert wird, die Kinder könnten sich nicht mehr selber beschäftigen, würden ständig vor der Glotze oder dem Computer hängen und seien aufmerksamkeitsgestört. Und später lassen sie sich womöglich Videospielen abgeguckte Gräueltaten einfallen. So endet das nämlich.

Oder gehöre ich doch auch zu den Ewiggestrigen, die autoritär darüber bestimmen, was für die eigenen Kinder gut und nicht gut ist, ohne den kindlichen Bedürfnissen genug Raum zu lassen? Bei uns ist Fernsehen nämlich streng limitiert – beschränkt sich in der Regel nur aufs »Sandmännchen«, die »Augsburger Puppenkiste« und andere mit Bedacht ausgewählte Sendungen. Und da liegt nun der Pferdefuß – denn »in der Regel« heißt, auch bei uns gibt es Ausnahmen. Und die dienen – wenn ich es mir recht überlege – meistens der Bequemlichkeit.

Das frühkindliche Fernsehgucken hat bei uns nämlich mit dem Haarewaschen unserer Tochter Einzug gehalten. Die Haare wurden immer länger und um das Föhnen nicht zu einer ebenfalls immer längeren Geduldsprobe werden zu lassen, habe ich unsere Tochter dabei vor den Fernseher gesetzt. Ging prima! Dann hat es sich natürlich verselbstständigt. Nachdem das Haarewaschen ein paar Mal für alle Beteiligten zu einem nervenzerfetzenden Ereignis eskaliert war, habe ich alle guten medienpädagogischen Vorsätze über Bord geschmissen und mit dem Kinderprogramm als Belohnung gewinkt: »Wenn das hier ohne Geschrei abgeht, dann darfst du hinterher Fernsehen gucken!« – völlig egal, ob da nun gerade die pädagogisch wertvolle »Sendung mit der Maus« lief oder irgendein Comic-Quatsch. Hat wunderbar funktioniert! Bei uns gab es nie mehr Geschrei wegen des Haarewaschens. Und das ist viel wert! Gehen Sie mal auf einen gut besuchten Spielplatz und rufen Sie in die Kindermenge: »Wenn du nicht aufhörst mit Sand zu schmeißen, müssen wir heute noch deine Haare waschen!« Was glauben Sie, wie viele Kinder ihr Spiel schockiert unterbrechen und sich mit schreckensgeweiteten Augen zu Ihnen umdrehen werden!

Also bin ich auch nicht viel besser als die offenbar zahllosen anderen Mütter und Väter, die ihre Kinder um der eigenen Bequemlichkeit und Nervenschonung willen anfixen – und sich später dann vermutlich darüber beschweren, dass Thomas immer nur vor dem Computer sitzt oder Isabell es vorzieht, den Nachmittag vor der Glotze zu verbringen, statt sich mit ihren Freundinnen zu verabreden.

Aber wir sind halt alle auch nur Menschen. Und vielleicht ist es für alle Beteiligten doch auch besser, eine halbe Stunde pädagogisch unkluger Berieselung zuzulassen, dafür aber bei halbwegs guter Laune und konstantem Nervenkostüm zu bleiben. Immerhin hat jedes Fernsehgerät ja auch einen Knopf, an dem man es wieder ausstellen kann. Kann gut sein, dass das Geschrei dann erst richtig anfängt. Aber bis dahin sind wenigstens die Haare trocken, ist der erste Morgenkaffee in Ruhe getrunken, haben Sie eine halbe Stunde Ruhe gehabt nach einem mehr als anstrengenden Tag und sind bereit, sich dieser Herausforderung zu stellen!

NEUES KIND – NEUES AUTO WILLKOMMEN IM SPIESSERGLÜCK!

Unsere Nachbarn haben ein neues Auto, einen dunkelroten Golf Kombi, natürlich gebraucht gekauft.

»Schicker Wagen! Und so praktisch!«, rief ich unserem Nachbarn von unserem Balkon aus zu und konnte mir ein Grinsen nicht verkneifen.

»Danke! Willkommen im Spießerglück!«, gab er selbstironisch zurück.

»Lass gut sein, bei uns hat das Spießerglück auch mit einem Golf angefangen«, tröstete ich und freute mich, dass ich mich nun etwas weniger spießig fühlen durfte.

Wir haben nämlich auch einen Golf Kombi, natürlich gebraucht gekauft, aber in Signalrot. Den haben wir günstig geschossen, nachdem wir wussten, dass Kind Nummer zwei unterwegs war und wir zu viert mit Kinderwagen in meinem beuligen alten Fiesta keinen Platz haben würden: Fahrer auf der Fahrerseite, Kind Nummer eins im Fond neben Kind Nummer zwei. Kinderwagengestell im Kofferraum und Babyschale gesondert auf dem Beifahrersitz. Bei Ausflügen zu viert hätte immer einer mit den öffentlichen Verkehrsmitteln hinterher zockeln müssen. Unsere Eltern sind noch im VW-Käfer mit drei Kindern nach Italien gereist. Aber da galten ja auch noch andere Sicherheitsrichtlinien für die Beförderung von Kindern und anderem Gefahrgut. Heute nehmen die für Kinder angeschafften Sitze und Gefährte mehr Platz ein als ihre Insassen. Also musste über kurz oder lang ein neues Auto her. Solide Familienkutsche für kleines Budget, Golf Kombi eben. Wäre mir als Single niemals unter den Allerwertesten gekommen! Aber die Dinge liegen heute nun einmal anders. Nicht dass ein Fiesta unbedingt cooler wäre, nur eben ein bisschen weniger spießig und ein bisschen mehr »klein – schnell – weg« – wenn Sie verstehen, was ich meine.

Als unser erstes Kind unterwegs war, musste mein Mann sich blutenden Herzens von seinem Wagen verabschieden: einem silbernen Audi Coupé Baujahr 87, also fast schon ein Oldtimer und sein ganzer Stolz. Mit dem Wagen hatte er sich seinen Jugend-Auto-Traum erfüllt. Ist auch wirklich ein flottes Auto, aber total unpraktisch. Null Stauraum! Und so flach auf der Straße, dass man das Familienglück auf Knien hätte anschnallen müssen. Also musste er ihn abmelden. Der Wagen steht seitdem bei einem Bauern in der Scheune. Ab und an fährt mein Mann dahin, um sein Auto von allen Seiten wehmütig anzuschauen, zärtlich zu streicheln und den Motorraum zu begutachten. Manchmal setzt er sich dann auch noch hinters Steuer und dreht den Zündschlüssel, um anschließend betrübt festzustellen: »Springt nicht mehr an. Na, wusste ich ja vorher. Wollte nur mal das Gefühl ausprobieren.«

Wenn ich mich in meinem Freundes- und Bekanntenkreis mal umschaue, dann hat eigentlich jeder mit zwei Kindern irgendwie so eine Kombi-Familienkutsche von VW oder Opel oder Ford oder – wenn die Kohle es zulässt natürlich – Volvo, Mercedes, BMW. Letztere sehen ja noch schick aus. Erstere sind einfach nur praktisch. Es passt halt alles rein, sie sind ziemlich unverwüstlich und wenn eine Schramme reinkommt, fängt nicht gleich das stolze Besitzerherz zu bluten an. Und wenn Sie – wie wir – auch noch einen Diesel finden, können Sie hier auch noch den einen oder anderen Euro an Sprit sparen und sich außerdem darüber freuen, dass ihre Kinderlein bei dem sanften Brummen immer friedlich im Fond einschlummern. Es hat schon seine Gründe, warum bei Elternabenden in Kita und Schule alle mit den mehr oder minder gleichen Autos vorfahren! Ich würde mich sogar zu der These hinreißen lassen, dass man heutzutage schon am Auto ablesen kann, welchen Familienstand der Besitzer hat. Bedenken Sie das, wenn Sie jemanden aufreißen wollen. Lassen Sie sich vorher den KFZ-Schein zeigen!

NUR MUT ZUM ZWEITEN

Wie viele andere Mütter hatte ich wenige Monate nach der Geburt meines ersten Kindes ein kleines, feines Netzwerk neuer Bekanntschaften: andere Mütter (und Väter) in der gleichen Situation wie ich, die nur allzu bereit waren, endlose Gespräche über jedes noch so öde Detail unserer Kinder zu führen und gemeinsam die zunächst endlos erscheinende Zeit der ausschließlichen Brutpflege totzuschlagen. Soll heißen, bei Wind und Wetter mit dem Kinderwagen durch Straßen und Parks zu rollern und in unseren Wohnungen stillend literweise Fencheltee zu konsumieren.

Bei uns kam dann nach zwei Jahren das zweite Baby – und löste unter den Ein-Kind-Müttern eine Menge zwiespältiger Gefühle und Diskussionen aus: »Wollen auch wir ein Zweites?«

Die Umgebung, ob mit oder ohne Kinder, ist ja grundsätzlich erst mal davon begeistert: prima, kein Einzelkind, super, ein Pärchen – wenn es ein Junge und ein Mädchen sind –, na, jetzt geht doch alles ganz einfach beim Zweiten, kennt man ja schon, nicht wahr?

Und die Statistik beweist: In Deutschland kriegen zwar immer weniger Frauen überhaupt ein Kind, wer sich in der verbleibenden Minderheit aber traut, bekommt im Durchschnitt zwei.

Mein Kreis von Müttern mit nur einem Kind war da aber ganz anderer Meinung. Noch mal das ganze Wickeln, Stillen, Füttern, Herumtragen von vorn? Gerade wo das Erstgeborene »aus dem Gröbsten raus war«, endlich laufen konnte und in der Kita untergebracht war?

Ganz entscheidend war der einen oder anderen aber auch: wieder die berufliche Laufbahn unterbrechen? Wo der Vertrag demnächst ausläuft und noch nicht klar ist, wie es weitergeht? Man sich gerade wieder fachlich auf den neuesten Stand gebracht hatte! Bei Kollegen, Chefs und Kunden wieder »sichtbar« geworden war. Und das überlegten Frauen, die spätestens zehn Monate nach der Geburt wieder in den Job eingestiegen waren.

Sehr lachen mussten wir über das Kinder-Phänomen, keine Zeit mehr für sich zu haben. Meine Freundin Odile bemerkte: »Was fühlten wir uns noch ohne Kind im Zeitdruck und gehetzt – und dann stellten mein Mann und ich nach der Geburt unserer Tochter fest, *wie viel* Zeit wir damals hatten und dass wir mit Kind nun wirklich ständig alle Hände voll zu tun hatten!« Ernüchtert musste ich dem hinzufügen, dass ich genau das nun über das zweite Kind im Vergleich zum ersten dachte! »Da konnten wir uns doch ständig abwechseln – jetzt haben wir jeder ständig ein Kind auf dem Arm!«

Vermutlich lässt sich diese Reihe mit jedem weiteren Kind fortsetzen: Immer wundert man sich, wie man mit »nur einem, zweien, dreien« so beschäftigt war!

Aus rein egoistischen Gründen – nicht etwa zum Wohle des deutschen Volkes bzw. seiner Sozialversicherungssysteme – gestehe ich ein, den neu gewonnenen Mütter-Freundinnen gut zur weiteren Familienvergrößerung zugeredet zu haben.

Mit den zehn besten Argumenten, ein zweites Kind zu kriegen:

1. Es lohnt sich, weil man erleben kann, wie absolut einmalig jedes Kind ist und damit demütig vor der Genetik und Schöpfung dessen ureigene Persönlichkeit genießen kann.
2. Schwangerschaft und Geburt sind in der Regel leichter – auf jeden Fall vergehen sie subjektiv schneller und damit auch die unangenehmen Phasen.
3. Man hat bereits nach kurzer Zeit komplett vergessen, wie es in den ersten Wochen beim Ansaugen an der Brust zwiebelt und wie grässlich es ist, vollgekackte Stoffwindeln auszuspülen.
4. Üblicherweise ist das zweite Kind viel ruhiger und schläft mehr. Ich habe den starken Verdacht, dass es daran liegt, dass Zweitmütter und -eltern ihr Baby nicht bei jedem Schrei gleich aus der Wiege reißen und wild herumschaukeln. Dass sie eine ruhigere Ausstrahlung haben, die sich auf den neuen Erdenbürger unweigerlich positiv auswirkt. Ausnahmen bestätigen hier natürlich nur die Regel.
5. Die Stillzeit ist die einzige Zeit im Leben einer erwachsenen Frau, in der sie hemmungslos und ohne große Folgen Süßigkeiten in sich hineinstopfen kann. Das wiegt den verbotenen Alkohol doch allemal auf!

6. Der ganze Anschaffungsstress und die Kosten beim Ersten entfallen! Kleidung, so noch nicht übereilt weggeschenkt, Kinderwagen, Roller, Fahrrad, Autositz – alles ist schon da und kann flink aus dem Keller heraufgeschleppt werden. Also eine wirtschaftlich sinnvolle Re-Investition, oder? Was fehlt, kann leicht im existierenden Mütternetz ausgeliehen werden. Vorausgesetzt da kommt nicht auch gerade das Zweite …
7. Viele Einzelkinder erzählen, dass sie immer alle Kinder mit Geschwistern beneidet haben. Ich könnte da als fünftes Geschwister einiges dagegenhalten … aber nicht wirklich!
8. Zudem ist es toll, nach Ankunft des zweiten Babys zu Hause mitzuerleben, wie das ältere Geschwister vor anderen Kindern und Erwachsenen stolz »seinen Baby-Bruder/seine Baby-Schwester« vorführt und auch mal inniglich abknutscht. Herrje, das Kneifen und Puffen, wenn man gerade nicht hinsieht, wird das Baby schon noch vertragen!
9. Und wichtig für das erste Kind: Es hat nicht nur zunächst einen meist willigen Spielkameraden, sondern auch jemanden, mit dem es sich gegen die Eltern verbünden kann (etwa bei heimlichen nächtlichen Ausflügen, beim Austausch funktionierender Ausreden, gemeinsamen Nerven, um etwas zu erreichen …).
10. Und das ist mein überzeugendstes Argument für berufstätige Mütter: Weil ein zweites Kind die Karriere entweder nicht mehr beschädigen kann, als es das erste eh schon getan hat und/oder Sie haben inzwischen herausgefunden, wie Sie Kind und Beruf erfolgreich miteinander verbinden können.

Vermutlich ist es aber keiner dieser Gründe, die uns zum zweiten (dritten, vierten) Mal bewegen, ein Kind zu kriegen. Es sind schlicht und einfach die vielen, vielen umwerfenden Momente in jeder Entwicklungsphase, die wir alle noch mal erleben wollen.

So sind wohl Eltern die wahren Egoisten???

»ICH WILL MAL DEINEN PENIS SEHEN« – ERSTE AUFKLÄRUNG

Als ich mit dem zweiten Kind schwanger war, war meine Tochter etwa drei Jahre alt und sozusagen mitten in der ersten Aufklärung. Meine Frauenärztin hatte mich bereits bei meiner ersten Schwangerschaft instruiert, unbedingt Fotos von meinem dicken Schwangerschaftsbauch zu machen. Das würden Kinder mit etwa drei Jahren absolut faszinierend finden. Recht hatte sie. Unendliche Male wollte meine Tochter in diesem Alter den dicken Bauch sehen, in dem sie selber dringewesen sein soll. Aber damit nicht genug: Alles, was unterhalb der Gürtellinie zu sehen oder eben auch nicht zu sehen war, war von brennendem Interesse. Bei ihr selbst, bei Mama, bei Papa und bei allen anderen auch.

Das kann Eltern durchaus in unangenehme Situationen bringen, aber im Interesse eines unverkrampften Umgangs mit der Sexualität waren wir uns einig – da müssen wir mit Eleganz durch.

Soweit sich die Neugier auf sie selbst oder uns beschränkte, ging es ja noch. Auch wenn ich zugeben muss, dass ich gegenüber meiner Tochter meine Genitalien ungern auf Abruf zum Zeigen bereithielt. Mein Mann – obgleich wahrlich kein Exhibitionist, sondern tendenziell eher schamhaft – hatte da deutlich weniger Hemmungen. Vielleicht, weil das männliche Geschlechtsteil sowieso eher nach außen gerichtet ist. Nein, mich hat es genervt, dass meine geliebte Tochter jeden Morgen im Badezimmer herumlungerte, wenn ich in Ruhe duschen wollte und mich löcherte: »Ich will mal deine Scheide sehen.« Also dachte ich mir ein ums andere Mal abwiegelnde Erklärungen aus, warum denn nun heute gerade nicht. Aber wie gesagt, im Interesse eines unverkrampften Umgangs mit der Sexualität und so weiter …

Nun, mein Bauch wurde zunehmend dicker (was bei der zweiten Schwangerschaft übrigens außerordentlich schnell ging) und es war nicht mehr zu übersehen, dass das nicht am üppigen Essen des Vorabends lag. Unsere Tochter wusste inzwischen, dass sie ein Geschwisterchen bekommen würde. Die Tatsache, dass es ein Junge werden würde, rang ihr ein spontanes »Blödmann« ab. Aber nachdem diese erste Enttäuschung überwunden war, freute sie sich mächtig. Nun musste alles unterhalb der Gürtellinie also noch mal um einiges genauer studiert werden, Herrgott! Hinzu kamen detaillierte Fragen über das Baby im Bauch:

»Wo ist das Baby jetzt?«
»In meinem Bauch.«
»Und wann kommt es da raus?«
»Das dauert noch ganz lange.«
»Warum?«
»Weil es jetzt noch klein ist. Es muss noch viel, viel größer werden.«
»Und wie ist es in deinen Bauch gekommen?«
»Papa hat doch einen Penis ...«

(Stoßseufzer zum Himmel: Warum hatte ich mich nicht vorbereitet und jetzt das entsprechende Büchlein zur Hand, in dem dieses Thema kindgerecht aufbereitet ist?)

»Und wo kommt das Baby wieder heraus?«

(Will sie es wirklich wissen, oder will sie mir nur auf die Nerven gehen?)

»Aus der Scheide.«
»Wieso?«
»Das ist der kürzeste Weg. Käme es aus dem Ohr, müsste es ja erst ganz bis dahin krabbeln.«

Erstaunte Pause.

»Was macht das Baby in deinem Bauch?«
»Es wächst und schläft und trinkt.«
»Fällt ihm das, was du isst, auf den Kopf?«

»Nein, das Baby ist in einer Blase, die heißt Gebärmutter, und bekommt alles, was es braucht über die Nabelschnur.«
»Kann ich auch wieder in deinen Bauch?«
»Nein, mein Hase, dafür bist du inzwischen schon zu groß. Da ist nicht mehr genug Platz für dich.«
»Ich will jetzt aus deiner Brust trinken!«
»Die ist aber leer.«
»Warum?«
»Weil du sie schon ausgetrunken hast. Da ist erst wieder was drin, wenn das Geschwisterchen kommt.«
»Ich will trotzdem aus deiner Brust trinken!«
»Das kannst du gerne versuchen, aber da kommt noch nichts raus.«
»Dann will ich jetzt ein Eis essen gehen!«

Soweit sich das innerhalb der eigenen vier Wände abspielte, war es ja noch gangbar. Aber in allergrößter Unschuld befragte unsere Tochter auch den Freundes- und Verwandtenkreis, ob sie eine Scheide oder einen Penis hätten. Übrigens auch ohne einen erkennbaren Zusammenhang. Mitten beim Essen einer größeren Familienfeier ertönte ihr kindlicher Diskant quer über den Tisch zu dem ältesten männlichen Familienmitglied: »Hat Onkel Fiete auch einen Penis? Darf ich den mal sehen?« Wie gut, dass Onkel Fiete kaum noch hören kann.

»DU KANNST IHN JETZT WIEDER ZURÜCKBRINGEN, MAMA!«

Die nahe gelegene Hebammenpraxis bietet einen Vortrag über Geschwisterkinder an. Da muss ich hin, schließlich erwarten wir das zweite Kind, und ich habe schon so einige unschöne Geschichten über eifersüchtige Erstgeborene gehört: Der zweijährige Martin hat seiner vier Monate alten Schwester bei einem wohl etwas zu leidenschaftlichen Kuss die Lippe blutig gebissen. Timo drangsaliert Mama und Brüderchen immer beim Stillen. Die drei Jahre alte Carola macht nachts wieder ins Bett und will auch tagsüber nicht mehr ohne Windel. Und sogar der friedfertige Jason hat in einem Anfall von Eifersucht schon mit Bauklötzen nach seinem Geschwisterchen geschmissen und verlangt, Mama möge ihn bitte wieder zurückbringen.

Solche und ähnliche Erzählungen anderer Mütter haben dazu geführt, dass ich mir seit Monaten darüber Gedanken mache, wie ich meine besitzergreifende, Mama-verwöhnte Tochter darauf vorbereite, dass sie ihre Eltern künftig »teilen« muss.

»Beziehen Sie Ihr Kind mit ein«, sagt meine Frauenärztin. Okay, mache ich und lasse meine Tochter mit ihrem noch ungeborenen Brüderchen »telefonieren«: An meinen Bauchnabel halte ich die eine Seite vom Kinderstethoskop aus ihrem Arztkoffer, in die andere Seite kann sie hereinsprechen. Ich mime die Stimme vom Brüderchen und frage sie tausend Sachen, die sie schon kann und kennt. Das klappt großartig. Ob ich mir nicht etwas albern dabei vorkomme? Na klar, aber was soll's!

Außerdem melde ich sie zum Geschwisterkurs an. Wird von manchen Krankenhäusern angeboten. Hier gehen die Erstgeborenen ganz alleine für zwei oder drei Stunden hin, können an einer Babypuppe ausprobieren, wie Säuglinge gewickelt, gefüttert und getragen werden.

Und das Größte: Hinterher gibt es eine »Geschwister-Urkunde«. War ein voller Erfolg. Meine Tochter kam stolz wie Oskar nach Hause.

Und jetzt also noch der Vortrag. Eine Familientherapeutin fragt die neun anwesenden Mütter zuerst, welche Rolle sie selber innerhalb der Familie hatten, Erstgeborene? Nesthäkchen? Oder irgendwo dazwischen? Und was war gut, was war schlecht daran? Wir erinnern uns und erzählen. Sie unterfüttert mit zahllosen wissenschaftlichen Erkenntnissen über Lebenswege von Erst- und Nachgeborenen. Erstere würden öfter konventionelle Wege beschreiten, Letztere eher kreative Abstecher entwickeln. Geschwisterkinder würden sich automatisch den Platz suchen, der von den Älteren noch nicht besetzt sei. Tenor der Veranstaltung: Lassen Sie Ihre Erstgeborene Erstgeborene sein, entthronen Sie Ihre Prinzen und Prinzessinnen nicht. Das beruhigt mich und leuchtet irgendwie auch ein (bin gespannt, welche neuen Theorien und Erkenntnisse die Wissenschaft in drei Jahren zu diesem Thema parat hat).

Aber wie, bitteschön, soll das dann in der Praxis aussehen? Wir Mütter wünschen uns etwas Handwerkszeug. Schließlich müssen die gewonnenen Erkenntnisse auch umgesetzt werden. Die Vortragende meint, das könne nur von Fall zu Fall entwickelt werden und verweist auf ihre Sprechstunde. Na Klasse! Etwas unbefriedigt gehen wir nach Hause.

Ich nehme mir vor, meine Tochter weiter mit einzubeziehen: Sie will unbedingt ihren erst einen Tag alten Bruder auf den Arm nehmen. Also zeige ich ihr, wie sie ihn halten muss und stopfe ein Kissen unter ihren Arm. Mit Engelsgeduld sitzt sie da und freut sich, eine große Schwester zu sein. Sie darf den Popo waschen und eincremen und die Windel anpfriemeln. Mit größter Diplomatie versuche ich, die Windel nachzujustieren »Nein, weg, ich mache das!« Okay, muss Brüderchen eben mal mit knautschiger Windel leben. Wenn es mit dem Anlegen beim Stillen mal nicht gleich klappen will, drückt meine Tochter seinen Kopf nachdrücklich in meinen Busen. Und ich beiße mir auf die Zunge, um mir ein ständiges »Nein!«, »Vorsicht!«, »Nicht so grob!« zu verkneifen. Brüderchen lässt die stürmischen Liebesbeweise und Handhabungen seiner großen Schwester überwiegend mit stoischer Gelassenheit über sich ergehen – und immerhin ist er von ihr schon mal mit Schwung aufs Sofa geschmissen worden, wird bis zur Atemnot abgeküsst und hatte bereits ihre Füße im Gesicht. Aber dafür hat seine Schwester von mir noch nie verlangt, ich solle ihn jetzt wieder zurückbringen. Toi, toi, toi!

AB DEM VIERTEN IST MAN SELBER SCHULD!

In trauter Elternrunde anlässlich eines Kindergeburtstages reichte der junge Vater begeistert ein Ultraschallbild herum. Darauf zu sehen war sein dritter Sprössling. Nur zwei der Anwesenden zeigten sich freudig überrascht, einige verzogen deutlich die Mundwinkel (und zwar nicht nach oben), andere scherzten eher mau: »Na, da habt ihr wohl nicht aufgepasst?!« oder »Und wann kommt das Vierte?«. Der Vater wiegelte ab: »Lasst doch erst mal das Dritte auf die Welt kommen.« Zwei Jahre später war das Vierte tatsächlich unterwegs. Diesmal gab es keine Ultraschallbilder. War auch besser so. Denn beim Vierten wurde das nackte Entsetzen der Anwesenden deutlich sichtbar und man machte sich nicht nur hinter dem Rücken des kinderreichen Paares ernsthafte Sorgen, ob die drei älteren Geschwister nicht unter Vernachlässigung leiden würden, ob die Eltern sich nicht zu viel zumuteten, ob das Geld reichen würde.

Die durchschnittliche bundesdeutsche Frau kriegt angeblich 1,4 Kinder. Was die derzeitige Geburtenrate für dieses unser Land bedeutet, ist allgemein bekannt, nämlich nichts Gutes. Man sollte also meinen, dass Eltern, die eifrig an einer Fußballmannschaft oder zumindest an zwei gemischten Tennis-Doppeln arbeiten, in der Öffentlichkeit besonders gut angesehen sein müssten. Schließlich sorgen sie für die Rente zahlloser kinderloser Paare. Zumindest könnte man sie tolerieren. Wie viele Kinder man kriegt, ist eigentlich Privatsache, solange man ausreichend für sie sorgt. Wie weit es mit der Toleranz her ist, kann man ganz leicht selber ausprobieren. Man schnappe sich den eigenen Nachwuchs, borge sich noch ein paar andere dazu, so dass sich eine orgelpfeifenartige Truppe ergibt und mische sich unters Volk. Zwar erheischt man durchaus auch begeisterte Blicke, besonders wenn die Kinder sich brav benehmen, aber man erntet auch Kopfschütteln oder kriegt anderweitig sein Fett weg: »Fünf Kinder? So was ist heutzutage doch nun wirklich nicht mehr nötig!«, belehren einen ältere Damen. Wenn man mit dem bunten Haufen

Bürgersteige blockiert, kurzfristig Rolltreppen verstopft oder wenn das jüngste Kind einen lautstarken Tobsuchtsanfall kriegt, kann es durchaus auch harschere Worte hageln.

Man wird eben kritisch beäugt, wenn man aus dem Rahmen fällt. Das dritte Kind wird gerade noch als Ausrutscher akzeptiert, aber auch schon da meldet sich meist der Chor der Bedenkenträger. Ab dem Vierten ist man dann endgültig selber schuld. Und es mag besonders schmerzen, wenn noch nicht mal die Elternsolidarität funktioniert und die Reaktion auf die Ankündigung von weiteren Schwangerschaften oftmals »Spinnt ihr?« lautet. Eltern mit vier Kindern aufwärts werden mitunter behandelt wie Egoisten, deren Motive für den vielfachen Kinderwunsch höchst zweifelhaft sind. »Warum reichen die bereits vorhandenen Kinder nicht, warum muss man die kleinen Seelen ständig mit der Ankunft neuer Geschwisterchen belasten?«, »Ist das nicht irgendwie maßlos und gierig?«, »Oder will Mutter einfach nicht wieder arbeiten gehen und bekommt deshalb eins nach dem anderen?« Und überhaupt: »Was bei denen allein das Kindergeld ausmacht …« Die Kinder sind natürlich allesamt arme Würstchen und das reicht man deren Erziehungsberechtigten auch gerne hintenrum rein. »Als Felix neulich bei uns Abendbrot aß, hat er ja so gerne die Wurst ohne Brot genascht. Klar, dass das bei euch nicht geht, bei fünf Kindern …« oder »Als Lina neulich bei uns übernachtet hat, war sie so richtig glücklich, dass sie mal einen Erwachsenen ganz für sich allein hatte.« Das klingt zwar alles noch harmlos, ärgert die Betroffenen aber mehr als offene Ablehnung. Ein dreifacher Vater aus meinem Bekanntenkreis hält fünfköpfige Familien für eine diskriminierte Minderheit, was er auch ständig mit allerlei Statistiken zu untermauern weiß. Und eine Spielplatzbekanntschaft von mir, Mutter von vieren, ließ ihren Frust in einer flammenden Rede freien Lauf. Sinngemäß klagte sie: »Meine Kinder sind gut ernährt und gut gekleidet, wir haben eine große Wohnung und ein großes Auto. Jedes meiner Kinder ist etwas Besonderes und ich liebe sie alle. Wir fördern jedes Kind individuell und ich nehme mir für jedes einzelne die Zeit, die es braucht. Trotzdem werde ich immer wieder gefragt, wie ich denn so vielen Kinder gerecht werde. Ich verstehe das nicht. Was heißt das überhaupt, seinen Kindern gerecht werden?«

Die genaue Definition davon hatte ich auch nicht parat, äußerte aber meine Meinung als Laie, nach der Eltern, die schon mit einem Kind mehr als ausgelastet und von zweien fast überfordert sind, es einfach nicht ertragen können, wenn jemand einfach so den Alltag mit vier Kindern bewältigt, ohne ein nervöses Wrack oder zumindest sozial auffällig zu sein. Und deshalb müssten sie eben lästern. Meine Bekannte raunte, genau davon sei man in kinderreichen Kreisen auch überzeugt. Dann rauschte sie davon zu ihrem Yoga-Kurs. Mit vielen Kindern braucht man Gelassenheit, nicht nur der Kinder wegen, sondern anscheinend vor allem, um blöde Kommentare zu ertragen.

Unter ganz bestimmten Umständen kann es hingegen völlig in Ordnung sein, ein viertes Kind in die Welt zu setzen. Ich kenne einen Vater von drei munteren Töchtern. Der wird immer wieder gefragt, wann er denn langsam mal für männlichen Nachwuchs sorgen möchte. Und trifft regelmäßig auf Unverständnis, wenn er dankend ablehnt.

3.

KIND UND KARRIERE

VON RABENMÜTTERN UND GESELLSCHAFTSSCHMAROTZERN

Glaubt man der Werbung, dann ist die typische Mama heutzutage eine frisch und duftig gekleidete, strahlend lächelnde, junge Frau, die ihrem niedlichen Nachwuchs leckere Sachen kocht, stets einen Vorrat an Bonbons oder Schokoriegeln parat hat und mit mildem Lächeln und einem beschwingten Dreh über garstige Flecken hinweggeht.

Glaubt man der Werbung, haben berufstätige Frauen nicht Kinder, sondern Katzen, die sie mit edlem Futter verwöhnen. Sie selber ernähren sich von Light-Produkten, sind fitnessgestählt, sexy und trendcoloriert.

Und berufstätige Mütter? Kennen Sie den Werbespot, in dem Papa mit den Kindern zu Hause spielt und der Mama per Kurier einen Schokopudding ins Büro schickt? Nein? Können Sie auch gar nicht kennen, den gibt es nämlich nicht. Berufstätige Mütter gibt es in der Werbung nie, oder?

Irgendwie scheint es dafür noch keine richtigen Bilder zu geben. Und dementsprechend sind auch die Reaktionen, mit denen berufstätige Mütter sich konfrontiert sehen. In die Kommentare mischen sich zu gleichen Teilen tiefe Bewunderung und höchstes Misstrauen: »Wie schaffst du es nur, neben Kind und Haushalt auch noch zu arbeiten? Kommen denn die Kinder dabei nicht zu kurz?« Und je mehr Kinder, je angesehener der Job, desto größer ist das Erstaunen. Immer dabei ist ein mehr oder minder deutlich ausgesprochener Vorwurf, berufstätige Mütter seien Rabenmütter, die sich ihrer Verantwortung gegenüber Kindern und Mann entziehen und ihre eigentliche Aufgabe schlimm vernachlässigen. Schließlich kann man unmöglich mehrere Dinge gleichzeitig tun, ohne dass mindestens eines dabei viel zu kurz kommt.

Das Gehacke kommt gerne auch aus den eigenen Reihen, wie ich bei einem der letzten Spielplatzbesuche belauschen durfte: »Wieso hast du eigentlich drei Kinder, wenn du sie den ganzen Tag wegorganisierst? Ich bleibe lieber daheim, die Zeit ist eh so kurz, bis sie groß sind. Du bekommst doch gar nicht die Entwicklung deiner Kinder mit. Ich finde, Kinder brauchen ihre Mama. Also, ich käme mir ja vor, als würde ich sie vernachlässigen.« Die angesprochene Mutter, die offenbar trotz ihrer Arbeit Zeit findet, mit ihren drei Kindern nachmittags auf den Spielplatz zu gehen, geriet in Rechtfertigungsdruck und hat sich von ihrer Gesprächspartnerin ziemlich schnell verabschiedet.

Wer sich als Mutter dafür entscheidet, daheim zu bleiben, kassiert aber genauso dumme Bemerkungen und macht sich verdächtig, als ganz schlimme Schmarotzerin ständig auf der faulen Haut und Vater Staat und Ehemann auf der Tasche zu liegen. »Die hat es wohl nicht nötig. So gut möchte ich es auch mal haben!« »Also, ich habe keinen, der mir alles bezahlt. Wäre mir auch unangenehm. Was macht die bloß den ganzen Tag?« »Und hast du mal Corinna beobachtet? Bei schönem Wetter liegt sie den ganzen Tag auf der Terrasse. Kurz bevor ihr Mann nach Hause kommt, fängt sie dann an im Garten rumzupulen und behauptet hinterher, sie habe den ganzen Tag geschuftet.«

Übrigens ist auch eine Kombination beider Argumentationsweisen durchaus möglich: Ein Jahr nach der Geburt meines ersten Kindes fing ich an, an drei Vormittagen jeweils drei Stunden zu arbeiten und brauchte dafür eine Tagesmutter. Mir wurde in dieser Entscheidung durchaus viel Bestätigung zuteil: »Klar, du musst doch wieder arbeiten, ihr braucht ja das Geld« oder: »Du hast doch die ganze Ausbildung nicht dafür gemacht, um zu Hause zu bleiben!« und: »Du brauchst doch auch was anderes für deinen Kopf als immer nur Kinder!« Alles wahr! Aus denselben Mündern hörte ich aber auch besorgte Äußerungen über das Befinden meiner Tochter: »Ach, das arme Würmchen kommt schon so früh in fremde Hände! Die Kinder von unserer Nachbarin sind auch noch so klein und müssen schon den ganzen Tag in den Kindergarten.«

Wie auch immer Sie sich entscheiden mögen, Kritik ist Ihnen gewiss!

WOHIN MIT DEM KINDE?
TEIL 1: VON KRIPPEN UND TAGESMÜTTERN

Einer der Hauptgründe, warum die Geburtenrate in Deutschland einen so jämmerlichen Verlauf nimmt, sind bekanntermaßen die mangelhaften Betreuungsmöglichkeiten, vor allem für Klein- und Kleinstkinder – was nicht heißt, dass mit der Einschulung alle Probleme vom Tisch sind. Eigentlich sollte es jedem einleuchten: Nur wer sein Kind gut und sicher betreut weiß, kann ruhigen Gewissens seiner Arbeit nachgehen und engagiert die Wirtschaft ankurbeln. Und die Erfahrung zeigt: In den Gemeinden, die hier etwas auf die Beine stellen, klappt's auch mit dem Nachwuchs. Aber davon sind wir flächendeckend leider noch weit entfernt.

Wer in einer Großstadt lebt, ist vermutlich noch verhältnismäßig gut dran, gerade wenn es um die Betreuung im so genannten Krippenalter, also der 0- bis 3-Jährigen, geht. Entweder bieten die ortsansässigen Kitas entsprechende Plätze an, oder Sie können auf ein Netz von Tagesmüttern zurückgreifen. Ob Sie das eine oder das andere wählen, hängt natürlich von den jeweiligen Kapazitäten und dem persönlichen Geldbeutel ab, ist nicht zuletzt aber auch eine Frage der persönlichen Überzeugung und des Vertrauens. Manche lehnen Tagesmütter grundsätzlich ab, weil sie sagen, sie könnten nicht überprüfen, was die so den lieben langen Tag mit ihrem Goldschatz machen. Und was, wenn die Tagesmutter wegen Krankheit ausfällt? Oder Urlaubsvorstellungen hat, die nicht mit den eigenen Plänen vereinbar sind? Nun, auch Tagesmütter müssen sich qualifizieren und unterstehen amtlichen Richtlinien. Und vielfach tun sich inzwischen mehrere Tagesmütter zusammen und können so Ausfallzeiten auffangen. Wenn es gut läuft, kann die Tagesmutter der verlängerte Arm der Familie sein.

Andere wiederum würden ihr Herzallerliebstes niemals in eine Krippe geben. »15 Kinder und zwei Betreuerinnen? Da geht mein Baby doch unter! Viel zu laut! Und dann die Ansteckungsgefahr, da ist doch ständig ein krankes Kind dabei!« Tatsächlich lässt der Betreuungsschlüssel in vielen Einrichtungen zu wünschen übrig, aber immerhin ist Sinn und Anliegen dieser Einrichtungen einzig und allein die Betreuung ihres Kindes. Das Personal ist pädagogisch ausgebildet und wird sich ausschließlich auf diese Aufgabe konzentrieren und hat nicht – wie vielleicht die Tagesmutter – nebenbei noch die eigene Familie zu versorgen.

Hier wie dort ist es wichtig, dass Sie ein gutes Gefühl haben, wenn Sie ihr Kind abgeben und den Betreuungsverantwortlichen Ihr Vertrauen schenken können. Sollte dem nicht so sein, werden sich Ihre Anspannung und vielleicht Unzufriedenheit auf das Kind übertragen und es wird sich dort nicht wohl fühlen.

Wer auf dem Lande wohnt, hat bei der Betreuung von Kleinkindern oftmals schlechtere Karten: Viel zu oft sind Gemeindeverantwortliche noch der Meinung, Kinder sollten in den ersten drei Lebensjahren eh zu Hause bei Mama bleiben – ganz unabhängig davon, wie Mama das sieht, die vielleicht ihren Job gar nicht drei Jahre unterbrechen will oder kann. Und so gibt es selbst in den größten Gemeinden unseres schönen Landes zum Teil nur eine einzige Krippe mit entsprechend langen Wartelisten. Hier einen Platz zu ergattern, kommt dann fast einem Sechser im Lotto gleich. Da heißt es also frühzeitig handeln: Wenn Sie irgendwann beim Feuerwehrfest oder auf dem ortsansässigen Weihnachtsmarkt einen Typen kennen lernen, von dem Sie der Überzeugung sind, »der isses! Mit dem will ich Kinder haben« – auch wenn die vielleicht erst in fünf Jahren kommen sollen und Sie bis dahin vermutlich noch x andere Traumtypen getroffen haben – marschieren Sie am besten trotzdem gleich am nächsten Tag zu dieser einen Krippe und lassen schon mal den entsprechenden Betreuungsplatz reservieren. Absagen können Sie später immer noch. Hunderte Mütter auf der Warteliste hinter Ihnen werden sich freuen.

In ländlicheren Gegenden sind Tagesmütter oder Kinderfrauen das Übliche. Natürlich stehen die auch nicht in Scharen vor jedem Einfamilienhäuschen oder Doppelhaushälftchen. Also auch hier muss man sich frühzeitig kümmern. Einen Vorteil hat das Ganze natürlich: Sie werden sich nicht wochenlang den Kopf darüber zerbrechen müssen, ob nun diese Einrichtung oder jene. Ob Sie sich lieber für die Tagesmutter hätten entscheiden sollen, die ihre Schützlinge ausschließlich vollwertig ernährt und anthroposophisch betreut, statt für jene, die bereit war, zu Ihnen nach Hause zu kommen und auch noch ein bisschen vom Haushalt zu erledigen. Sie wissen ja: Nur wer die Wahl hat, hat die Qual.

WOHIN MIT DEM KINDE? TEIL 2: DAS ELEND MIT DEN KITAS

Mit etwa drei Jahren kommen Kinder in den Kindergarten oder eine Kindertagesstätte, kurz Kita – wie es inzwischen meistens heißt. Auch hier ist das Angebot in der Stadt meistens üppiger als auf dem Lande und wird Ihnen zunächst einmal einige grundsätzliche Gedanken abverlangen: Wollen Sie staatlich, kirchlich oder privat? Rudolf Steiner, Montessori oder Elterninitiative? Mit Behindertenintegration oder ohne? Möchten Sie, dass Ihren Kids ganz viel geboten wird, oder sind Sie ein Verfechter des »freien Spiels«? Oder soll die Einrichtung komplett spielzeugfrei sein? Und wie sieht es mit dem Essen aus? Bevorzugen Sie Vollwertkost? Wie stehen Sie zu Fleisch und Süßigkeiten? Soll Ihr Kind regelmäßig turnen, musizieren oder bereits in die Anfänge von Yoga und Englisch eingeführt werden? Oder wollen Sie schlicht und ergreifend, dass ihr Kind sich dort *wohl* fühlt – egal ob mit oder ohne Spielzeug?

Es fällt Müttern und Vätern oftmals schwer, hier eine gute Entscheidung zu treffen. Vielleicht haben Sie das Nonplusultra gefunden, aber die Einrichtung hat keinen freien Platz mehr, und wenn doch, dann möchte man aus Proporzgründen lieber ein Mädchen? Oder Sie haben sich nach langen Studien endlich für ein bestimmtes pädagogisches Konzept entschieden, mögen aber die Betreuer nicht? Vielleicht ist Ihnen auch der Betreuungsschlüssel am wichtigsten, Sie können sich aber die netten, kleinen »Wüstenmäuse« nicht leisten, weil es eine private und damit leider kostspielige Einrichtung ist?

Wie auch immer Sie sich entscheiden mögen – zwei Dinge sind bei der Wahl zu bedenken: Zum einen müssen Sie ein gutes Gefühl dabei haben. Dann wird Ihrem Kind die Eingewöhnung ungleich leichter fallen, als wenn es Ihnen vielleicht Unsicherheit oder ein schlechtes Gewissen anmerkt. Zum anderen: Schauen Sie sich Ihr Kind an! Wenn es für Ihr Kind das Schönste ist, Bücher zu lesen und zu basteln, dann wäre ein Waldkindergarten – so toll er sein mag – wohl das Falsche. Und wenn die liebste Sandkastenfreundin in die Kita um die Ecke geht, dann ist das ein starkes Argument, auch wenn Sie die Räume viel zu dunkel und muffig finden.

Offiziell hat jedes Kind ab drei Jahren Anspruch auf einen Vier-Stunden-Platz. Das heißt, spätestens wenn Ihr Kind drei Jahre alt ist, können Sie wieder so richtig losschaffen: Kind um 8 Uhr zur Kita bringen – wir gehen mal davon aus, dass die typische Kita keinen Frühdienst hat und Ihr Chef das notwendige Verständnis dafür aufbringt, dass Sie erst um 9 Uhr mit Ihrem Tagewerk beginnen können. Wenn Sie Ihr Kind nicht nur mit Schwung in die Arme der Erzieherinnen werfen, sondern ihm vielleicht noch Jacke und Schuhe ausziehen und einen Kuss geben wollen, dann dauert die Übergabe vielleicht 15 Minuten. Dann brauchen Sie vielleicht 30 bis 45 Minuten, um zur Arbeit zu fliegen. Das Gleiche gilt für den Rückweg. Das heißt im Klartext: Von vier Stunden Kinderbetreuung bleiben Ihnen – wenn Sie Pech haben und nicht direkt neben Ihrem Arbeitgeber wohnen – gerade einmal zwei Stunden reine Arbeitszeit übrig. Na, Ihr Chef wird sich freuen!

Auch wenn es für die berufstätige Mutter nicht nachvollziehbar ist, gerade in ländlicheren Gegenden sind diese Vier-Stunden-Plätze wohl eher die Regel – übrigens durchaus nicht immer nur vormittags, nein, unter Umständen müssen Sie Ihrem Chef klar machen, dass Sie bis auf weiteres leider nur am Nachmittag zwei Stunden kommen können, weil der ortsansässige Kindergarten eben nur einen Nachmittagsplatz hat.

Eine Bekannte, die anlässlich des zweiten Kindes raus aus der Großstadt und ins Umland gezogen ist, war stark irritiert bis verzweifelt darüber, dass sie tatsächlich nur einen Vier-Stunden-Platz finden konnte, von 13 Uhr bis 17 Uhr, aber ohne Mittagessen. »Die Eltern wollen kein Mittagessen, weil die Mütter zu Hause sowieso kochen«, so erklärte ihr die Leiterin der Einrichtung. »Äh, und was machen denn die Mütter, die berufstätig sind?« – »Nun, viele haben ja schon Schulkinder, für die sie mittags ja auch kochen müssen!«

Tja, das hatte meine Bekannte nicht bedacht, denn wenn das erste Kind in die Schule kommt, wird die Logistik ja noch komplizierter. Zwar gibt es inzwischen die verlässliche Grundschule, in der alle Kinder verbindlich bis zum Mittag betreut werden, aber essen müssen sie ja trotzdem. Pädagogisch sinnvolle Ganztagsschulen gab es in der Gegend nicht und Hortplätze waren auch rar. Das hieß für die zweifache Mutter: Mein erstes Kind ist vormittags in der Schule, mein zweites Kind hat aber nur einen Nachmittagsplatz im Kindergarten. Und zwischendrin muss ich Mittagessen kochen. »Ich könnte noch nach 18 Uhr arbeiten.« Aber da dürfte wohl auch für den geduldigsten Chef das Ende der Fahnenstange erreicht sein. Sie zog kurzzeitig in Erwägung, wieder in die Großstadt zurückzuziehen, hat es dann aber doch nicht gemacht, sondern sich stattdessen erfolgreich mit anderen Müttern vernetzt, die in der gleichen Situation waren wie sie.

Übrigens: Jedes Bundesland hat seine zum Teil abenteuerlichen Richtlinien für die Bewilligung von Betreuungsplätzen. Wenn Sie also, wie meine Bekannte, mit dem Gedanken spielen umzuziehen und damit auch so eben mal das Bundesland wechseln, dann erkundigen Sie sich frühzeitig, ob Sie möglicherweise einen Mindest-IQ oder Hochschulabschluss benötigen, um die Bewilligungsmodalitäten für Betreuungsplätze begreifen zu können.

WOHIN MIT DEM KINDE?
TEIL 3: EIN ERFAHRUNGSBERICHT

Nach zehn Monaten, die ich so gut wie ausschließlich mit meiner Tochter verbracht hatte, musste ich dringend wieder hinaus in die Arbeitswelt. Ich muss gestehen, dass mir die zurückliegende Zeit nicht leicht gefallen war, trotz täglicher Spaziergänge und vieler Café-Besuche mit Freundinnen – und deren Babys, denn wer hat sonst schon tagsüber Zeit? Das klingt ja sehr nach Freizeitspaß und Entertainment, war aber leider immer nur ein Bruchteil eines langen Tages, der sich ausschließlich nach den Bedürfnissen des Kindes richtete. Und auch diese Freizeitaktivitäten waren ja letzten Endes immer bestimmt vom Stillrhythmus und dem Wohlbefinden der lieben Kleinen, so dass mancher schöne Ausflug bei schlechter Laune, Darmzwacken oder Zahnschmerzen der Wonneproppen mit übereilten Aufbrüchen nach Hause endete. Man wusste es halt nie im Voraus.

Meine Nachbarin Anna, deren Kind drei Monate älter ist, prophezeite mir in manchen Phasen schlechter Laune: »Abstillen und Tagesmutter – und du bist ein neuer Mensch«, beziehungsweise wieder ganz die Alte, d.h. du hast auch wieder ein eigenes Leben mit vorhersagbarer Struktur und kleinen Freiräumen. Was meine ich mit kleinen Freiräumen? Zum Beispiel auf die Toilette gehen zu können, wann man will und vor allem: in Ruhe! Babys scheinen eine Antenne dafür zu haben, wenn Mama mal fünf Minuten für sich braucht. Sie wachen immer auf, wenn man gerade zur Toilette gehuscht ist, unter der Dusche steht oder ein warmes Essen auf den Tisch kommt. Sie wachen nie auf, wenn man schnell noch stillen möchte, um einen Termin rechtzeitig wahrzunehmen.

Mit meinem Wiedereinstieg ins Berufsleben stellte sich die Frage: Wohin nun mit dem Kinde? Selbst in einer so gut versorgten Stadt wie Berlin nehmen die meisten Kindertagesstätten erst ab dem zweiten oder dritten Lebenjahr auf – zumindest wenn man im Westteil der Stadt lebt. Auch die von Elterninitiativen in der Umgebung geleiteten Kitas machten da keine Ausnahme. Und irgendwie hatte auch ich das undeutliche Gefühl, mein junger Schatz wäre durch eine Krippe mit zehn bis 15 Kindern hoffnungslos überfordert. Wobei ich so bei mir denke, dass das ein westdeutsch geprägter Gedanke ist, entsprungen der hier vorherrschenden Meinung, dass man gefälligst zum Wohle des Kindes drei Jahre lang zu Hause zu bleiben hat. Diese Meinung wurde mir und Anna, die Gleiches plante, auch von etlichen Müttern in unserer Umgebung ungefragt mitgeteilt. »Jetzt schon das Kind weggeben? Nein, das mache ich nicht, ist doch noch viel zu früh ...« Der Verdacht regte sich in mir, dass das »noch viel zu früh« sich eher auf die Mutter als auf das Kind bezog. Ich war auf jeden Fall sehr überrascht, gerade von Akademiker-Müttern so viel Wind von vorne zu kriegen, die doch viel Zeit und Geld in ihre Ausbildung und ihr berufliches Fortkommen investiert hatten. Einige erzählten mir, dass sie einfach noch keine Lust hatten, ins Berufsleben zurückzukehren. Das ging wohl nur mit einem gut verdienenden Ehemann.

Nachdem ich mich über die Betreuungsmöglichkeiten für ein noch nicht einjähriges Kind informiert hatte, fiel meine Wahl dann auf eine Tagesmutter. Adressen erhielt ich vom Jugendamt und von einem privaten Verein »Familien mit Kindern«. Mit drei Frauen nahm ich dann zum gegenseitigen Kennenlernen Kontakt auf. Die erste war eine ehemalige Maklerin aus Estland mit eigener Tochter, die mich mit dem Satz »Gespielt wird immer nur mit einer Sache, viel Spielzeug herumfliegen lassen gibt es bei mir nicht!« und ähnlichen dogmatischen Erziehungsgrundsätzen in die Flucht schlug. Die zweite beeindruckte mich tief, als ich sie in der Mittagszeit besuchte und von vier betreuten Kindern nicht eines zu sehen war – alle lagen in tiefem Schlaf. Vier Kinder gleichzeitig schlafend – und das, wo ich mein Kind immer mit dem Kinderwagen ausfahren musste, damit es einschlief.

Die dritte schließlich überzeugte mich durch ihre Erzieherinnen-Ausbildung, ihre schöne Wohnung und ein großes Gartengrundstück, das sie in der unmittelbaren Nähe nutzen konnte. Falls ich mir je Sorgen um das seelische Wohl meiner Tochter gemacht hatte, wurden diese in den nächsten Wochen und Monaten sehr schnell zerstreut: Sie fühlte sich dort offensichtlich wohl und machte in der Gesellschaft der anderen vier Kinder beeindruckende Entwicklungsfortschritte. Gut, dazu gehörte auch mal ein blau leuchtender Zahnabdruck auf ihrem Unterarm. Aber da ich selbst mit vier Geschwistern aufgewachsen bin und es mir nicht nachweislich geschadet hat, an Marterpfähle gebunden oder von meinem Bruder auf einem fiktiven Sklavenmarkt an meinen Cousin verkauft worden zu sein, erwarte ich auch hier keine psychischen Folgeschäden für mein Kind.

Es verbrachte einen herrlichen Sommer mit vielen Besuchen des besagten Gartens mit Planschbecken und Riesensandkiste und brachte die ersten Basteleien und »Kunstwerke« mit nach Hause.

Nach einem Jahr entschieden wir uns dann, sie gemeinsam mit dem Nachbarskind in einen Kindergarten zu geben. Nun war es schon etwas aufwändiger, die Zeit für Besichtigungen und vor allem die Eingewöhnung aufzubringen, die je nach Kind bis zu vier bis sechs Wochen dauern kann. Und das mitten im Arbeitsleben! Es half dabei, dass mein Mann und ich beide noch in Elternzeit waren und somit nicht voll arbeiteten. Bei der Eingewöhnung aber mussten wir uns abwechseln und jeweils Urlaub nehmen.

Eine Auswahl an Kindertagesstätten gab es im kinderreichen Stadtteil Kreuzberg zunächst genug, aber der Teufel steckte wie so häufig im Detail: Viele hatten für arbeitende Eltern zu kurze Öffnungszeiten, nahmen nur ältere Kinder, hatten keinen Platz frei. Andere wiederum schreckten mich als Eltern-geleitete Kitas ab, vor denen mich meine erfahrenere Freundin eindringlich gewarnt hatte. Abgesehen von dem Stress, mit 15 anderen Elternpaaren in Erziehungsfragen übereinzukommen, waren für uns als dann wieder voll Berufstätige die Elterneinsätze unter der Woche auch nicht machbar. Und etliche gefielen mir als typische düstere Erdgeschosswohnungen nicht wirklich, war ich doch als Landkind helle, lichte Kindergärten mit Grün drumherum gewohnt.

Schließlich trafen wir mit Hilfe der Nachbarn eine gute Wahl mit Garten, Vollwertkost und – ein Wort, das man dann schnell lernt – gutem Erzieherschlüssel, d.h. einem zahlenmäßig guten Verhältnis von Erziehern zu Kindern.

Dass dort wenige Wochen nach der Eingewöhnung wildes Chaos ausbrach, weil sich Geschäftsleitung, Erzieher und »Alteltern« (die mit älteren Kindern) hoffnungslos zerstritten, war halt Pech. Die in dieser Zeit ständig verkürzten Betreuungsszeiten bzw. kompletten Ausfalltage wegen Massenerkrankung der Erzieher machten uns schmerzhaft klar, dass Kinder haben und arbeiten gehen für beide Elternteile in Deutschland kein leichtes Unterfangen ist.

VIELFALT DER ARBEITSWELTEN

Lange wird nun schon in der Öffentlichkeit diskutiert, dass die Kinderbetreuung hierzulande besser werden muss. Wenn ich jetzt bösartig wäre, würde ich vermuten, dass diese Forderung erst dringlich zu werden scheint, seit das Land niedrige Geburtenraten plagen und nichts mit der vielzitierten Vereinbarkeit von Beruf und Familie für Frauen zu tun hat. Aber das wäre natürlich eine ganz gemeine Unterstellung.

Diskussionen mit vergangener und aktueller Familienministerin verraten uns immerhin, dass die Damen sich eine Menge Gedanken um das Thema machen und wohl auch schon viele gute Ideen haben. Diese bleiben aber leider wohl bisher in der Schublade liegen, jedenfalls warten wir Mütter noch auf eine bessere Versorgung.

Allerdings erscheint es doch befremdlich, wenn von dort verlautet, dass es mehr Krippenplätze geben sollte ... für verwahrloste Kinder oder Kinder von Alkoholikern. Muss ich also zu trinken anfangen, um früh wieder arbeiten gehen zu können?

Dabei sollte doch anspornend wirken, dass in einigen Gemeinden und Bezirken, die das Thema Krippen, Kitas, Horte konsequent angegangen sind, sofort die Geburtenraten anstiegen!

Aber ich möchte hier noch einige Schritte weiter gehen. Denn im Moment geht es ja in der Diskussion vor allem um Angebote, die für die durchschnittliche Angestellte gedacht sind, also Betreuungszeiten von 8 bis 17 Uhr – im besten Falle ...

Aber die bundesrepublikanische Arbeitswelt besteht schon längst nicht mehr nur aus fest angestellten Bürojobs mit regelmäßiger Arbeitszeit von sieben Stunden mit gerade mal fünfzehn Minuten Arbeitsweg.

Die mühsam errungenen Ladenöffnungszeiten zum Beispiel, für viele Berufstätige ein wahrer Segen, bedeuten für dort arbeitende Mütter und Väter in Folge einen Betreuungsbedarf bis 20.30 Uhr oder sogar noch länger bei entsprechender Entfernung zwischen

Arbeitsplatz und Heim. Also können Verkäuferpaare wohl schlecht Kinder haben und beide weiter arbeiten? Sie sind angewiesen auf die Großzügigkeit und Flexibilität ihrer Arbeitgeber hinsichtlich Schichten und Einsatzplanung oder auf das häufige Oma-hilft-Modell.

Dann gibt es etliche Berufstätige auf Montage oder in Zwei- oder Dreischichtsystemen. Nina zum Beispiel ist Krankenschwester und musste daher bei ihrem beruflichen Wiedereinstieg ihr Kind aus der Kita nehmen und zu einer Tagesmutter wechseln, bei der das Kind übernachten kann. Nicht nur schade für das Kind, das sich in der Kita sehr wohl fühlte, teurer war es auch noch.

Und für selbstständige Dienstleister (»Allzeit bereit« und Ähnliches) oder etwa Laden- oder Restaurantbesitzer wird es dann ganz düster. Letztere nehmen in der Not ihre Kinder oft mit ins Geschäft oder hinter den Tresen, wie ich schon des Öfteren erleben konnte. Obwohl es sicher nicht schaden würde, wenn Kinder wieder etwas allgegenwärtiger würden, möchte natürlich keiner von uns seinen Schlachtermeister das Beil zwischen unschuldigen Kinderlein schwingen sehen oder der Friseurin lauschen, wie sie ständig »Justus, lass das – nein, nicht die Schere nehmen – nimm sofort deine Schokoladenfinger von der Jacke der Kundin – nahaihain« und Ähnliches ausruft.

Diese (Not-)Lösung ist also für viele Selbstständige nicht immer möglich und schon gar nicht im betreuungsintensiven Kleinkindalter, so dass die Tagesmutter- oder Babysittervariante wieder ins Spiel kommt. Und das muss finanziert werden ohne das zusätzliche Geld für die dreieinhalb Monate Mutterschutzfrist, das Angestellte bekommen.

Es gibt übrigens tatsächlich eine Kita in Berlin-Mitte, die Kinder bis in die Abendstunden oder über Nacht – auch mehrere Nächte – betreut. Eine Kita, natürlich privat. Genutzt wird sie vor allem von Politikern, Diplomaten und Selbstständigen. Ich wagte bei einem Informationsgespräch dort nicht zu fragen, wie hoch die Betreuungskosten sind.

Auch in Teilzeit zu arbeiten ist nicht immer die Lösung für Mütter. Beate hat eine Stelle bei einer Beratungsstelle für Schulkinder gefunden, in der sie naturgemäß nachmittags arbeiten muss. Auch ihr Mann arbeitet lange. Sie würde sehr gerne ihr Kind in dessen jetziger Kita lassen, bei deren »normalen« Öffnungszeiten besteht dafür aber keine Chance.

Aber es gibt auch positive Beispiele, die Mut machen. Zum Beispiel der Betriebskindergarten eines Pharmaunternehmens, der von 5.30 bis 22 Uhr geöffnet hat. Man hat sich dort konsequenterweise überlegt, welche Anforderungen an die Belegschaft gestellt werden. Telefonate mit Übersee zum Beispiel oder Dienstreisen. So gibt es auch eine Betreuung über Nacht. Ein Professor an einer süddeutschen Uni hat seinen Mitarbeiterinnen ausdrücklich erlaubt, ihre Kinder mit ins Büro zu nehmen: »Mich interessiert nicht, wie lange Sie arbeiten oder mit wie vielen Unterbrechungen, sondern was dabei rauskommt.«

Was folgt daraus? Sollte es wirklich erwünscht und möglich sein, für Mütter und Väter Berufsleben und eine gute Kinderbetreuung unter einen Hut zu kriegen, ohne dass Heerscharen von aufopferungsbereiten Verwandten, Freunden und Nachbarn die Lücken füllen, dann gibt es noch sehr viel mehr zu tun, als Familienpolitikerinnen sich träumen lassen. Oder falls sie schon Träume haben, sollten sie endlich in die Realität umgesetzt werden.

Bis dahin heißt es: Dankbar bleiben, wenn Sie überhaupt einen Kindergarten in der Nähe haben!

WECHSEL ZWISCHEN WELTEN

Es war ein seltsamer Moment, als ich das erste Mal in vollem »Arbeitsornat« in der Kita aufkreuzte, um mein Kind abzuholen. Da stand ich nun in Nadelstreifenanzug und Pumps und ließ mir Ersteren von den schmutzigen Schuhen meiner Tochter versauen. Aber hätte ich sagen sollen: »Nein, Schatz, ich kann dich jetzt nicht auf den Arm nehmen, Mami hat ihren Anzug an, der sonst gleich für zehn Euro in die Reinigung muss.«

Auch das Einsinken mit Wildlederpumps in den herrlich feuchten Sand auf dem Spielplatz war ein zweischneidiges Vergnügen. Zumal es so höllisch unbequem ist, in den Dingern dem gerade auf dem Klettergerüst abrutschenden Kind hinterherzueilen.

Es wäre also so eine Art Schleuse nötig. In Jeans und Pulli wird der Nachwuchs zum Kindergarten gebracht, dann schlüpft man in Anzug oder Kostüm, Schuhwechsel, Auftragen eines leichten Makeups, ein Hauch Haarspray bringt die Frisur wieder in Ordnung ...

Kostet zu viel Zeit. Und wo sollte es auch stattfinden? Obwohl wir Frauen uns ja gerne im Auto schminken und frisieren, ist ein Kleiderwechsel dort wohl mangels akrobatischer Ausbildung schwer möglich. Und in den öffentlichen Verkehrsmitteln ist das Make-up-Auftragen auch nicht so wirklich schön. Wenn man sich nicht zu sehr vor den anderen Fahrgästen schämt, bleibt trotzdem noch das hinderliche Gerüttel und Umsteigen in Bus, U-Bahn oder der Straßenbahn.

Also vollzog ich nur den Schuhwechsel und hoffte, auf dem Weg aus dem Büro keinem Vorgesetzten mehr zu begegnen, der meine schmutzbesprenkelten Wanderschuhe zum Hosenanzug bizarr gefunden hätte.

Die Zeit des beruflichen Wiedereinstiegs, in der ich noch stillte, barg ganz eigene Peinlichkeiten beim Wechsel zwischen Arbeits- und Babywelt. Gerade besprach ich mit meinem Chef die neue Strategie für die Führungskräfteentwicklung, als ich zufällig an mir herunterschaute. Ein Stillfleck, kreisrund und feuchtdunkel mitten auf der Brust, leuchtete mir entgegen. Mit steif verschränkten Armen verbrachte ich schwitzend den Rest der Besprechung, ehe ich zu meinem schützenden Jackett eilen konnte. Fast noch schlimmer fand ich das Milchabpumpen im Lagerraum der Firma zwischen Kopierpapier und Aktenordnervorräten. Hatte ich auch wirklich von innen abgeschlossen? Wollte vielleicht gerade jetzt der Werksleiter die Lagerräume mit seinem Generalschlüssel inspizieren?

Mareike blamierte sich auf ihre ganz eigene, originelle Art. Hatte sie eben noch mit ihrer Tochter auf dem Weg zum Kindergarten gespielt, war sie sodann in die Konferenz geeilt. Mitfühlende Kollegen wiesen sie kurz vor ihrer Präsentation dort dezent darauf hin, dass sie doch vielleicht vorher den kleinen Teddy aus ihrem Ausschnitt entfernen möge, der dort ein warmes Zuhause gefunden hatte. Es würde doch die Ernsthaftigkeit ihrer Ausführungen enorm erhöhen!

Einen wahren Crash der Rollen »Mutter« und »Berufstätige« erlebte ich auch immer wieder gestresst, wenn mich Auftraggeber oder Kunden auf dem Handy anriefen. »Entschuldigen Sie, ich stehe gerade im Flur der Kita«, klang so dermaßen aus einem anderen Universum und stieß daher auch nicht bei allen Anrufern auf Verständnis. Wäre mir doch was Flottes wie »Oh, ich bin gerade bei einer Kinderheimeinweihung« oder »Verzeihen Sie den Lärm, aber Angelina Jolie und Brad Pitt besuchen mich gerade im Büro und haben ihre lieben Kinder mitgebracht« eingefallen.

»Ich ruf Sie gleich zurück, bin gerade beschäftigt«, klang mit ohrenzerfetzendem Babygeschrei auch nicht so professionell wie ein Propellergeräusch oder Druckergeratter im Hintergrund. Und bekanntermaßen beruhigen sich Babys besonders schlecht und langsam, wenn man gerade wirklich darauf angewiesen ist, in zwanzig Minuten zurückzurufen.

Also die Variante »einarmiger Bandit« probieren, indem man mit Baby auf dem Arm telefoniert und inständig hofft, dass es gerade nicht »bababa« brabbelt, gluckst oder rülpst. Letzeres ist mir mal passiert, als ich gerade mit einem Kunden sprach. Ich hoffte einfach, dass er es überhört hatte.

Für den ganz eiligen Rückruf hilft im Notfall, das Kind sofort zum Stillen anzulegen, Ruhe ist und was macht es schon, wenn man sich mittels des zwischen Ohr und Schulter eingeklemmten Hörers einen Bandscheibenvorfall in der Halswirbelsäule holt?

Irritierte Blicke anderer Mütter erntet man, wenn man das Businessleben samt Sprache in die Kita oder auf den Spielplatz trägt. »Ich kriege von dir noch zehn Euro für Jans Geschenk!« – »Klar, schick mir doch bitte ein Fax zu dem Vorgang.«

Aber solange man am Kita-Eingang keine Stechuhr sucht, ist alles noch im grünen Bereich.

RIN IN DIE PANTOFFELN, RAUS AUS DIE PANTOFFELN

Frauen und Bundestrainer können es ja in Deutschland nicht mehr richtig machen. Frauen ohne Kinder und mit Karriere sind karrieregeile Zicken, Frauen mit Kindern, die zu Hause bleiben, doofe Muttchen und Frauen mit Kindern, die nach der Geburt wieder arbeiten gehen, Rabenmütter. Männer hingegen sind erfolgreiche Manager, die auch noch mit ihren Kindern spielen, die Guten! Hausmänner sind umschwärmte Stars auf Spielplätzen, die ganz selbstlos ihren Job aufgegeben haben, die Lieben!

Genug geseufzt! Was gilt es zu beachten, wenn ich mit Kind oder sogar zwei Kindern (= ganz schlimme Rabenmutter, danach kann man nur noch Familienministerin werden oder Popstar mit Kindermädchen) doch und wider aller altdeutschen Gefühle in die Arbeitswelt zurückkehren will? Da fängt die kluge Frau schon lange vor der Geburt mit der Planung an.

Wir gehen hier einmal davon aus, dass die schwangere Berufstätige angestellt ist, einer qualifizierten Tätigkeit nachgeht und ihr nicht gleich zum Schwangerschaftsende gekündigt wird bzw. sie dazu gebracht wird zu kündigen. Weiterhin arbeitet ihre Chefin gerne mit ihr und freut sich auf die Rückkehr ihrer geschätzten Arbeitskraft. Sie glauben das alles nicht? Ist mir aber beim ersten Kind so passiert.

Meine Chefin und ich bekakelten bereits Monate vor der Mutterschutzfrist, die sechs Wochen vor der Niederkunft beginnt, die Möglichkeiten. Schwierig zu planen, wenn man doch zu diesem Zeitpunkt noch gar nicht weiß, wie das Leben und die Arbeit so mit Baby aussehen wird. Da ich stillen wollte, würde ich natürlich ans Haus gebunden sein. Würde sich das Baby auch an die zwei Monate Mutterschutzfrist nach der Geburt halten, in der es übrigens gesetzlich untersagt ist zu arbeiten? Das heißt, wäre es nach zwei Monaten schon in so einem Stillrhythmus von drei bis vier Stunden, dass es sich lohnen würde, Milch abzupumpen und einen Babysitter zu engagieren?

In meinem Fall konnte ich diese Variante erst drei Monate nach der Geburt angehen. Meine Chefin, selbst übrigens kinderlos, aber mütterfreundlich, schlug mir vor, bis zum Abstillen wenigstens einmal die Woche für vier Stunden zu arbeiten. Da ich noch eineinhalb Stunden Arbeitsweg draufschlagen musste, war das für mich hinsichtlich des Milchabpumpens das Maximum an Arbeitsstunden. Jede Frau, die schon mal Milch abpumpen musste, wird wissen, was ich meine: Mehr Pumperei erträgt ein normales Gemüt einfach nicht freiwillig.

Die Vier-Stunden-pro-Woche-Regelung war ungewöhnlich und funktionierte auch nur, weil meine Chefin mir mit Beginn meiner Schutzfrist vor der Geburt eine Schwangerschaftsvertretung gewährte, die meine volle Stundenzeit arbeitete. Ich konnte sie also bei meinem Wiedereinstieg diese wenigen Stunden pro Woche anleiten, mit ihr planen und gleichzeitig von ihr und durch Teilnahme an Teamsitzungen auf dem Laufenden gehalten werden. Das machte mir den Wiedereinstieg leicht und ermöglichte der Vertretung, die gerade ihr Studium abgeschlossen hatte, gleichzeitig einen angeleiteten beruflichen Einstieg. Win-win-Situation sagt man dazu im »Management-Deutsch«.

Dieses Arrangement klappte wunderbar. In den wenigen gemeinsamen Stunden konnten wir sogar Konzepte schreiben, also für das Unternehmen durchaus hochqualitative Arbeit leisten. Das i-Tüpfelchen dieser schönen und wahren Geschichte ist, dass ich die Vorstellungsgespräche mit meiner zukünftigen Vertretung selber führen durfte.

Finanziell war dieses Modell natürlich kein Gewinn, denn das Geld für meine 16 Arbeitsstunden pro Monat ging fast komplett an den Babysitter. Es wurde also durch das gute Gehalt meines Partners und gewisse finanzielle Einschränkungen möglich.

Nach zehn Monaten erhöhte ich dann meine Stundenzahl in der Elternzeit auf 24 Stunden pro Woche. Gleichzeitig nahm auch mein Partner Elternzeit und reduzierte seine Stundenzahl. Jetzt hatten wir beide jeweils vier Arbeitstage und einen Kindertag. An den übrigen drei Tagen kam unser Kind zu einer Tagesmutter. Das war für uns und das Kind ein halbes Jahr lang ein sanfter Einstieg in die Betreuung, wobei ich anmerken möchte, dass das für uns wohl noch wichtiger war als für die Kleine. Glauben Sie es einfach, Kinder sind gerne bei Tagesmüttern, in Krippen und Kindergärten. Am schwierigsten ist die Eingewöhnung dort meistens für die Eltern!

Nun ist das Märchen aber aus. Denn leider erlebte ich bei Kolleginnen und später auch mit neuem Chef andere Varianten. Nicht ungewöhnlich leider der Fall der Kollegin B., die bis zur Schutzfrist keine Vertretung einarbeiten konnte. So schnell ließe sich da niemand organisieren. Da wurden lieber die Kollegen mit Mehrarbeit belastet und Kollegin B. durfte sich zu Hause Sorgen machen, ob auch alles glatt läuft oder in ihrer Schutzfrist etliche Telefonate mit unwissenden und überforderten Arbeitskollegen führen. Überfordert war natürlich auch die Vertretung, die dann doch nach einigen Wochen eingestellt wurde. Fragen konnte sie die inzwischen frisch gebackene Mutter dann nicht mehr. Ja, liebe Chefs, so schafft man Kundenzufriedenheit, motivierte Mitarbeiter und kinderfreundliche Arbeitsplätze ... (habe ich mich ironisch genug ausgedrückt?)

Mit der »falschen« Schwangerschaftsvertretung, die man Ihnen aufs Auge gedrückt hat und einem stundenweisen Wiedereinstieg kann es Ihnen auch passieren, dass Ihre Vertretung versucht, Ihnen unangenehme Aufgaben zumutet, »das wäre doch ideal für die wenigen Stunden, das können Sie doch auch gut von zu Hause aus erledigen ...« Muss ich erwähnen, dass es sich hierbei natürlich um nieder qualifizierte, öde und wenig prestigeträchtige Tätigkeiten handelte? Da doch lieber bis zum kompletten Wiedereinstieg in der Elternzeit wegbleiben!

Prinzipiell halte ich es heutzutage für wenig ratsam, drei Jahre komplett auszusteigen. Die Gefahr ist zu groß, den Anschluss zu verlieren, die Arbeitswelt ist dafür zu schnelllebig geworden. In meinen zehn Monaten Abwesenheit löste sich meine Abteilung komplett auf, meine Chefin ging, die Geschäftsleitung wechselte – ich konnte froh sein, dass das Gebäude noch am selben Platz stand und mein Arbeitsvertrag nicht verloren gegangen war.

In jedem Fall ist es sehr empfehlenswert, regelmäßig in der Elternzeit am Arbeitsplatz vorbeizuschauen, mit allen im Gespräch zu bleiben und möglichst viel Kollegentratsch mitzunehmen. Der so genannte Flurfunk ist ja eh die beste Informationsquelle und schlägt jede Mitarbeiterzeitung und jedes Chefgespräch.

Wieder so ein Mütterwunschtraum: Mütter als Chefinnen, engagierte Väter als Chefs, die selbst mal früh nach Hause gehen, weil sie ihre Kleinen abholen, die mobile Arbeitsplätze finanzieren und notfalls ein erkältetes Schulkind mit im Büro herumsitzen lassen, wenn alle Stricke reißen. Hoch motivierte Mitarbeiter wären ihr Lohn!

MÜTTER-MOBBING

Eigentlich sehen die rechtlichen Rahmenbedingungen für Mütter doch gar nicht so schlecht aus. Es gibt das Mutterschutzgesetz, die Elternzeit, Kinder- und Erziehungsgeld. Der Arbeitsplatz wird erhalten, es besteht ein Anspruch auf Teilzeit und jedem Elternteil stehen arbeitsfreie Tage zu, wenn das Kind krank ist. Manche Unternehmen haben sogar Betriebskindergärten. Hört sich doch nicht schlecht an, oder!?

Ist aber vielfach graue Theorie. In der Praxis kenne ich kaum eine Mutter, bei der das mit der Rückkehr an den Arbeitsplatz so reibungslos geklappt hat. Gemeinhin gilt immer noch, dass die Kinderpause zu einem Karriereknick führt und nicht wenige Mütter hinterher sogar ohne Job dastehen.

Ungeachtet ihrer gesamtwirtschaftlichen und demografischen Bedeutung sind Schwangere und Mütter den meisten Arbeitgebern offenbar ein wirklich lästiges Übel: Sie bringen alles durcheinander, weil sie plötzlich mehrere Monate ausfallen, aber nicht ersetzt werden können, denn man muss ihnen ja den Arbeitsplatz erhalten. Und dann bekommen sie womöglich noch ein zweites Kind und fallen schon wieder mehrere Monate aus. Und wenn sie wieder zurückkommen, bringen sie wieder alles durcheinander, weil sie plötzlich Teilzeit arbeiten wollen. Wie soll das denn, bitteschön, gehen? Mütter sind auch so unflexibel, die müssen immer pünktlich gehen, weil sie irgendwelche Kinder irgendwo pünktlich abholen müssen und man sich in der Urlaubsplanung wegen der Ferien immer nach ihnen richten muss. Das sorgt nämlich unter den Kollegen auch noch für Stress. Und im Übrigen sind Mütter auch noch scheußlich unzuverlässig, denn immer ist irgendein Kind krank.

In zahllosen Untersuchungen ist inzwischen der Nachweis geführt worden, dass das alles unsinnige Vorurteile sind. Aber sie halten sich hartnäckig im Bewusstsein breiter Bevölkerungsteile. Übrigens auch bei den Müttern selbst: Immer öfter hört man, dass Mütter in

Bewerbungsunterlagen schlicht verschweigen, dass sie Kinder haben in der festen Überzeugung, mit Kindern würden sie sofort aus dem Stapel potenzieller Kandidaten aussortiert. Und erfahrene Bewerbungstrainer können da vielfach nicht widersprechen.

Trotz ihres rechtlichen Sonderstatus – mit dem Mutterschutzgesetz ist immerhin der Überzeugung Rechnung getragen worden, dass Mütter dem besonderen Schutz der Gesellschaft unterstehen, – gibt es zahllose und perfide Mittel und Wege, Schwangere, Mütter und Väter (!) spüren zu lassen, dass sie wirklich unwillkommen sind.

Für viele fängt es bereits in der Schwangerschaft an: Kaum hört der Arbeitgeber die frohe Nachricht, wird die zukünftige Mama aufs Abstellgleis geschoben, aus der unternehmensinternen Kommunikation ausgeschlossen, bei wichtigen Besprechungen und Entscheidungen einfach vergessen, in Personalfragen schlichtweg übergangen. Schwuppdiwupp hat die Schwangere schon ihre zukünftige Nachfolgerin vor der Nase.

Von folgendem Fall hörte ich kürzlich: Eine Frau trat just einen neuen Job im mittleren Management an, als sie feststellte, dass sie schwanger war. Zugegeben keine schöne Situation für den Arbeitgeber. Das fand ihr direkter Vorgesetzter auch und wetzte eifrig die Messer. Mit großer Findigkeit warf er ihr fortan zahllose Steine in den Weg, bombardierte sie tagtäglich mit Anweisungen, wie dieses und jenes zu geschehen habe und wo sie sich wie falsch und vertragsbrüchig verhalten habe. Binnen kurzem hieß es im Unternehmen, sie habe sich schwanger »eingeschlichen« und auch die langjährigen Kunden des Unternehmens schienen ihr – obgleich sie sie nicht kannten – mit rätselhafter Zurückhaltung zu begegnen. Die Frau verbrachte notgedrungen mehr Zeit mit der Beantwortung und Abarbeitung der zahllosen »Anweisungen« ihres Chefs als mit ihrer eigentlichen Arbeit. Prompt drohte er ihr mit einer Abmahnung wegen Arbeitsverweigerung und mit der gleichen Begründung wurde ein Gutteil ihres Gehaltes einbehalten. Der Druck war immens, sie suchte Rat und Schutz beim Betriebsrat, der Gewerkschaft, den zuständigen Behörden und Rechtsanwälten. Genau so hatte sie sich ihre Schwangerschaft vorgestellt! Schließlich schritt ihre Frauenärztin beherzt zur Tat und verordnete unter Hinweis auf das Mutterschutzgesetz ein Arbeitsverbot. Eins-zwei-fix war sie draußen – immerhin mit der Genugtuung, dass der Arbeitgeber weiterhin das Gehalt zahlen musste. Der Arbeitsvertrag wurde irgendwann im Zuge einer außergerichtlichen Einigung aufgelöst. Nicht auszudenken, was sie erwartet hätte, wenn sie an diesen Arbeitsplatz zurückgekehrt wäre!

Denn wer nach der Elternzeit wieder loslegen möchte, hat mitunter mit einem breiten Spektrum unliebsamer Überraschungen zu rechnen: Aus der Elternzeitvertreterin ist plötzlich die neue Vorgesetzte geworden, man selber wurde zur Assistentin degradiert. Wer vor der Schwangerschaft Projektleiterin war, findet sich plötzlich in der Dokumentation wieder. An ehemals getroffene Abmachungen kann sich mit einem Mal niemand mehr erinnern und die entsprechenden Protokolle sind – wir bedauern sehr – nicht mehr auffindbar. Die vor der Elternzeit bereits entschiedenen Fortbildungsmaßnahmen wurden – natürlich aufgrund der wirtschaftlichen Gesamtsituation des Unternehmens – für Teilzeitkräfte leider gestrichen ...

Ach, es gibt so viele Möglichkeiten, der Phantasie sind hier wirklich keine Grenzen gesetzt und vielfach wird die Situation für die Betroffenen so unerträglich, dass die schließlich von selbst gehen.

Egal, mit welchen schmutzigen Details das Mütter-Mobbing im Einzelnen aufwartet, eines haben alle miteinander gemein: Sie sind schwer nachzuweisen und bei den Betroffenen bleibt das Gefühl von Wut, Ohnmacht und Missachtung zurück. Es dauert, solche Erfahrungen zu sortieren und wegzustecken. Die einschlägigen Beratungs- und Therapieeinrichtungen wissen davon ein schillerndes Liedchen zu singen.

Aber bei vielen setzten diese Erfahrungen auch kolossale Energien und kreatives Potenzial frei: Auf zu neuen Ufern! Denn Sie haben hier die Chance, Ihre Karten neu zu mischen.

AUF ZU NEUEN UFERN!

Zwanzig Frauen haben sich in einem Seminar zur beruflichen Neuorientierung zusammengefunden. Die jüngste ist Anfang 20, die älteste ist Mitte 50. Alle haben Kinder und alle sind mehr oder minder lange raus aus ihrem Job – meistens infolge der Kinderpause. Die Gründe sind nicht neu: »Ich bin rausgeflogen, als ich schwanger war!«, »Ich wollte gerne Teilzeit arbeiten, das ging nicht und für einen Ganztagsjob konnte ich keine Kinderbetreuung organisieren«, »Ich wollte gerne ganz für meine Kinder da sein. Jetzt sind sie groß genug und ich würde gerne wieder in meinen Beruf zurück, bekomme aber keinen Job. Hab mich schon ganz oft beworben« ...

In dem Seminar wollen die Frauen für sich neue Wege erarbeiten, um den Wiedereinstieg ins Berufsleben zu schaffen. Auf dem Plan steht natürlich die ganze Bewerbungstrainingskiste: Wo finde ich freie Jobs? Worauf muss ich bei Stellenausschreibungen achten? Wie bringe ich meine Bewerbungsunterlagen auf Vordermann und wie führe ich Vorstellungsgespräche? Was eben alles so dazugehört. Auf dem Plan steht vorher aber noch etwas anderes: Wer bin ich? Was kann ich? Was will ich? Der Beantwortung dieser Fragen wird sehr viel Raum gegeben und das ist gut so, denn alle 20 Frauen, so unterschiedlich sie sein mögen, haben eines miteinander gemein: ein extrem angeknackstes Selbstwertgefühl, weil sie gegenwärtig eben »nur« Hausfrau und Mutter sind. Und wer »nur« Hausfrau und Mutter ist, der kann nichts, zählt nichts, kriegt nichts! Manche der Frauen haben den Rückzug in die innere Emigration so komplett vollzogen, dass sie als Person kaum noch wahrzunehmen sind. Selbst in dieser kleinen Gruppe werden sie anfänglich ohne Absicht ständig übersehen.

Im Verlauf des Seminars schafft es die Leiterin, selbst die verzweifeltsten Gestalten zu knacken. Wertschätzung heißt das große Stichwort. Wertschätzung wird zum Credo dieser Gruppe. Wenn ich Wertschätzung erfahre, fühle ich mich gut. Ohne Wertschätzung zerbröselt mein Ich und verschwindet im Nirwana. »Wieso reden Sie von Kinderpause? Sie machen doch das komplette Familienmanagement!« »Aha, so läuft das also!«, denken 20 Frauen, norden sich entsprechend ein und wertschätzen fortan, dass die Schwarte kracht und es von der Decke trieft. Aber es hilft! Binnen kurzem fühlen sich alle irgendwie besser und mutiger. Irgendwann fängt auch die stille Luise an, an den Gesprächen teilzunehmen und – man höre und staune – sie hat eine Menge zu sagen! Dann kommt Renate aus der Reserve und schließlich lässt sich sogar Bettina mitreißen und baut wilde Luftschlösser über das, was sie eigentlich schon immer mal gerne machen wollte und von dem sie der Ansicht ist, dass sie das echt gut könne.

Darum geht es hier nämlich: Frei von allen Zwängen wird hier gesponnen und phantasiert über die zukünftigen Berufsfelder, über den Traumjob. Die Frauen wühlen in der eigenen Vergangenheit nach dem, was ihnen schon immer Spaß machte und ebenso nach dem, was sie eigentlich schon immer total genervt hat. Also werden 20 Biografien unter die Lupe genommen: Eine erzählt, die anderen wertschätzen und ganz nebenbei wird analysiert nach arbeitsmarkttauglichen Erfahrungen und Qualifikationen. Dabei kommt Erstaunliches zu Tage: Hier gibt es keine »Nur-Hausfrauen-und-Mütter«! Hier gibt es Familienmanagerinnen, Steuerfachfrauen, Budget- und Kostenverantwortliche, Spezialistinnen für Haushaltslogistik, Facility-Managerinnen, Vorleserinnen, psychologisch versierte Erzieherinnen und Pädagoginnen mit Schwerpunkt Streitschlichtung, Kinderfest-Organisation oder Krankenpflege ... Und so ganz nebenbei bewältigen fast alle Frauen auch noch ganz »amtliche« Dinge: bilden sich aus oder weiter, haben Mini-Jobs, arbeiten ehrenamtlich oder auf Honorarbasis für dieses oder jenes. 20 Frauen bekommen nach kurzer Zeit den Eindruck, Frauen können grundsätzlich alles. Das heißt aber noch lange nicht, dass sie das auch alles wollen! Und das soll jetzt der Rest zumindest der eigenen Welt erfahren.

20 Frauen haben also eifrig an ihren Traumjobs gesponnen und dabei festgestellt, dass die meistens ziemlich realitätsnah und bodenständig sind. Hier will keine Bundeskanzlerin oder Pop-Star werden. Regine möchte zum Beispiel Altenpflegerin werden. Christine hat in den letzten Jahren ihr Herz für die Steuererklärungen entdeckt. Um das beruflich zu machen, brauchen beide Abschlüsse, können aber

nicht Vollzeit umschulen, weil sie Kinder haben. Okay, aber es gibt auch jede Menge Möglichkeiten, sich in Abendkursen weiterzubilden. Heike würde gerne was mit Kindern machen, z. B. Kinderfeste organisieren. Da hat sie immer gute Ideen und wird auch schon von allen Bekannten »gebucht«. Prima! Lass es dir zukünftig bezahlen und schreib deine Ideen doch mal auf. Vielleicht findet sich ein Verlag dafür. Dabei kann dir doch vielleicht Conny helfen, die kommt aus der Branche. Sybille ist zu alt, um in ihrem Job noch einmal Fuß zu fassen, da hat sich inzwischen einfach zu viel verändert mit Computer und so, aber sie hat schon immer gerne gemalt und ist sehr an Kunst interessiert, hat auch bereits Malkurse für ein Bastelgeschäft gegeben. Das wäre so eine Schiene, die sie echt gerne ... Na los, Sybille, mach doch mal ein Praktikum bei einer Galerie und bau die Sache mit den Malkursen aus. Sybille wird auch mit Hannah in Kontakt bleiben, denn die wiederum möchte eine Malschule aufbauen. Und das stellt sich auch als gar nicht so unmöglich heraus, wie sie immer gedacht hatte.

Am Ende des Seminars gehen 20 Frauen mit neuen Flügeln und neuen Ideen in die Welt hinaus. Nach einem Jahr haben sie sich wieder getroffen. Sybille arbeitet jetzt regelmäßig in einer kleinen Galerie. Christine hat ein Praktikum bei einem Steuerberater gemacht und Regine bildet sich in Abendkursen zur Altenpflegerin weiter. Es haben durchaus nicht alle das erreicht, was sie sich vorgenommen hatten. Vielfach haben unvorhersehbare Hindernisse die ursprüngliche Planung umgekrempelt: Mal fehlte das Geld, mal die familiäre Unterstützung. Andere sahen sich mit einem unerwarteten Wust bürokratischer Verordnungen konfrontiert oder haben sich einen zu engen Zeitrahmen gesteckt. Kein Grund zum Aufgeben: Alle haben sich neu sortiert, ein paar Mal mit den Flügeln geflattert und sich wieder auf den Weg gemacht. Wenn der eine gesperrt ist, nimmt man eben einen Umweg!

MÜTTER INS MANAGEMENT

Frauen (und natürlich auch Männer) mit Kindern haben es wohl im Arbeitsleben nicht einfach. Ich war einmal eine typische kinderlose Arbeitnehmerin. Konnte bis abends arbeiten, hatte Zeit für endlose Sitzungen, Besprechungen und Flurgespräche, konnte meine berufliche Weiterbildung örtlich und zeitlich unabhängig planen und die Erkältungswelle im Kindergarten ging unbemerkt an mir vorüber.

Als ich dann nach der Geburt meines ersten Kindes wieder zur Arbeit zurückkehrte, lernte ich die Berufswelt von einer anderen Seite kennen. Nun musste ich pünktlich meinen Arbeitsplatz verlassen, war darauf angewiesen, dass kein Spaßvogel die U-Bahn aufhielt und war meistens so knapp mit dem Abholen bei der Tagesmutter dran, dass ich versuchte, die ultimative grüne Welle bei den zu überquerenden Ampeln auszurechnen. Mit einem Mal fiel mir auf, wie viele Kollegen mit Vollzeitstelle einem endlos die Zeit mit Pläuschchen stahlen und wie wenig stringentes Zeitmanagement in meiner Bürowelt herrschte. Ich war fortan unter permanentem Zeitdruck und beseelt von der Angst, dass sich das Naseschniefen meines Kindes zu einem Krankheitsfall mit notwendiger Bettruhe entwickeln könne, wo doch morgen dieser wichtige Termin ...

Diese Unsicherheit, was so genannte Kinderfehlzeiten angeht, ist es wohl auch, die uns Müttern bei Chefs und Personalabteilungen einen schlechten Ruf eingebracht hat. Vielleicht ist es auch die dreijährige Elternzeit, die manch gut ausgebildete Frau komplett »aus dem Training« und hoffnungslos ins Hintertreffen bezüglich aktuellen Fachwissens bringt. Möglicherweise sind es auch immer mehr kinderlose Personaler oder ältere Vorgesetzte, deren Ehefrauen bereits beim ersten Kind in den siebziger Jahren ihre Lohnsteuerkarte abgegeben haben.

Dabei sind wir Mütter die schlummernden Talente schlechthin! Ich habe mich mehrere Jahre in der Personalentwicklung mit der Beurteilung und Förderung von – meist männlichem – Führungskräftenachwuchs beschäftigt. Und bin nun als zweifache Mutter zu der Erkenntnis gelangt, dass gerade wir Mütter alle Voraussetzungen für eine Top-Position im Management mitbringen.

Da wären zunächst einmal zwei zentrale Fähigkeiten für Führungskräfte: klare Anweisungen erteilen und mit Lob und Kritik als Feedback zu Leistung motivieren. Wer, wenn nicht wir Mütter, übt pausenlos und mit gnadenloser Rückmeldung durch den hoffnungsvollen Nachwuchs, klar mitzuteilen, dass Mausilein jetzt gefälligst aufhören soll, mit Essen zu schmeißen bzw. Messer und Gabel korrekt einzusetzen, pünktlich wieder daheim zu sein oder die Hausaufgaben endlich fertig zu machen? Dabei loben wir uns den Mund fusselig oder kritisieren klar und natürlich motivierend, was dabei gerade schief läuft. Erinnern wir uns an die ersten Lebensjahre unserer Kleinen – permanentes Feedback: »Ja, richtig, Leonie, prima gemacht, genau so, ja, ja, super, du bist ein tolles Kind!«, »Ich möchte nicht, dass du meinen Lippenstift zum Malen benutzt, *Schluss damit*!«, »Prima, du hast Pipi in die Toilette gemacht, nein, so was, das erzähle ich gleich der Oma (=Vorgesetzter)!«. Nun, die Inhalte sind ja wohl schnell auswechselbar.

Konsequentes Handeln ist für Chefmama kein Fremdwort, denn werden wüste Drohungen beim Nachwuchs nicht in Taten umgesetzt, landet man, wie man immer wieder bei der Super Nanny nachschauen kann, in der Erziehungsberatungsstelle oder noch schlimmer im Fernsehen.

Auch beim präzisen Zeitmanagement sind Mütter nicht zu schlagen: Abgabefristen für Mahlzeiten, neue Windeln oder Ins-Bett-Bringen erlauben bei Kindern nun mal keine Verzögerungen. Da muss, geraten Zeitpläne einmal durcheinander, improvisiert werden, dass es nur so kracht, denn die Folgen von Hunger, Müdigkeit oder sonstigen Frustrationserlebnissen sind fürchterlich. Nicht zu vergleichen mit Konventionalstrafen.

Und dann erst das Organisationstalent und Multi-Tasking: Die Route, um das Kind abzuholen, wird genau berechnet und nach den Notwendigkeiten geplant, dort noch etwas hinzubringen oder hier noch etwas abzuholen. Während ich mit meinem Kind rede und es anziehe, lausche ich gleichzeitig konzentriert der Erzieherin, die mir

Wichtiges mitzuteilen hat. Beim Zubereiten einer warmen Mahlzeit werden zur selben Zeit sowohl die Hausaufgaben des Schulkindes beaufsichtigt als auch das Baby beschäftigt. Gleichzeitig noch ein bis zwei Telefonate? Kein Problem!

Selbst organisierte Kindergeburtstage ganz ohne Event-Manager, Einladungen hierzu auf selbst gebrannter DVD, Outdoor-Training ohne fachpsychologische Anleitung und natürlich auch das Coaching zur Teambildung in Kita und Schulklasse: erledigt Mama mit links.

Das alles beweist doch wohl ausreichend, dass Belastbarkeit und Stressresistenz bei der mütterlichen Führungskraft vorausgesetzt werden können. Schlafmangel, lange Arbeitstage, ständige Unterbrechungen bei jeder Tätigkeit bringen eine Mama nicht aus dem Konzept, nein, sie kann sich das Leben schon gar nicht mehr ohne vorstellen! Pausen? Völlig unnötig, da ungewohnt.

Nicht zuletzt haben wir Mütter durch jahrelange Erfahrung ein feines psychologisches Gespür für die Sorgen und Nöte unserer kleinen Mitarbeiter entwickelt – das schafft ein friedliches Arbeits-, äh, Familienklima und eine glückliche Belegschaft.

Angeblich sollen ja in Amerika mittlerweile Führungskräfte mit Kindern bevorzugt werden. Nach dieser Darlegung kann das wohl nur noch logisch erscheinen, oder?

In vielen Coaching-Gesprächen haben mir Führungskräfte oft gesagt: »Das ist doch wie im Kindergarten mit meinen Mitarbeitern!« In der Tat, Mitarbeiter brauchen viel Zuwendung, klare Regeln und konsequentes Handeln. Na, da sind wir ja bestens gerüstet.

ENGAGIERTE VÄTER: WOLLEN WOLLEN SIE SCHON ...

Es gibt sie heutzutage immer noch, die »abwesenden Väter«, wie mein Bruder sie in einer Familiendiskussion über Eltern bezeichnete. Ich nenne sie die »50er-Jahre-Väter« – die Männer, die von morgens bis abends bei der Arbeit und damit in der Regel außer Hause sind. Ihre Erziehungsanteile bestehen unter der Woche aus einem Gutenachtkuss, im besten Fall am Wochenende aus Spaziergängen und Ausflügen oder im ungünstigsten Fall (Wochenend-Vater überfordert) im Zeitungslesen.

Zum Glück aber gibt es seit etwa zehn, fünfzehn Jahren mehr und mehr Väter anderer Art. Schon meine Mutter, die seit Mitte der Achtziger als Hebamme Mütter nach der Geburt zu Hause betreute, bemerkte froh, dass sich da etwas an deutschen Wiegen ändere. Allmählich gab es mehr und mehr Väter, die auch wickelten, fütterten und sich ebenso verantwortlich für das Baby fühlten wie ihre Frau. Dabei hatte sie selbst noch einen Mann geheiratet, der sein fünftes Kind (das war ich!) erst Tage nach der Geburt im Krankenhaus anguckte. Zu seiner Ehrenrettung muss ich sagen, dass er mich nicht weniger geliebt hat, nein, er musste viel arbeiten und Babys waren damals einfach keine Männersache.

Die neuen Väter aber wollen teilhaben am Leben ihrer Kinder und das bereits in den ersten Wochen und Monaten, auch wenn dies viel Arbeit, stinkige Windeln, Geschrei und Trotzkämpfe bedeutet.

Aber lässt man sie auch?

Als seine Tochter zwei Jahre alt war, bat Fabian, Fachreferent in der Pharmaindustrie, seinen Arbeitgeber, weniger Stunden arbeiten zu dürfen. Der Jurist des Unternehmens schrieb ihm kühl zurück: »Wenn Sie mehr Zeit für Ihre Familie erübrigen möchten, steht es Ihnen frei, unser Unternehmen zu verlassen.« Weniger zu arbeiten könne sich die Firma gerade in diesen Zeiten nicht leisten.

Klar, dass Rolf, der für eine Unternehmensberatung arbeitet, schon nach zwei Monaten Elternzeit dringend zurückerwartet wurde – er war eh in diesem Genre bereits ein Exot, weil er so lange zu Hause geblieben war und überhaupt Elternzeit genommen hatte.

Und auch die akademische Welt ist nicht immer tolerant und unterstützend, was die neuen Väter angeht: Marius bewarb sich als Physiker bei einem Projekt, das von zwei kooperierenden Universitäten ausgeschrieben wurde. Der Leiter des einen Projektes, Professor X, erklärte ihm beim Vorstellungsgespräch, dass er 150 Prozent Engagement erwarte, d.h. klaglos mehr als die vertraglich geschuldeten Stunden zu arbeiten, spätabends, am Wochenende, usw. Marius merkte vorsichtig an, dass er ein kleines Kind habe und sich doch weiterhin gerne mit darum kümmern wolle. Seine Frau habe eh schon in ihrer Arbeit zurückgesteckt, als er noch seine Doktorarbeit schrieb. Die Projektleiterin an der anderen Uni erzählte ihm fairerweise sofort, dass Professor X bereits bei ihr angerufen habe und sich über die sinkende Arbeitsmoral heutiger Jungakademiker beschwert habe, insbesondere des aktuellen Bewerbers.

Ich vermute, dass Professor X zu der Generation Männer gehört, die davon überzeugt sind, dass es zentrale Aufgabe der Gattin sei, sich zwanzig Jahre lang nur um die Kinder zu kümmern. Wenn sich die Einstellung dieser älteren Herren nicht ändert, die ja leider oft in Führungspositionen über Einstellung, Aufstiegsmöglichkeiten und flexiblen Einsatz der neuen Väter entscheiden, dann werden wir es schwer haben. Dann werden wieder mal die Frauen lang und länger zu Hause bleiben, die oft die schlechter bezahlten Ausbildungsberufe wählen, die auf gleichen Stellen immer noch weniger bezahlt werden und die zu häufig leichteren Herzens bzw. aus finanzieller Logik ihre Jobs aufgeben.

Neue Väter hat das Land – aber lassen muss man sie auch!

Leider ist keine der oben erwähnten Geschichten erfunden.

Bei Marius gab es schließlich ein Happy End: Die Forschungsgruppenleiterin aus dem zweiten Interview hat ihn »trotz« seines Engagements für sein Kind eingestellt. Sie meint, dass man gerade aus seinem Privatleben Kraft und Kreativität für die Arbeit schöpft und dass Extra-Einsätze sich in Grenzen halten sollten. Das ist übrigens Allgemeinwissen aus der Management-Literatur, das leider nur allzu selten angewandt wird. Sie selbst hat keine Kinder, falls Sie das gedacht haben.

Fabian hat gekündigt und wird sich selbstständig machen.

Rolf hat sich seine Nischen abends und am Wochenende gesucht, wo er sich dann sehr viel mit seiner Tochter beschäftigt.

Alle drei bemühen sich, ihren Frauen den Rücken frei zu halten, damit die ihren bisherigen beruflichen Plänen und Karrieren weiter nachgehen können.

Und eines Tages werden diese Jungs hoffentlich alle Chefs von weiteren neuen Vätern!

»ACH, DU BIST ZU HAUSE? DANN HAST DU JA ZEIT!«

Kennen Sie eine Mutter, die ihren Beruf in den eigenen vier Wänden ausübt? Ihre Schneiderin vielleicht oder Ihre Krankengymnastin? Oder die Frau des Bauern, bei dem Sie immer Eier und Kartoffeln kaufen? Oder vielleicht die Grafikerin, die Ihre Geschäftsunterlagen gebastelt hat? Immer mehr Mütter entscheiden sich, von zu Hause aus zu arbeiten. Und das sind nicht mehr nur die klassischen Pastoren-, Arzt- und Landwirtsfrauen oder Klavierlehrerinnen, sondern Software-Entwicklerinnen, Redakteurinnen, Designerinnen, Therapeutinnen ..., vielfach selbstständig, zunehmend aber auch im home office.

Grundsätzlich ist das eine gute Variante, um Beruf, Familie und Haushalt unter einen Hut zu bringen. Wer zu Hause arbeitet, spart sich die lästigen Fahrten vom und zum Arbeitsplatz, kann seine Zeit frei einteilen, steht nicht ständig unter der Beobachtung von Kollegen oder Vorgesetzten, kann zwischendurch, wenn's gerade nicht flutscht, mal schnell die Spülmaschine ausräumen. Die Variante hat aber auch entscheidende Nachteile: Zum einen werden Mütter, die von zu Hause aus arbeiten, von ihrer Umwelt nicht so ganz für voll genommen und sind prinzipiell für alles und jeden verfügbar. Zum anderen müssen sie sich ständig selbst disziplinieren und abgrenzen, was auch nicht immer leicht ist.

Von zu Hause aus zu arbeiten riecht irgendwie nach Hobby oder Selbstverwirklichung, wird vielfach gar nicht erst wahrgenommen: »Ach, du bist zu Hause, dann hast du ja Zeit zum Telefonieren!« oder »Morgen kommt der Klempner, du bist ja zu Hause, oder?« oder »Ich dachte, ich komme mal spontan vorbei, weil du doch eh zu Hause bist!« Solche und ähnliche Sätze hören Mütter, die ihren Arbeitsplatz daheim haben, zuhauf!

»Was machst du eigentlich die ganze Zeit, wenn deine Tochter im Kindergarten ist?«, wurde ich noch im dritten Jahr meiner Selbstständigkeit gefragt. »Na, ich arbeite!«, »Wie, du arbeitest? Wo denn?« Es kamen auch so freundliche Bemerkungen wie: »Die muss sich doch mal wieder eine Arbeit suchen, kein Mann kann heute seine Familie noch alleine ernähren!« Tat er zu diesem Zeitpunkt schon lange nicht mehr, dachte ich und sah ein, dass ich mein Selbst-Marketing deutlich offensiver gestalten musste.

Es ist wahrhaft erstaunlich, in welche Bilder man rutscht, wenn man nicht jeden Morgen das Haus verlässt, um zu einem Arbeitsplatz zu fahren. Eins-zwei-fix sind Väter dann arbeitslos und Mütter liegen auf der faulen Haut.

Und wenn Sie dann darauf verweisen, dass Sie arbeiten, wird es auch nicht unbedingt besser, denn Arbeit von zu Hause aus scheint irgendwie keine richtige Arbeit zu sein:

»Du, tut mir Leid, aber ich muss arbeiten!«, »Och, kannst du das nicht morgen machen?«

Kein Mensch würde auf diese Idee kommen, wenn Sie ihren Arbeitsplatz extern hätten.

Es kann dauern, bis sich im eigenen Umfeld die Erkenntnis durchgesetzt hat, dass Sie sich nicht den lieben langen Tag die Zehennägel streifig oder kariert lackieren, sondern ihre Arbeitszeit höchst effizient nutzen müssen.

Und schon sind wir beim zweiten Nachteil, der nicht zu unterschätzen ist: Wenn Ihr Umfeld Ihre Arbeit als absolut ernsthaft akzeptieren soll, müssen Sie damit natürlich auch selber im Reinen sein. Insgeheim kämpfen Sie aber vielleicht selber noch mit den Bildern im Kopf, dass Kinder in den ersten drei Lebensjahren ausschließlich bei Mama sein sollten und ihrem Göttergatten nicht zumutbar ist, einen Teil der Hausarbeit zu übernehmen? Es bedarf eiserner Selbstdisziplin, um dagegen anzugehen, vor allem, wenn Sie mal ein Motivationstief haben. Arbeiten Sie außerhalb, gibt es meistens Kollegen oder Vorgesetzte, die die soziale Kontrolle übernehmen und Sie wieder an die Arbeit treiben. Daheim müssen Sie diese Kämpfe mit dem eigenen Schweinehund selber austragen. Da heißt es Regeln aufstellen und mit Konsequenz einhalten. Klar, man hat auch mal Leerlaufzeiten, in denen man prima die Wäsche bügeln kann. Oder vielleicht geht es Ihnen wie meiner Freundin, der die besten Ideen immer beim Fensterputzen kommen. Aber das sollte nicht zur regelmäßigen Flucht vor der Arbeit werden. Wer beispielsweise im Einzelhandel arbeitet, kann seinem Kunden auch nicht sagen: »Sorry, hab gerade keine Lust und weiß auch nicht, was ich Ihnen zeigen soll«, um dann den Putzeimer unter der Theke hervorzukramen und die Ablagen zu polieren.

Eine der Regeln sollte lauten: Arbeitskleidung anziehen. Egal, ob Sie einem Handwerk nachgehen oder am Schreibtisch sitzen – es wird sie selber disziplinieren und man hört es bekanntlich auch durchs Telefon, ob Sie schon Ihre Arbeitsmontur tragen oder noch im Bademantel sind.

Eine weitere wichtige Regel: Bestimmen Sie feste Arbeitszeiten, in denen Sie sich ausschließlich um Ihren Job kümmern und alles andere links liegen lassen, auch die Betten, den unabgeräumten Frühstückstisch oder die schmutzige Wäsche. Hier geht nichts über ein gepflegtes Maß an Ignoranz!

Dritte wichtige Regel: Sie und Ihre Arbeit brauchen einen Raum – und sei es nur eine ausziehbare Platte im Kleiderschrank. Wenn Sie den Küchentisch als Arbeitsplatz mitbenutzen, werden Sie es sich fünf Mal überlegen, ob sich das Anfangen lohnt, bevor der Tisch wieder für familiäre Zwecke gebraucht wird und Sie erneut alles wegräumen müssen, weil der Kinderbrei nicht in den Präsentationsunterlagen landen soll.

Das Ziel ist, eine größtmögliche Trennung zwischen Ihrem Beruf einerseits und Haushalt und Familie andererseits zu erreichen. Ganz werden Sie eine Vermischung sowieso nicht verhindern können: Ich habe mich inzwischen daran gewöhnt, dass ich in meiner Arbeitstasche regelmäßig auch Puppenwindeln und Bauklötze finde.

DER NOTFALLPLAN ODER DIE KUNST DES NETZWERKENS

Es kann jederzeit passieren: Der eigene Urlaub ist nicht deckungsgleich mit der Kitaschließzeit, im öffentlichen Dienst wird gestreikt, die Erzieherinnen erkranken massenhaft, die Kita brennt ab oder wird von Termiten befallen. Irgendwann werden Sie improvisieren müssen, weil die Kita ein paar Tage, eine Woche oder gar zwei geschlossen ist. Weder Sie noch Ihr Mann sind auf der Arbeit abkömmlich, die Großeltern können nicht einspringen, weil sie selber arbeiten oder in der Weltgeschichte herumdüsen, bezahlte Babysitter sind manchmal einfach nicht drin oder man hat gerade keinen an der Hand. Große Katastrophe, was tun?

Irgendwas geht immer, wie ich aus eigener Erfahrung weiß. Es bedarf nur vielfältiger Kontakte. Stellen wir uns einfach mal vor: Der Notfall tritt ein, am schwarzen Brett hängt ein Zettel: Nächste Woche ist die Kita dicht. Frei nehmen nicht möglich, aber immerhin habe ich ein paar Tage Vorlauf. Zum Glück kennt man ja Leute mit Tagesfreizeit. Sollte ich Marion fragen? Eine der wenigen Hausfrauen in meinem Bekanntenkreis. Dann höre ich aber mit, wie sich Marion und Nicole darüber ereifern, dass anscheinend alle berufstätigen Frauen denken, sie würden jetzt noch gerne ein, zwei fremde Kinder aufs Auge gedrückt kriegen, wenn sie ohnehin mit den eigenen zu Hause sitzen und »nur« den Haushalt zu schmeißen haben. Also verzichte ich lieber auf die Anfrage und überlege, wer noch in Frage kommt. Kenntnisse der jeweiligen Dienstpläne und Beschäftigungsverhältnisse sind dabei sehr von Vorteil. Die Eltern von Kumpel Tom sind beide freischaffende Künstler, haben daher leider beschlossen, die Zeit für einen Kurztrip nach Dänemark zu nutzen. Schade. Da macht Juliane einen Vorschlag: Sie könne am nächsten Freitag beide Kinder nehmen, allerdings nur bis 13 Uhr, danach muss sie zu einer Tagung. Da ich aber Freitag nur bis 12.30 Uhr arbeite, könnte ich dann doch den Nachmittag abdecken. Ich sehe, auch Juliane hat die Arbeitszeiten ihrer Miteltern gründlich studiert. Wegen meiner langen Anfahrtszeit kann ich aber vor 13.30 Uhr die Kinder nicht übernehmen. Juliane will ihren Bruder fragen, ob er die halbe Stunde abdeckt und gibt mir heute Abend Bescheid. Schon mal ein guter Auftakt.

Zu Hause hänge ich mich ans Telefon: Carola fragen, bewährte Ansprechpartnerin in Sachen Babysitting. Wir hatten gerade ihre Tochter für ein verlängertes Wochenende, während sie und ihr Freund zu »Rock am Ring« gepilgert sind. Wenn ich richtig auf dem Laufenden bin, ist ihr Arbeitsvertrag gerade ausgelaufen und sie hat noch nichts Neues. Ich habe Glück und Carola sagt nicht nein. Dann bietet sie mir gleich Mittwoch und Donnerstag an, sie wollte ihrer Tochter ohnehin ein paar Tage zu Hause gönnen, da die in letzter Zeit eine Kindergartenkrise hat. Nun sind noch zwei Tage übrig. Wer nimmt Montag und wer Dienstag? Da könnte ich Juniors Tantchen fragen, deren Einsätze für eine Event-Agentur meistens am Nachmittag oder am Abend liegen. Leider sind die nicht so recht planbar. »Nächsten Montag? Geht auf gar keinen Fall, da habe ich ab 14 Uhr einen Job. Dienstag eventuell, aber da könnte ich noch was hereinkriegen. Das weiß ich erst im Laufe des Wochenendes.« Hm, das ist ja unsicher. Ach, bei Nele könnte ich es probieren. Aber die teilt mir mit, dass sie neuerdings einen Ein-Euro-Job hat, Fehlanzeige. Andrea? Meldet sich nicht. Dafür meldet sich Juliane mit der Nachricht, dass ihr Bruder am Freitag einspringt, aber ich müsste dann wirklich pünktlich um 13.30 Uhr die Kinder abholen, weil er Spätschicht hat. Das dürfte kein Problem sein. Drei von fünf Tagen sind schon verplant, es bleiben Montag und Dienstag. Morgen sehe ich weiter.

Während ich am nächsten Nachmittag im Kindergarten stehe und mit mir ringe, ob ich Marion doch fragen sollte, kommt Birte mit betont verständnisvoller Miene herangeschlichen: »Na, weißt du schon wohin mit deinem Sohn? Oder kriegst du frei?« Als ich verneine, bietet sie an: »Ich konnte ihn doch mal nehmen, Montag oder Dienstag.« Huch, wie komme ich zu der Ehre? Andererseits: Birte betreut gerne fremde Kinder, um an denen ihre Super-Mami-Fähigkeiten zu demonstrieren. Also sage ich überrascht und erfreut für Montag zu.

Meine Schwester meldet sich am Wochenende nicht. Aber meine Nachbarin ist gerade krankgeschrieben und im äußersten Notfall würde sie Junior nehmen. Zunächst verbringt er aber einen Tag bei Birte und Leonie. Auf dem Rückweg von der Arbeit besorge ich noch einen Blumenstrauß für Birte, dann trinke ich mit ihr eine Stunde lang Tee und lasse mir von Juniors kreativen Defiziten und Birtes Ideen, diesen beizukommen, haarklein berichten. Noch mal herzliche Dankesworte geäußert und dann mache ich mich auf. Beim Verabschieden guckt Birte betrübt, druckst herum und meint schließlich, dass sie am Sonnabend das Wohnzimmer streichen wollen, ob ich da Leonie nicht nehmen könnte? Ach, daher wehte also der Wind! Warum sagt sie das nicht gleich? Klar, kann ich. Zu Hause erreiche ich endlich Schwesterchen, die zum Glück einen Tag ihren Neffen pflegen kann. Allerdings ist sie über dessen Zeiten nicht sehr erbaut: »Was, du bringst ihn schon um acht? Da bin ich noch gar nicht richtig wach. Außerdem habe ich momentan nur Knäckebrot im Haus und komme bestimmt nicht mehr zum Einkaufen.« Am nächsten Morgen eiere ich also mit Brötchen, Käse, Joghurt, etwas Obst und einem Liter tief gefrorener Hühnersuppe zur Tante, die im Morgenmantel empfängt, sie hatte gestern bis gegen Mitternacht zu tun. Na, dann viel Spaß, ich muss jetzt dringend los. Beim Abholen sind beide guter Dinge: Neffe im Cola-Rausch, Tante froh, dass alles vorbei ist.

Mit Carola klappt alles wunderbar. Kein Wunder, wir pflegen seit Ewigkeiten regen Kindertausch. Wenn bloß ihre Wohnung nicht so blöde mit den Öffentlichen zu erreichen wäre. Egal wie man fährt, man geht immer 15 Minuten zu Fuß. Jeden Abend zu überlegen, was am nächsten Morgen für Wege zu machen sind und wann man aufstehen muss, nervt ohnehin. Aber schon naht der Freitag. Bringen zu Juliane, abholen von ihrem Bruder, da muss ich noch gucken, wie man da hinkommt. Hoffentlich kann ich mich pünktlich von der Arbeit loseisen. Hoffentlich verspätet sich der Bus nicht. Hoffentlich jagt die Polizei in der U-Bahn keine flüchtigen Verbrecher (alles schon erlebt, die Tagesmutter war vielleicht sauer). Zum Glück trifft nichts von diesen Dingen ein, ich hole die Kinder pünktlich ab. Langsam schleicht sich die Erleichterung ein, dass die Woche vorbei ist. Aber irgendwie plagt mich noch die milde Paranoia, dass der Kindergarten jetzt noch anruft und durchsagt, dass aus irgendwelchen düsteren Gründen leider noch eine Woche geschlossen ist. Bitte, bitte nicht!

VON GEORGE CLOONEY UND MÜTTER-HOTLINES

Es gibt tausend Dinge, die den Alltag nicht nur berufstätiger Mütter erleichtern und verschönern können. Vieles ist eine Frage der Organisation. Aber bei weitem nicht alles.

Letztens gab mir eine Freundin den ultimativen Tipp, mit dem frau sich den Einkauf erleichtern kann: Sie hat Listen im PC angelegt, in denen alle Dinge, die regelmäßig gekauft werden müssen, verzeichnet sind. Eine Sparte für das Tägliche, also Milch, Butter, Brot, Saft etc. Eine Sparte für die Vorratshaltung, also Glühbirnen, Klopapier, Kartoffeln etc., eine Sparte für die frischen Dinge wie Äpfel ... Für die eigene Kalkulation könne man die Listen auch noch um die etwaigen Preise ergänzen. Wirklich sehr einleuchtend. Mann und Frau müssen nur noch ausdrucken und ankreuzen, was fehlt. Werde ich sofort übernehmen – wenn ich mal die Zeit dazu finde, das alles in den Rechner zu tippen.

Oder Bestell- und Lieferdienste: Inzwischen kann man fast alles per Internet oder Telefon ordern. Auch wirklich praktisch und zeitsparend. Wozu in die Drogerie, wenn ich per Internet bestellen kann. Getränke schleppen? Niemals! Gegen ein paar Euro Mehrkosten lasse ich mir diese Arbeit gerne abnehmen. Auch bei vielen Supermärkten kann man sich die Sachen inzwischen nach Hause bringen lassen – ab einer gewissen Summe sogar gratis. Und eine Verkäuferin erzählte mir vor Weihnachten, dass sie selber in diesem Jahr alle Geschenke per Internet bestellt habe. Sie komme sowieso nie zum Shoppen. Wenn, dann nur mal sonnabends, wo es so voll ist, dass es überhaupt keinen Spaß mache. Stimmt, kann ich nachvollziehen.

Eine sehr gute Einrichtung sind meines Erachtens auch die Leute, die man sich ins Haus holen kann, um den Schreibtisch aufzuräumen und die eigene Ablage zu organisieren. Gegen Ende des Jahres würde ich persönlich als Zusatzleistung gerne noch den »Ich übertrage Ihre Adressen und wichtigen Daten in den neuen Kalender-Dienst« in Anspruch nehmen. Das Gleiche gilt für unsortierte Fotos, Kleiderschränke, Küchenschränke und Kellerräume. Hätte ich Geld im Überfluss, würde ich mir täglich jemanden bestellen, der in diese meine schwarzen Löcher dauerhaft Licht und Ordnung bringt. Dann hätte ich übrigens auch längst eine dieser Kaffeemaschinen und Herde mit Zeitzünder. Kaffee und Brötchen wären dann direkt nach dem Aufstehen um 6 Uhr fertig. Ganz große Klasse! Fehlt nur noch jemand, der mir beides ans Bett bringt ... Ja, und dann natürlich noch die Klassiker, die – warum auch immer – nur von Vertretern der Generation 66 aufwärts gebucht werden, also Friseure, Fußpflegerin und Schneiderin. Aus mir nicht erkenntlichen Gründen haben es mobile Masseurinnen sehr schwer. Wäre doch wunderbar, wenn ich mir die Nacken- und Rückenmassage daheim auf meinem kuscheligen Bett angedeihen lassen könnte.

Aber es gibt ja noch einen Haufen andere Sachen, die unbedingt wünschenswert wären. Eine Freundin träumt beispielsweise von einem TV-Erinnerungsdienst, der sie per SMS benachrichtigt, wenn im Fernsehen ein George-Clooney-Film läuft. Dem würde ich mich sofort anschließen und noch um Bruce Willis ergänzen. Oder ein Kuchenback- und Frikadellenbratdienst, der ein gewisses Maß an künstlerischer Freiheit in seine Arbeit einfließen lässt, das nötige Quäntchen Asymmetrie. Damit wäre ich infolge Zeitmangels bei Kindergeburtstagen oder Kita-Festen nicht mehr auf gekaufte Sachen angewiesen, sondern könnte mit selbst gemacht Aussehendem brillieren. Und bei Kita fällt mir natürlich noch ein, dass es echt klasse wäre, wenn die Betreuung auch das Hinfahren und Abholen umfassen würde. Die Zankerei beim Anziehen würde sich dann erübrigen, denn das machen Kids ja nur mit den eigenen Eltern.

Unerlässlich wäre natürlich auch eine 24-Stunden-Mütterberatungs-und-beruhigungs-Hotline, an die ich mich mit jedweder Frage wenden könnte und die mir auch bei absurden nächtlichen Panikattacken einfühlsam zur Seite steht. Etwa so: »Nein, machen Sie sich keine Sorgen. Die Wutausbrüche ihrer Tochter liegen sicher nicht daran, dass sie drei Mal pro Woche Fertigpizza zu essen bekommt. Sicher nicht! Bei vier Mal pro Woche vielleicht, aber nicht bei drei Mal!« Oder »Ihre Kinder werden Sie nicht hassen, weil Sie arbeiten. Garantiert nicht. Eine aktuelle Studie aus Kanada hat das gerade erst belegt!« oder »Nein, Sie schädigen Ihr Kind nicht nachhaltig, wenn Sie von ihm verlangen, sich die Zähne gründlich zu putzen und ihm im Winter das Sommerröckchen verbieten!« oder »Sie sind sicher nicht asozial, weil Sie es nicht schaffen, täglich zu duschen. Und Sie werden bestimmt trotzdem noch einmal einen Mann kennen lernen, der Sie und Ihre Kinder aufrichtig liebt!« Und wenn wir schon dabei sind: Wo ist der Engel, der mich täglich über die für mich als berufstätige Mutter und Ehefrau wichtigen News informiert? Zum Beispiel, wo es gerade Kinderschuhe im Sonderangebot gibt, welche aktuellen Steuerveränderungen wirksam geworden sind, was unsere Familienpolitiker wieder ausbrüten, mich über neueste Untersuchungen zur Kindesentwicklung informiert und darüber, was gerade an den europäischen Königshäusern los ist.

Wenn man es richtig macht, müsste man die Wohnung vermutlich gar nicht mehr verlassen. Ich gebe aber zu bedenken, dass der Mensch für ein Leben in Isolation nicht geschaffen ist. Man wird dann sonderbar!

REINE FRAUENSACHE

Ich hörte neulich im Radio einen Beitrag über einen Supermanager, der gerade einen neuen, hoch dotierten Posten antrat. Nachdem seine Meriten ausgiebig gewürdigt worden waren, fiel zum Schluss des Porträts folgender Satz: »In seiner Freizeit ist er Vater zweier Kinder!« Ich grübelte darüber nach, was der Supermann für eine Frau hat und was die wohl so macht. Ist sie eine Koryphäe der Nano-Forschung und auch nur in ihrer Freizeit Mutter zweier Kinder? Wahrscheinlich nicht. Wahrscheinlich sorgt sie vielmehr dafür, dass Mr. Business nicht die Übernahmegespräche mit der Allfinanz & Co. KG abbrechen muss, weil seine Tochter in der Kita darauf wartet, abgeholt zu werden. Als der Supermanager für einen Posten an der Tokioter Börse gehandelt wurde, hat ihn vermutlich auch keiner gefragt, wer sich denn um seine zwei kleinen Kinder kümmert, während er arbeitet. Ich nehme an, es hat auch niemanden interessiert, was passiert, wenn die Kinder krank werden. Keiner hat unterstellt, dass Überstunden und Dienstreisen wegen seiner Vaterpflichten ein Problem darstellen könnten. Supermanager ist ein prima Vater. In einem kürzlich erschienenen Zeitungsartikel über ihn wurde lobend erwähnt, dass er während des Aktenstudiums am Wochenende die Tür zu seinem Arbeitszimmer offen lässt, so dass seine Kinder ihn jederzeit sehen können.

Dieses Beispiel beweist mal wieder: Kind und Karriere zu vereinbaren ist und bleibt reine Frauensache. Die meisten Mütter denken nun gar nicht groß an Karriere. Sie wollen einfach zurück an ihre Arbeitsstelle. Oder sie wollen einfach mal ein Bewerbungsgespräch vorsichtig optimistisch verlassen und nicht mit dem schalen Gefühl, als Bewerberin mit Kind nur dritte Wahl zu sein.

Kitschromane und Klatschblätter verbreiten seit Urzeiten den Plot: Verheiratete, beruflich erfolgreiche Frau will kein Kind, obwohl ihr Mann sich doch so sehr eins wünscht. Natürlich wird sie schwanger, nach vielerlei Gehader kriegt sie das Kind, stellt fest, dass Muttersein die schönste Aufgabe von allen ist, entsagt der Welt der bezahlten Arbeit und erwartet binnen Jahresfrist weiteren Nachwuchs. Diese Geschichten spuken in vielen, vor allem männlichen Gehirnen. Die Schwangere, die sich in den Mutterschutz verabschiedet und verkündet, nach einem Jahr Elternzeit wieder antreten zu wollen, kriegt zu hören: »Na, warten Sie ab, wenn das Kind erst mal da ist, wollen Sie es gar nicht mehr hergeben! So schnell sehen wir Sie bestimmt nicht wieder.« Es gibt nun in der Tat Frauen, die sich nicht an ihren Arbeitsplatz zurücksehnen. Das liegt mitunter aber eher am Arbeitsplatz als am allumfassenden Mutterglück, das man für ein paar Stunden täglich gerne gegen andere Aufgaben eintauschen würde. Vielleicht ist die Arbeit einfach öde. Oder der Mutter fällt auf einmal unangenehm auf, wie sehr das bürointerne Kompetenzgerangel im Grunde den ewigen Kleinkindstreitereien ähnelt, die sie zu Hause hat und die sie nicht auch noch bei der Arbeit braucht. Die ständig wechselnden Vorgaben der Verwaltung fressen Zeit und verhindern effektives Arbeiten. Als Mutter von zwei Kindern unter drei weiß sie, wie sie ihre Arbeitskraft sinnvoll einsetzt. Die ermüdende Routine von endlosen Besprechungen, Protokollen, Mails und Memos ist kontraproduktiv, warum gibt es keine klaren Ansagen? Im Umgang mit kleinen Trotzköpfen hat sie gelernt, wie wichtig klare Ansagen sind und selbstverständlich auch, wie man sie macht. Kehrt sie trotz allem zurück, steht sie außerdem unter verschärfter Beobachtung: Gibt es gleich einen tränengeschwängerten Aufbruch, weil die Tagesmutter anruft und mitteilt, der kleine Sohn hätte Schluckauf? Nervt sie alle mit endlosen Kindergeschichten? Natürlich schafft sie auch nichts, denn sie arbeitet ja nur noch halbtags. Nächste Woche steht der Quartalsabschluss an, dann geht es wieder richtig rund und alles bleibt an den Kollegen hängen, während Madame Feierabend macht.

Überhaupt Teilzeitarbeit: Zwar besteht der Anspruch, aber wie der in die Praxis umgesetzt wird, steht auf einem anderen Blatt: Nur noch 24 Stunden die Woche? Kein Problem, aber bitte als Springerin. Was bedeuten kann, drei Mal die Woche acht Stunden oder sechs Mal die Woche vier Stunden bei wechselnden Einsatzorten. Oder es gibt tatsächlich eine passende Stelle, aber in einer anderen Filiale, Anfahrts- und Arbeitszeit zusammen sprengen dann leider die vereinbarten Betreuungszeiten. Und selbst wenn die Halbtagsstelle kein Problem darstellt: Bei der verbreiteten Verteilung Vollzeitverdiener Steuerklasse III, Teilzeitverdienerin Steuerklasse V kriegen viele Frauen einen Schock, wenn sie die erste Lohnabrechnung in den Händen halten. Es bleibt erschreckend wenig übrig. Was viele zu der traurigen Feststellung gelangen lässt: »Mein Lohn geht komplett für Kinderbetreuung und Fahrtkosten drauf.« Das stimmt so natürlich nicht. Zu den Kinderbetreuungskosten sollte ruhig der Vater der Kinder seinen Teil beitragen. Und zwar gemäß seines Anteils am Familieneinkommen! Aber es fällt doch schwer, für das kleine Geld drei Mal die Woche um halb sechs Uhr morgens aufzustehen.

Es ist kein Wunder, dass Kurse zur beruflichen Neuorientierung voller Frauen sind, die nach der Elternzeit umsatteln möchten. Viele machen aus ihrer neuen Berufung einen Beruf: sie werden Tagesmutter, sie übernehmen Holzspielzeugläden, gründen Firmen, die sich auf Dessous für Schwangere spezialisieren oder schulen auf Hebamme um. Andere suchen sich eine neue Herausforderung. Mit nachdrücklicher Gelassenheit begegnen sie bei Bewerbungsgesprächen blasierten Chefs: »Überstunden? Kein Problem. Die Kita hat bis 18 Uhr auf und außerdem habe ich ein gutes Netzwerk. Selbstverständlich werden Kinder ab und an mal krank. Gegen Mumps, Masern, Röteln und Windpocken sind sie jedoch geimpft. Meine Mutter wohnt außerdem vor Ort, die könnte jederzeit einspringen. Nein, ich finde, drei Kinder sind definitiv genug, ich plane keine weiteren.« Sollte es tatsächlich mit der Stelle klappen, bleibt nur noch zu hoffen, dass während der Probezeit keine Scharlachepidemie in der Kita ausbricht, während die Großmutter die zweiten Flitterwochen in der Dominikanischen Republik verbringt, die bewährte Babysitterin mit doppeltem Schienbeinbruch im Krankenhaus liegt und der Vater der Kinder auf Dienstreise nach Rumänien muss.

Männer haben es da viel besser, denn sie kennen diese Probleme nicht. Könnten sie uns nicht ein bisschen unterstützen? Was wäre, wenn alle Supermanager dieser Welt in ihren Vorstandsetagen erklären würden: »Ich mache freitags um 14 Uhr Schluss. Ich will entspannt ins Wochenende gehen. Dienstags und donnerstags muss ich Punkt 17 Uhr weg, da bin ich dran mit Kinder abholen. Außerdem ist es schlicht lächerlich, dass hier Wochenarbeitszeiten von 60 Stunden vorausgesetzt werden. Da kommt die Familie doch völlig zu kurz. Die Arbeit muss einfach besser organisiert werden!«

Könnte das nicht was verändern? Ich träume jetzt noch ein wenig weiter. Bitte nicht wecken!

WAS MACHEN MEINE ELTERN EIGENTLICH DEN GANZEN TAG?

Hurra! Sie haben es geschafft, Kind und zwei Berufe unter einen Hut zu bringen. Das Kind weiß, dass die Eltern arbeiten, um Geld zu verdienen. Davon kaufen sie Spielzeug, Süßigkeiten und bezahlen die Raten fürs Haus. Deshalb können sie auch nicht mit dem Kind zu Hause bleiben und Duplo-Autos bauen, wenn es mal keine Lust auf Kindergarten hat. Aber womit verdienen Mama und Papa eigentlich ihr Geld?

Die Berufsfelder in den Kinderbüchern sind überschaubar. Der Gesundheitsbereich ist stark vertreten. Wenn es sich um moderne Bücher handelt, könnten sogar Ärztinnen und Krankenpfleger auftauchen, statt immer nur Ärzte und Krankenschwestern. Die Arbeit von Polizei, Feuerwehr, Müllabfuhr, von Baggerfahrern und Bauern wird ausführlich gewürdigt; selbstverständlich kennen die Kinder auch Verkaufspersonal, Erzieherinnen, Postboten und Bob, den Baumeister. Durch Benjamin Blümchen und Bibi Blocksberg wissen sie, dass es rasende Reporterinnen, Zoodirektoren und Bürgermeister gibt.

Leider ist Papa kein Baggerfahrer und Mama keine Hexe. Im Gegenteil, sie sagt, das sei kein richtiger Beruf. Die moderne Arbeitswelt muss für Kinder eine schreckliche Enttäuschung darstellen. System-Administratoren, Diätköchinnen, Lohnbuchhalter oder Steuerberaterinnen haben einfach keinen Glamour. Jedenfalls nicht in Kinderaugen. Sie können sich partout nicht merken, womit ihre Eltern das Geld heranschaffen. Mutter erklärt unermüdlich: »Ich bin Sozialversicherungskauffrau. Ich arbeite für die Rentenkasse. Rente kriegen Leute, die zu alt sind, um zu arbeiten. Ich muss prüfen, wie viel Geld diese Leute kriegen.« Der Tochter ist das herzlich egal. Es wäre viel spannender, wenn die Mutter Tierpflegerin im Zoo wäre. Oder Hochseilartistin.

Man kann sich herzlich darum bemühen, dem Nachwuchs seinen Arbeitsalltag näher zu bringen, im Zweifelsfall ist der aber undurchschaubar und langweilig. Daher vergessen die lieben Kleinen einfach, dass Mutter Insolvenzverwalterin und Vater Hörgeräte-Akustiker ist. Werden sie nach den Berufen ihrer Eltern gefragt, lautet die Antwort: »Weiß ich nicht.« So werfen sie natürlich ein ganz schlechtes Licht auf ihre Eltern, die den Kindern diesen wichtigen Aspekt des Lebens allem Anschein nach vorenthalten. Dabei sind die Kinder bestimmt schon ein dutzend Mal an deren Arbeitsplätzen gewesen. Sie haben sich gemerkt, dass man auf gar keinen Fall sprechen darf, wenn Mama telefoniert und dass die vielen interessanten Instrumente an Papas Arbeitsplatz auf gar keinen Fall zum Spielen da sind. Es gibt in Mamas Büro zwar ziemlich viel Papier, aber keine richtigen Buntstifte, man kann gar nicht etwas Vernünftiges malen. Papa hat einen Computer, aber da sind keine Spiele drauf. Der Vater von Till dagegen, der ist Busfahrer und fährt von allen am schnellsten, sagt Till. Und Tills Mutter ist sowieso den ganzen Tag zu Hause und backt tolle Pfannkuchen.

Manchmal haben Kinder auch ganz bestimmte Bilder von bestimmten Berufen, die auf keinen Fall mit denen in Einklang zu bringen sind, die sie von ihren Eltern haben. Eine Bekannte von mir ist Biologin und mit ihrem Betätigungsfeld fand sie schon in einigen Fernsehbeiträgen Beachtung. Einen davon sah ihre Tochter und die war entsetzt: »Mama, die haben da einfach behauptet, du seiest Wissenschaftlerin!« Mit diesem Berufszweig verband sie den sprichwörtlichen zerstreuten Professor mit wirrem Haar, nicht ihre pragmatische Mutter im Businesskostüm. Die übrigens viel besser Schneiderin sein sollte, dann könnte sie Töchterchen bestimmt so ein schönes Rüschenkleid nähen wie das, das Dornröschen im Lieblingsmärchenbuch trägt.

Gönnen wir den Kindern ihre Vorstellungen. Unsere bevorzugte Berufswahl war ursprünglich ja auch Reitlehrerin, Prinzessin oder Piratin.

4.

DIE SCHULZEIT

RAUS INS EDLE UMLAND

Michael und Conny wollen raus aus der Stadt. Am liebsten wollen sie »was Eigenes«. In jedem Falle aber mehr Platz und mehr Grün drum herum. Und kinderfreundlich soll es sein. Michael und Conny haben nämlich zwei Kinder und der Ältere, Tobias, kommt im nächsten Jahr in die Schule. »Bis dahin muss das durch sein«, sagt Conny, wenn die Schule erst einmal angefangen hat, könne man nicht mehr umziehen. Das könne man seinem Kind nicht antun, aus dem Freundeskreis und vertrauten Umfeld rausreißen und so, meint sie.

Früher waren Michael und Conny überzeugte Großstadt-Tiere, je urbaner, desto besser. Am besten mit der Kneipe gleich im Haus. Seit sie Kinder haben, hat sich das natürlich geändert. Und seit die Kinder selber laufen können, sich verabreden wollen und die Schulzeit unmittelbar vor der Tür steht, hat man bei Michael und Conny manchmal den Eindruck, Großstadt sei lebensgefährlich für Kinder: »Die Spielplätze muss man erst einmal nach Scherben absuchen, oder Kondomen. Ist doch furchtbar. Und ständig muss ich aufpassen: Vorsicht, da kommen Autos! Mach mal Platz, da möchte jemand durch! Pass auf, dass du im Park niemandem auf die Decke trittst! Da können Kinder doch gar nicht frei aufwachsen.« Und dann die Frage mit der Schule: »Die Kinder sollen schließlich eine gute Ausbildung bekommen und nicht auf eine Schule gehen, wo zwei Drittel der Kinder kein Deutsch sprechen oder mit Messern in der Tasche herumlaufen.« Na ja, und dann müsse man ja auch ständig Angst haben, dass sie mit Drogen in Kontakt kommen. Außerdem sind Michael und Conny selber mit Haus und Garten aufgewachsen. Kindheit in der Stadtwohnung können sie sich nicht vorstellen. Mit zwei Kindern bräuchte man ja auch mehr Platz, und die Mieten seien viel zu teuer.

Also raus ins Umland – nicht zu weit, damit man die Vorzüge der Stadt noch genießen kann, aber auch nicht zu nah, damit man Haus und Garten auch bezahlen kann und nicht auf eine spießige Stadtrandsiedlung zurückgeworfen wird.

Sehr beliebt bei jungen Familien mit etwas Geld sind ja diese Neubausiedlungen: Irgendwo wird ein größeres Fleckchen Erde als Bauland ausgeschrieben und schon entstehen in beeindruckendem Tempo zahlreiche mehr oder minder hübsche Einfamilienhäuschen auf handtuchgroßen Grundstücken. Die Straßen sind verkehrsberuhigt und manchmal gibt es in der Mitte einen Spielplatz. Das Flair solcher Siedlungen hält sich in Grenzen, aber praktisch sind sie und meistens sehr homogen: Alle sind im gleichen Alter, alle haben ein oder zwei Kinder, alle haben ein oder zwei Autos. Wenn man sich gut versteht, sind die Kinder mal beim einen und mal beim anderen, Babyphone werden ausgetauscht und die Eltern treffen sich bei schönem Wetter zum Grillen. Wenn man sich nicht so gut versteht, streitet man sich mit seinem Nachbarn über Heckenpflege und Bauhöhe der neuen Garage und zieht wechselseitig über die Lebensgewohnheiten der anderen her, die hier niemandem verborgen bleiben. Die Fluktuation hält sich in Grenzen – solche Objekte werden in erster Linie durch Scheidungsfälle frei.

Aber man muss ja nicht unbedingt selber bauen. Es gibt ja genügend andere Häuser oder Doppelhaushälften: schön gelegen, nicht zu teuer und die Bäume im Garten sind auch schon etwas höher. Aber prüfen Sie vorher, wer da sonst noch so wohnt! Unter Umständen haben Sie gerade ihr Traumhaus bezogen und müssen leider feststellen, dass alle um Sie herum 60 Jahre und älter sind. Dann sind die eigenen Kinder längst aus dem Hause, Mittagsruhe wird wieder groß geschrieben und statt sich als Babysitter anzubieten, beklagen sich die Herrschaften über den Lärm Ihrer Kinder, wollen nicht, dass mit Straßenkreide gemalt wird und beschweren sich bei Ihnen, weil Sie es im Herbst nicht geschafft haben, die fünf alten Obstbäume abzuernten. Das wäre eine wirklich schlechte Wahl!

Für junge Familien ohne Geld gibt es wohl nur die Ghetto-Variante: Auf grüner Wiese ziehen Baugesellschaften staatlich subventionierte Wohneinheiten hoch, die zum Teil mehreren hundert Familien Platz bieten sollen. Das Ganze wird als familienfreundliches Gesamtkonzept verkauft: mit Kita und Spielplätzen, zwei oder drei Geschäften für den täglichen Bedarf, Busanbindung und Stehimbiss.

Aber weil dort offenbar doch niemand so wirklich gerne wohnt, warten die Familien, die den Schritt dorthin gemacht haben, auf die versprochene Infrastruktur oft lange und manchmal auch vergeblich.

Conny und Michael haben es übrigens sehr gut getroffen, wohnen jetzt in einem wirklich hübschen Haus mit großem Garten und netten Nachbarn. Nur mit der Schule hatten sie Pech – es gibt nur eine in dem Ort und die soll ziemlich schlecht sein.

MAMA-TAXI

Wer in der Großstadt lebt, hat einen riesigen Vorteil, wenn es um die zahllosen Aktivitäten und Beschäftigungen der Kinder geht: Er kann auf eine üppige Infrastruktur zurückgreifen. Kindergärten und Schulen gibt es fußläufig, Freunde wohnen um die Ecke, der Bäcker für die Frühstücksbrötchen ist auch nur ein paar Meter entfernt und für alles, was weiter weg ist, gibt es Busse und Bahnen.

Aber das ist ja nicht die Regel. Wer auf dergleichen nicht zurückgreifen kann oder will, muss andere Mittel und Wege finden – vor allem andere Transportmittel, denn der öffentliche Nahverkehr ist allzu oft miserabel ausgebaut und welches Kind hat schon Lust, bei Wind und Wetter ständig mit dem Fahrrad zu fahren?

Zum Glück gibt es da diese eine kolossal beliebte Alternative, um von A nach B zu kommen: das Mama-Taxi. Beliebt, weil zuverlässig, bequem, kostet nix, ist aber 24 Stunden einsatzbereit.

»Mama, kannst du uns abholen? Leas Mutter fährt uns hin.«

»Mama, ich kriege den Bus nicht mehr, fährst du mich?«

»Mama, das Fahrrad ist kaputt, du musst mich hinbringen!«

»Mama, wir wollen heute ins Kino, fährst du uns hin? Mit Papas Auto?« (Papa fährt Mercedes.)

»Mama, der Klebstoff ist alle, den brauche ich aber für meine Hausaufgaben. Du musst losfahren und welchen kaufen!«

»Mama, es regnet, kannst du mich fahren?«

Mama kann und Mama macht.

Und so sieht dann ein typischer Mama-Taxi-Einsatzplan aus, wenn Fahrrad kaputt, Busse nur vier Mal am Tag fahren und trampen verboten ist:

Morgens um 7.30 Uhr Tochter in die Schule fahren, Sohn anschließend in den Kindergarten. Um 13 Uhr beide wieder abholen. Um 15 Uhr ist die eine hier verabredet, um 15.30 Uhr beginnt für den anderen dort Kinderturnen. In der Zwischenzeit schnell einkaufen.

Dann wieder zurück um den Sohn abzuholen und nach Hause. Jetzt ist es 17 Uhr. Halbe Stunde später wieder ins Auto, um die Tochter abzuholen. Die ist abends noch zum Kino verabredet und möchte um 23 Uhr abgeholt werden. Außerdem hat sie Connys Poesie-Album bei der Freundin vergessen, und die will das morgen unbedingt zurückhaben. »Och bitte, Mama!«... Wirklich schade, dass es für diese Touren keine Entfernungs-, Pendler- oder sonstwie steuerlich absetzbare Pauschale gibt.

Übrigens wird das Mama-Taxi auch gerne von Kindergärten und Schulen gebucht. »Wir bilden Fahrgemeinschaften«, heißt das dann. In dem Fall rollen morgens fünf bis sechs Mütter in den jeweiligen Familienkutschen an, auf die 20 bis 25 Kinder verteilt werden müssen. Eine logistische Herausforderung, denn erst einmal muss sortiert werden, wer mit wem: »Ich will mit Nina fahren!«, »Ich auch!«, »Ich will aber bei Dennis bleiben!«, »Kann ich mit Jason mitfahren?«, »Nein, bei Jason ist kein Platz mehr« – erstes Geheule. Dann kommt die Feinjustierung: »Ich will nach vorne!«, »Nein, ich!«, »Nein, du sollst neben mir sitzen!«, »Ich will aber nicht nach hinten!«, »Viktoria soll aber nicht in meinen Sitz!«, »Mama, Sabine hat gesagt, ich darf nicht in die Mitte!« – zweites Geheule.

Ist die Platzverteilung endlich geregelt, kommt der technische Kraftakt: Die jeweiligen Kindersitze müssen ins Auto gehievt und montiert werden. Kindersitze müssen zwar einheitliche Qualitätsstandards erfüllen, eine anwenderfreundliche und einheitliche Montage gehört aber leider nicht dazu. Und kein Kind nimmt für seinen Kindersitz auch noch die Betriebsanleitung mit. Also dürfen sich fünf bis sechs Mütter den Einbau der diversen Modelle selbst erschließen. Bei unserem muss man zwei seitliche Hebel gleichzeitig drücken, dann den Sitz nach vorne ziehen, den Dreipunktgurt hinter dem Sitz und unter der Spannvorrichtung entlangführen und unter Einsatz des gesamten Körpergewichts festzurren. Dann die Spannvorrichtung nach unten drücken, entriegeln und den Sitz mit voller Kraft nach hinten drücken, bis er einrastet. Das kann ich inzwischen aus dem Effeff. Bei Brittas Sitz sieht das ähnlich aus, aber ich scheitere schon daran, dass da keine zwei Hebel zu finden sind. Nach vergeblichem Suchen klettere ich wieder aus dem Auto und sehe mich Hilfe suchend um. »Kann mir jemand sagen, wie Brittas Sitz funktioniert?« – »Ja, ich! Warte mal, ich komme.« Die anderen haben zum Glück die gleichen Probleme, also wird reihum getauscht. Eine erfahrene Mutter ist dabei als Einbauhilfe besonders gefragt. Immer wieder klettert sie in die diversen Autos, wuchtet Sitze hin und her, fummelt Gurte und Verschlüsse aus den Rückbänken, drückt, zieht und zerrt an den Sitzen herum. Nach wenigen Minuten ist sie schweißgebadet, das Gesicht hochrot, die Frisur zerstört. Die hat ihr Bewegungs- und Trainingssoll für heute absolut erfüllt. Von den anderen Müttern erntet sie tiefe Dankbarkeit.

Endlich sitzen alle und es kann losgehen, fünf bis sechs Familienkutschen mit Mama am Steuer zockeln los. Die Kinder werden irgendwo ausgeladen, in zwei Stunden sollen sie wieder abgeholt werden. Mit quietschenden Reifen sausen die Mama-Taxen davon. Zwei Stunden, da kann man schnell den Wocheneinkauf machen, die Wohnung putzen, notwendige Behördengänge oder liegen gebliebene Unterlagen abarbeiten ... Komisch, keine Mutter geht gemütlich einen Kaffee trinken!? Gibt der mütterliche Einsatzplan wohl nicht her. Nach 1 Stunde und 55 Minuten fahren die Mama-Taxen wieder vor und die ganze Chose geht retour. Die technisch versierte Mutter hatte sich gerade wieder etwas erholt, das ist gut, denn jetzt ist wieder ihr voller Einsatz gefragt: Der Ausbau von Kindersitzen erschließt sich nämlich auch nicht gleich auf Anhieb.

Wenn Sie meinen, die Sache mit den Kindersitzen sei nur für technisch bekanntlich minderbegabte Frauen ein Problem, täuschen Sie sich übrigens gewaltig. Ich habe noch keinen Taxifahrer getroffen, der es geschafft hätte, unseren Kindersitz in sein Vehikel einzubauen. Für Kinderwagen und -karren gilt übrigens das Gleiche.

Sollten Sie einmal in Erwägung ziehen, sich bei einem Taxi-Unternehmen als Fahrerin zu bewerben, sollten Sie diese Zusatzqualifikation mit Stolz hervorheben!

WELCHE SCHULE IST DIE RICHTIGE?

Egal ob in der Stadt oder auf dem Land – überall stehen Eltern von schulpflichtigen Kindern vor der Qual der Wahl, welche Schule es denn sein soll. Die Entscheidung wird nicht auf die leichte Schulter genommen. Konfessionell, Montessori oder Waldorf? Was für ein Konzept hat die Schule – Sportschwerpunkt, musikbetont, computergestütztes Lernen? Frühenglisch ab der ersten, Französisch ab der dritten Klasse? Oder doch zweisprachige Europaschule? Wie hoch ist der Anteil Kinder nichtdeutscher Herkunftssprache (wie es so schön im Bürokratendeutsch heißt)? Handelt es sich um eine verlässliche Halbtagsgrundschule oder eine Ganztagsschule? Eine Ganztagsschule mit verpflichtendem oder freiwilligem nachmittäglichen Angebot? Wie groß sind dort die Klassen? Wie ist der bauliche Zustand der Schule? Fragen über Fragen.

Nur äußerst beherzte Eltern melden ihre Kinder in der nächstgelegenen Schule an und fertig. Dafür ernten sie in der eignen Umgebung gerne irritierte Blicke: Das sei ein Zeichen sträflichen elterlichen Leichtsinns, weil man sich nicht mit allen Angeboten und Möglichkeiten auseinander gesetzt hat und anscheinend nicht das Beste für sein Kind will. Die Schule, in deren Einzugsgebiet man wohnt, ist nämlich selten die richtige. »Conny war auf dieser Schule. Die hat da Sachen erzählt ...« Dass Connys Schulzeit mittlerweile auch mindestens 25 Jahre zurückliegt und die von ihr beschriebenen Monstren von Lehrern inzwischen pensioniert sein dürften, zählt nicht. Die Schule im anderen Stadtteil oder im nächsten Dorf ist viel besser. Es gibt Eltern, die Umzüge fingieren und sich ummelden, nur um im Einzugsgebiet der Schule ihrer Wahl zu landen. Mitunter entscheidet auch Fortuna: Hat eine besonders beliebte Lehranstalt noch Plätze frei, werden diese verlost. Gebannt lauscht man Legenden, laut denen im letzten Jahr an der Rio-Reiser-Grundschule auf zwei freie Plätze 234 Bewerber kamen. Wenn es hart auf hart kommt, scheut man sich mitunter auch nicht, einen Platz an der favorisierten Schule einzuklagen.

Die Einschulung ist ein tiefer Einschnitt, im Gegensatz zum Kindergarten ist die Schule eine Pflichtveranstaltung, eine bürokratische Institution, die unsere Kinder verschlingt. Wenn sie das unbedingt tun muss, sollte sie aber möglichst unseren Idealen und Vorstellungen entsprechen. Und wer auch nur ein paar unangenehme Erinnerungen an unfaire Lehrer, langweiligen Unterricht oder ungerechte Bewertungen hat (und wer hat die nicht?), wird sich schwer tun, sein heiß geliebtes Ein und Alles widerspruchslos irgendeiner x-beliebigen Anstalt anzuvertrauen. Da wird ganz genau geguckt. Es schmerzt, dass die kuscheligen Kindergartentage vorbei sind und das Kind in die raue Wirklichkeit hinaus soll. Plötzlich interessieren sich Eltern, die Rudolf Steiners Lehren bislang keine Beachtung geschenkt haben, für Waldorfschulen, weil sie hoffen, dass hier die raue Wirklichkeit noch nicht ganz so stark zu spüren ist. Oder sie begeistern sich aus demselben Grund für Montessori-Pädagogik, auch wenn die nächste Schule zwanzig Kilometer entfernt ist und Fahrdienste organisiert werden müssten, weil die Busverbindung mehr als bescheiden ist.

Aber auch die bestmögliche Förderung ist ein wichtiger Faktor: Fremdsprachen sind wichtig, warum schicken wir das Kind nicht auf die Deutsch-Amerikanische Schule? Oder auf die Deutsch-Französische Europaschule, immerhin stammt Papa aus alter Hugenottenfamilie? Wie ist die Schule mit Computern ausgestattet? Wie schneidet sie beim landesweiten Mathe-Vergleichstest ab? Gibt es Förderangebote für besonders begabte Schülerinnen und Schüler, zu denen das eigene Kind zweifelsohne zählen wird? Wie viele Kinder verlassen die Einrichtung mit Gymnasialempfehlung?

Es heißt also: Zunächst wird gründlich recherchiert, vor Ort und im Netz – jede Schule, die was auf sich hält, hat eine Website –, man berät sich mit anderen Eltern und trifft eine Vorauswahl. Dann besucht man Tage der offenen Tür, Schulfeste und macht schließlich am favorisierten Objekt einen Schnuppertag mit. Das Gebäude ist riesengroß und ehrfurchtseinflößend. Die Pausenklingel ist unglaublich laut. Die Drittklässler sehen irgendwie bedrohlich aus. Das Getobe auf dem Schulhof lässt einem angst und bange werden. Die Klos sind eine Schande. Aber die Lehrer machen größtenteils einen fitten Eindruck, die Schulleiterin scheint sehr engagiert, die endlosen, definitiv renovierungsbedürftigen Gänge sind liebevoll mit Kinderzeichnungen und Basteleien dekoriert und es gibt ein breites Angebot an AGs. Soll man es wagen?

So überlegt man hin und her und wägt ab. Meistens im Verbund mit anderen Eltern aus Bekanntenkreis oder Kita-Gruppe, schließlich soll das Kind nicht allein in fremder Umgebung anfangen. Sobald man sich also innerhalb der kleinen Gruppe einig ist, meldet man die Kinder an und hofft auf das Beste. Den Kindern ist das alles herzlich egal, solange sie mit der besten Kindergartenfreundin zusammenbleiben oder solange die Schule eine Fußball-AG hat.

Aber viele Dinge sind nicht so schön, wie sie scheinen. Sehr begehrte Schulen weisen schon mal exorbitant große Klassen auf. Oder das Schulkonzept klingt zwar in der Theorie gut, mit der Umsetzung in die Praxis hapert es jedoch an allen Ecken und Enden. Oder irgendwas anderes stimmt nicht. Da ist der Sohn an der traumhaften Waldorfschule, kommt aber leider mit seinem Klassenlehrer nicht klar. Einzügige Schule, nur eine erste Klasse, er kann nicht wechseln, was tun? Die Tochter ist an einer freien Schule, wo die Schüler jahrgangsübergreifend, frei und selbstbestimmt lernen können. Leider ist sie für diese Schulform absolut ungeeignet, da sie nach Frontalunterricht, Anleitung, Noten und sogar Hausaufgaben geradezu lechzt. Auch für überzeugte Montessori-Anhänger ist es unter Umständen schwer zu schlucken, dass häusliches Üben laut Lehrermeinung kontraproduktiv und mit dem Schulkonzept nicht vereinbar sein soll, wenn der Drittklässler Rechtschreibfehler am laufenden Meter produziert und man zu Hause gerne unterstützend eingreifen möchte.

Ich selber machte meinen Sohn mit der Wahl seiner ersten Grundschule auch nicht glücklich. Als mir seine Klassenlehrerin in der zweiten Klasse einen Schulwechsel nahelegte, ging es prompt wieder los: Vielleicht die kunstbetonte Schule drei U-Bahn-Stationen weiter? Die Evangelische hat auch einen guten Ruf, nehmen die auch Nicht-Konfessionelle? Die Harm-Harmsen Schule, die hatte doch so ein tolles Konzept, was war das noch gleich für eins? Da sprach mein Sohn: »Mama, ich möchte gerne auf die Schule oben an der Straße. Da müssen wir morgens nicht mehr so früh aufstehen, du brauchst mich nicht abzuholen und bis ich nach Hause komme, kannst du uns schon mal einen Tee kochen.«

Da ich in meiner Kompetenz bezüglich der Schulwahl schwer erschüttert war, beschloss ich nach diesen Worten, mich dem Schicksal zu beugen und die Schule zu nehmen, die für uns vorgesehen war. Obwohl sie einen denkbar schlechten Ruf genoss. Aber wenn man sich um den schlechten Ruf nicht kümmerte, war sie gar nicht so verkehrt; gute Ausstattung, ein Haufen Nachmittagsangebote, Schulgarten, Cafeteria und jene Hand voll engagierter Lehrerinnen und Lehrer, ohne die keine Schule auskommt. Mein Sohn musste morgens und nachmittags nicht mehr eine halbe Stunde mit dem Schulbus durch die Stadt gondeln, ich sparte dadurch viel Geld und Besuche bei Schulfreunden gestalteten sich ohne komplizierte Absprachen und ausgefeilte Logistik, weil alle im gleichen Stadtteil wohnten. Wir hatten es gar nicht so schlecht getroffen. Aber kaum waren die Schrecken der ersten Schulzeit vergessen, stand die nächste Runde an: Bei den weiterführenden Schulen wird es dann nämlich richtig kompliziert ...

DER ERNST DES LEBENS – DIE EINSCHULUNG

Die Einschulung naht. Die (hoffentlich) richtige Schule ist gefunden. Es gab schon den ersten Elternabend, auf dem man die künftige Klassenlehrerin kennen lernen konnte. Sie haben entweder schon eine riesige Liste abgearbeitet und allerlei Arbeitsmaterial angeschafft oder der Klassenlehrerin einen beträchtlichen Betrag in die Hand gedrückt, weil die Arbeitsmaterialien als Sammelbestellung geordert wurden, damit alle Kinder dasselbe haben und kein Neid aufkommt. Schultüte und einen ergonomisch korrekten, TÜV-geprüften Ultraleichtranzen hat man schon kurz nach Ostern besorgt – wer damit bis zu den Sommerferien wartet, hat keine Auswahl mehr und niemand würde seinen Sohn gerne mit einem Barbie-Ranzen vom Vorjahr in die Schule schicken. Selbst dann nicht, wenn er ausdrücklich danach verlangt.

Der große Tag der Einschulung soll natürlich auch entsprechend gestaltet werden. Wer kommt mit? Die Erstklässler-Eltern laden die Großeltern, die Patentanten und -onkel und die besten Freunde der Familie ein. Da kommen pro Kind schon einige Leute zusammen. Pro Klasse können das dann so viele werden, dass die ein oder andere Aula aus den Nähten zu platzen droht. Vorausschauende Schulleiter begrenzen daher kategorisch die Anzahl der Begleitpersonen pro Kind. Egal. Dann kommen die ehemalige Tagesmutter, die Lieblingsnachbarin, die Ehren-Oma und die jüngeren Cousinen eben zum Kaffeetrinken am Nachmittag.

Und dann ist Tag X schließlich da: Man schafft es tatsächlich, am richtigen Tag zur richtigen Zeit in der richtigen Schule zu sein. Dort herrscht ein ungeheuerliches Gewusel. Wo ist hier eigentlich die Aula? Hilfe! Immer der Herde nach. Der Raum ist bereits gut gefüllt. Für die zukünftigen Erstklässler sind die ersten zwei Sitzreihen reserviert. Dem Muttertier zerreißt es das Herz. Jetzt schon die Kleinen ziehen lassen? Kind hat seinen besten Freund auf einem Platz ganz vorne entdeckt und stürmt auf ihn zu. Wo will eigentlich dieser riesige Ranzen mit dem winzigen Knäblein hin? Der Mutter steigen Tränen in die Augen. Der Vater des Knäbleins kann gerade nicht tröstend eingreifen, weil er mit einem anderen Vater über Camcorder fachsimpeln muss. Überhaupt: In dem Raum dürfte Foto- und Videoequipment im Werte von mehreren zehntausend Euro konzentriert sein. Es surrt, blitzt und klickt ununterbrochen.

Endlich geht es los: Die Schulleiterin hält eine Rede. Babys machen sich bemerkbar und werden beruhigt, jüngere Geschwisterkinder am Herumwuseln gehindert. Wuselverbot gilt nicht für Väter mit Camcordern, die müssen den besten Aufnahmewinkel finden und dürfen das. Es folgt eine Vorführung der Zweitklässler. Unglaublich, wie alt die aussehen und wie selbstbewusst sie ihre Lieder und Gedichte vortragen. Wenn der erwachsene Teil des Publikums nicht so unruhig wäre, könnte man der Darbietung viel besser folgen. Die neue Klassenlehrerin betritt die Bühne, sagt auch noch ein paar Worte und ruft dann die Kinder namentlich auf. Je nach Temperament winken sie fröhlich ihren Eltern zu, blicken strahlend oder skeptisch in die Runde oder stehen etwas schüchtern am Rand. Wie klein sie da oben aussehen. Der niedliche Rothaarige weint ja! Das eigene Kind wird aufgerufen. Vage Restzweifel, ob man tatsächlich an der richtigen Veranstaltung teilnimmt, sind damit zerstreut. Zum Glück weint der Nachwuchs nicht, sonst würden die Tränen, die sich immer noch heimtückisch in Mamas Augenwinkeln sammeln, jetzt hemmungslos fließen. Aber es kränkt das Mutterherz doch ein wenig, dass Sohnemann gar nicht auf ihr Winken reagiert, sondern stattdessen mit einer kleinen Dunkelhaarigen scherzt. Ausgerechnet so ein Prinzesschen im Rüschenkleid mit Barbie-Ranzen. Die gehört bestimmt zu der aufgemotzten Blondine dort drüben (die Ärmste muss gerade heute einen »bad hair day« haben). Und schon ist die Kindergruppe, Pardon, die Klasse 1A von der Bühne abgetreten und in den endlosen Gängen der Schule verschwunden.

Alle Eltern strömen aus der Aula, die umgehend für die nächste Einschulklasse benötigt wird. Die Elternvertretung hat einen Kaffee & Kuchen-Verkauf organisiert, was angesichts des hektischen Frühstücks wie gerufen kommt. Der Schul-Förderverein heischt um Aufmerksamkeit, man begrüßt Bekannte oder geht schnell eine rauchen. Auf alle Fälle beruhigt man sich wieder. Dann tauchen die frisch gebackenen Schulkinder auf und zeigen stolz Buttons mit ihren Namen, die es zur Begrüßung gab. Jetzt wird noch einmal verschärft fotografiert: Schulkind vorm Klassenraum mit und ohne Schultüte, ja klar, auch noch einmal mit deinem Button. Schulkind beim Verlassen des Schulgebäudes, Schulkind vorm Schulgebäude mit Großeltern, mit Eltern, mit Patentante, mit kleiner Schwester. Dann noch mal alle zusammen, würden Sie mal so nett sein, einfach nur hier auf den Knopf drücken? Herzlichen Dank! Derweil strömen schon die Eltern der 1C in die Schule. Die haben den Akt noch vor sich. Man schaut ihnen mitleidig nach und fühlt sich fast schon wie ein alter Hase.

... UND WIEDER ALLES NEU – ZEITMANAGEMENT MIT SCHULKIND

Nach der Einschulung wird alles noch mal ganz anders. So anders, dass man vielleicht die Möglichkeit nutzen und einen Teil der Elternzeit jetzt nehmen sollte. Zumindest ist es ratsam, den Jahresurlaub zu investieren. Jetzt muss erst wieder ein neuer Rhythmus gefunden werden.

Hat man z.B. in den vergangenen zwei, drei Jahren zu einem optimalen morgendlichen Ablauf gefunden, der allen Beteiligten gerecht und daher nicht geändert wurde, wird man sich nun umgucken: Eltern mit angenehmen Arbeitszeiten, die bislang immer ihr Kind gegen 8.45 Uhr in die Kita gebracht haben, um dann selber – als Erste – gegen 9.15 Uhr am Arbeitsplatz aufzutauchen, werden entsetzt feststellen, dass drei Mal die Woche Unterrichtsbeginn um 8 Uhr ist, einmal zur zweiten Stunde, also 8.50 Uhr und einmal zur dritten, sprich 9.55 Uhr. Das heißt, die bisherige Routine gilt weiterhin an einem Tag, an drei weiteren muss man so brutal früh aufstehen wie seit der eigenen Schulzeit nicht mehr, nämlich um 6.30 Uhr. Und wie bitte kriegen wir das gebacken, wenn Unterrichtsbeginn zur Dritten ist? Handelt es sich um eine Schule mit verlässlichen Betreuungszeiten oder ist der Hort an die Schule angeschlossen, dann haben Sie Glück. Anderenfalls haben Sie ein Problem. Man stellt allerlei Überlegungen an, ob es sich überhaupt lohnt, das Kind erst für eine halbe Stunde in den Hort zu schicken (und darauf zu hoffen, dass die Erzieherinnen das Kind dann tatsächlich zur dritten Stunde in die Schule beordern), ob man es gleich in die Schule schickt (das sehen die Lehrer aber gar nicht gern) oder ob man es riskiert, es eine halbe Stunde allein zu Hause zu lassen und dann telefonisch in Bewegung zu setzen (aber da war doch was mit Aufsichtspflicht?). Alles nicht so toll.

Für Eltern hingegen, die einen sehr frühen Arbeitsbeginn haben, könnte der Schulbeginn um 8 Uhr schon zu spät sein. Alles andere erst recht. Muss dann noch ein Geschwisterkind in eine andere Einrichtung gebracht werden, ist man wieder mitten drin im schönsten Kuddelmuddel und versucht verzweifelt, zu irgendeiner Routine zu gelangen. Immerhin hat man Erfahrung, was die Entwicklung optimaler Abläufe betrifft: Als Mutter nach dem ersten Kind halbtags einstieg, musste man sich zurechtwursteln, als sie wieder Vollzeit arbeitete, gab es erneut Änderungen, dann kam das zweite Kind und krempelte noch mal alles um. Schulkind, Kitakind und zwei Jobs unter einen Hut zu kriegen, ist da nur eine weitere Etappe im ewigen Sichzurechtwursteln.

Kaum hat das einigermaßen geklappt, treten allerlei Sonderfälle auf, die man bisher nicht bedacht hat. Es ist von Bundesland zu Bundesland zwar verschieden, aber im Grunde doch ähnlich: Es gibt vielfältige Gründe, warum der Unterricht nicht so stattfindet, wie er sollte. Und wir reden hier gar nicht vom Ausfall wegen kranker Lehrer. Es gibt Bundesjugendspiele, Klassenausflüge, den Fortbildungstag der Lehrer, anschließend den der Horterzieher, Personalversammlungen und Betriebsausflüge; es gibt den Waldtag der Schule, das traditionelle Frühjahrspicknick, das Putzfest, den Parklauf ... All diese Anlässe werfen Ihren sorgsam austarierten Ablauf immer wieder aufs Neue durcheinander. Und die Ferien habe ich noch gar nicht erwähnt.

ELTERNABENDE IN DER SCHULE

Im Gegensatz zu Elternabenden im Kindergarten bleiben Schulelternabende meist in einem zeitlich vertretbaren Rahmen. In Schulen gibt es nämlich sehr wichtige Personen, die ein segensreiches Werk verrichten: die Hausmeister. Ihnen obliegt es, nach Elternabenden das Licht auszumachen und abzuschließen. Keine Schulleitung, die noch recht bei Trost ist, möchte es sich mit dem Hausmeister verscherzen. Daher wird ihm nicht zugemutet, mit seinem Feierabend bis 23.20 Uhr zu warten, nur weil in Klasse 3B endlos darüber diskutiert wird, warum Klasse 3C im Lesebuch schon ein Kapitel weiter ist. Nicht dass er das nächste Mal, wenn der Kopierer wieder spinnt, für Stunden im Heizungskeller unabkömmlich ist. Das mag keiner riskieren. Da wird lieber um 20.45 Uhr per Lautsprecher durchgegeben, dass man bitte innerhalb der nächsten 15 Minuten zu einem Ende kommen möge. Recht so. Für Eltern, die endlose Diskussionen in der Kita noch in schrecklicher Erinnerung haben, sicher eine gute Nachricht.

Dafür bergen Schulelternabende ein anderes Unheil. Beim ersten Elternabend im Schuljahr werden mal wieder die Elternvertreter gewählt. Besonders schwierig, wenn sich eine neue Klasse formiert hat und die Eltern weder einander noch die Schule richtig kennen. Die Lehrerin fragt vorsichtig an, wer das Amt übernehmen möchte. Es könnten auch zwei Leute machen und sich dann abwechseln. So viel Arbeit sei das gar nicht und man habe die Chance, an der Schule aktiv mitzugestalten. Als Dank gebe es im nächsten Jahr auch einen Blumenstrauß. Möchte wirklich keiner? Wenn die Lehrerin Glück hat, melden sich tatsächlich Freiwillige. Meistens hat sie kein Glück. Sie guckt betont aufmunternd in die Runde. Die eine Hälfte der Anwesenden starrt Löcher in die Tischplatte, die andere Hälfte guckt angestrengt aus dem Fenster. Bis entweder irgendjemand die Nerven verliert und gequält verlauten lässt: »Okay, ich mache es!«, oder bis die Lehrerin alte Bekannte entdeckt: Eltern, die schon Kinder an der

Schule haben. Die werden dann gezielt angesprochen: »Frau Yildirim, Herr Seidel, möchten *Sie* nicht?« Alles blickt auf die beiden. Die winden sich heftig, kommen aber nicht vom Haken. Erleichtertes Aufatmen zieht durch die Reihen und Frau Yildirim und Herr Seidel werden mit sozialistischer Mehrheit abgenickt. Es ist sehr wahrscheinlich, dass sie diesen Posten für die nächsten Jahre innehaben werden und sich ihm nur durch Umzug oder Schulwechsel entziehen können. Dabei ist es gar nicht mal schlecht, Elternvertreter zu sein. Man kann viel darüber erfahren, was in der Schule so alles vor sich geht und gute Kontakte zur Lehrerschaft knüpfen.

Solange in der Klasse nicht irgendetwas massiv im Argen liegt, verlaufen Schulelternabende ansonsten angenehm routiniert. Themen, die die Schule insgesamt und nicht nur die Klasse speziell betreffen, wie der bedauerliche bauliche Zustand der Turnhalle oder die vermeintlich unzureichende Hofaufsicht, werden nämlich ganz einfach an die Gesamtkonferenz delegiert. Natürlich gibt es hier auch wieder die üblichen Verdächtigen, die eine Plattform brauchen und allerlei Wortbeiträge loswerden müssen. Der letzte Punkt der Tagesordnung »Sonstiges« ist ihr Terrain. »Ich wollte mal diskutieren, was so in die Brotdosen gepackt wird!« oder »Wie halten es die anderen Eltern hier eigentlich mit dem Taschengeld?«, wird gefragt. Natürlich nur, um endlos darüber zu schwadronieren, wie sie selber es handhaben. Es wird eine zwanzigminütige, launige Rede zum Thema »Unpünktliche Lehrkräfte« zum Besten gegeben, an der der Referent wahrscheinlich seit zwei Wochen ununterbrochen gefeilt hat. Oder man diskutiert mit der Lehrerin vor versammelter Elternschaft lang und breit den Förderbedarf für die doch wohl eindeutig hochbegabte Tochter. Was für ein Glück, dass der Hausmeister Feierabend machen will.

HAUEN UND STECHEN – ALLER ANFANG IST SCHWER

Schulwahl, Anmeldung und die damit verbundene Bürokratie, erste Elternabende, Organisatorisches, Einschulung und die ersten paar Wochen mit einem Schulkind: Ist das alles hinter sich gebracht, meinen viele Eltern, erst mal aufatmen zu können. Weit gefehlt. Für die Kinder geht es nämlich jetzt erst richtig los und in der ersten Klasse ist nicht unbedingt alles eitel Sonnenschein:

Die Kinder bilden eine bunte Mischung und müssen erst mal Wege des Miteinanders finden. Wer in einer Kita-Gruppe mit strikter Null-Toleranz-Haltung bezüglich Prügeleien war und gewohnt ist, Streitigkeiten verbal zu regeln, tut sich schwer mit Kindern, die im Rahmen eines etwas laxeren »Regelt das mal unter euch!« auch schon mal zuschlagen. Kinder, die bislang unangefochten den Ton in ihrer Kita-Gruppe angaben, haben auf einmal Konkurrenz. Die beste Freundin spielt plötzlich auch mit der doofen Sarah und ist nicht mehr die beste Freundin. Auf dem Schulweg lauern immer ein paar ältere Jungs und schubsen einen herum. Der Banknachbar klaut ständig den Inhalt der Federtasche. Es geht hoch her. Wenn die Klasse eine gute Lehrerin hat, dürfte es ihr gelingen, den zusammengewürfelten Haufen zu einer Gemeinschaft zu formen. Wenn sie richtig gut ist, werden Sie spätestens zur Schulweihnachtsfeier Ergebnisse sehen. Mitunter dauert der Prozess aber etwas länger. Zum Beispiel, wenn die Lehrerin auch der erwähnten »Regelt das mal unter euch«-These anhängt. Natürlich ist es übertrieben, jedesmal »Mobbing« zu schreien, wenn das Kind geschubst wird. Zumal Erstklässler durchaus auf sehr exzentrische Art und Weise ihr Interesse an anderen bekunden. Ständige Spottgesänge, unschöne Spitznamen oder sonstige Provokationen können mitunter der Beginn einer wunderbaren Freundschaft sein. Aber wenn ein Kind regelmäßig drangsaliert und ausgegrenzt wird, muss etwas getan werden. Und da muss Mutter mitunter den Laden ganz schön aufmischen:

Wenn Gespräche mit der Lehrerin nichts bringen, dann vielleicht Gespräche mit dem Gesamtelternvertreter oder dem Direktor. Unter Umständen hilft manchmal nur ein Klassen- oder Schulwechsel.

Egal ob es gut läuft oder schlecht: Wer es einrichten kann, sollte möglichst oft an der Schule präsent sein. Das heißt nicht, jeden zweiten Tag mit dem vergessenen Pausenbrot vor der Klasse zu stehen. Das ist dem Schulkind schrecklich peinlich, auch die Lehrerin sieht das nicht gerne. Aber es schadet nicht, das Kind ab und an zur Schule zu begleiten, dabei einen Blick in den Klassenraum zu riskieren und potentielle Quälgeister böse anzugucken. Vor Unterrichtsbeginn ein paar Takte mit den Lehrern reden, ein paar Stunden hospitieren, die Klasse zu einem Ausflug begleiten und an sämtlichen Schulaktivitäten teilnehmen. Schon ist man bekannt wie ein bunter Hund, kriegt brühwarm allerlei Schmeichelhaftes und Unschmeichelhaftes über seinen Sprössling erzählt und wird von wildfremden Kindern auf der Straße gegrüßt. Wenn die Mutter kein Nobody an der Schule ist, ist es das Kind auch nicht und diese Aufmerksamkeit kann allerlei Gutes bewirken. Ich bilde mir zum Beispiel ein, dass der legendäre Schokoladenkuchen, den ich regelmäßig zu allerlei Festen anlieferte, meinem Sohn sehr genutzt hat, weil die Kinder ihn schrecklich gerne aßen und es sich keiner mit der Bäckerin verderben wollte.

Manchmal erkennen in dieser schwierigen ersten Zeit die Eltern ihr eigenes Kind nicht mehr wieder: »Früher war er immer so brav, aber seitdem er in der Schule ist, ist er nur noch bockig, wie ein Rückfall ins Trotzalter«, hört man oder »Nur noch Widerworte, ständig schmollt sie. Ist das schon die Pubertät?«. Nicht ganz, aber fast: Eingeweihte sprechen von der kleinen Pubertät. Nicht so bekannt, ebenso enervierend, aber zum Glück kürzer als die richtige. Zum einen muss der Druck ja irgendwo raus, zum anderen ist das nur eine weitere Variante des Spiels »Ich werde groß und erwachsen und ihr behandelt mich immer noch wie ein Baby«. Sobald die Eltern mit der Entwicklung des Kindes mitgekommen sind und ihr Verhalten etwas nachjustiert haben, ist meistens alles wieder in Butter. Zum Beispiel ist es einem Schulkind gegenüber unangemessen, ständig ins Kinderzimmer zu rennen und zu fragen: »Wie weit bist du mit dem Anziehen? Beeil dich, du musst pünktlich zur Schule.« Das weiß das Kind selber, fühlt sich schrecklich bevormundet und schmollt. Stattdessen also lieber sagen »Um viertel nach sieben sollst du angezogen sein, damit du in Ruhe frühstücken kannst« und das Kind machen lassen. Es wird vermutlich erstaunlich gut klappen. Na ja, meistens wird es ganz gut klappen und wenn nicht, haben Sie doch sicher einen Fünf-Minuten-Puffer in Ihren morgendlichen Ablaufplan eingebaut?

SCHULFREUNDE

Irgendwann im Laufe der späten Kindergartenzeit stellte ich fest, dass es sich gelohnt hat, kräftig zu netzwerken. Ich war Teil eines Kreises von Eltern, die sich aus diversen Gruppen oder aus dem Kindergarten kannten, auf einer Wellenlänge lagen und die gerne was zusammen machten. Es bildeten sich teilweise gute Freundschaften, auf alle Fälle hing man gern gemeinsam auf dem Spielplatz ab, nahm mal dieses und mal jenes Kind mit nach Hause und sie wurden einem sehr vertraut. Ich wusste, dass Tom Pilze liebte und dass Viktor es hasste, wenn man ihm durch die Haare wuschelte. Ich wusste, dass Alina eine großartige Geschichtenerzählerin war, deren Wahrheitsgehalt mitunter zweifelhaft sein konnte, dass Annabell wegen ihrer Neurodermitis keine Süßigkeiten essen durfte und dass Leonie auch eine Allergie haben wollte. Die Kinder nannten mich beim Vornamen, unterhielten sich mit mir und ich konnte erfahren, wie sehr der kleine Bruder nervte oder dass ein Computerproblem Mutter gerade in den Wahnsinn trieb.

Zur Kindergartenzeit konnte ich wunderbar steuern, mit wem das Kind sich trifft und mit wem nicht. Wenn mich die Aussicht auf einen Nachmittag mit der weinerlichen kleinen Kim und deren dauernörgelnder Mutter (wir ahnen, warum Kim so ist, wie sie ist) zu sehr schreckte, konnte ich leider innerhalb der nächsten sechs Wochen partout keinen Besuchstermin einrichten. »Wie schade, das klappt nicht, aber ihr könnt ja den ganzen Tag über zusammen spielen.« Es hätte ewig so weitergehen können. Aber bei Schuleintritt trennten sich natürlich einige Wege und neue Bekanntschaften wurden geschlossen. Vorhang auf für den bunten Reigen der Schulfreunde, auf deren Auswahl ich nur noch einen sehr begrenzten Einfluss hatte:

Da steht ein kleiner bebrillter Junge, den ich noch nie zuvor gesehen habe, vor der Tür, stellt sich als Andreas vor, siezt mich und teilt mir mit, dass er nach der Schule mit meinem werten Nachwuchs verabredet sei, er komme bloß so spät, weil er noch Religionsunterricht in der Sechsten gehabt hat. Ich lasse den Besucher ein und wundere mich. Ich habe noch nie von Andreas gehört. Hat er seinen Eltern auch wirklich Bescheid gesagt? Ein Anruf dort ergibt: Ja, er hat. Hat der Junge jetzt Hunger? Wenn ja, hat er Allergien, von denen ich wissen müsste? Nein, Hunger hat er nicht. Wie sind seine Eltern drauf? Für gemeinsame Kaffeestunden geeignet? Der nächste Elternabend ergibt: eher nicht. Aber da ist Andreas gar nicht mehr aktuell. Schade, ich fand ihn nett.

Als Nächster kommt Hanno, da stelle ich mir schon viel weniger Fragen, sondern sage einfach »Hallo, Hanno« worauf dieser seine Schuhspitzen fixiert und gesenkten Blickes im Kinderzimmer verschwindet. Entstammt Hanno einem fremden Kulturkreis, in dem nicht gegrüßt wird? Ist er abnorm schüchtern? Hat er einen Sprachfehler, dessen er sich schämt? Auch bei seinen nächsten Besuchen kriege ich das nicht heraus, weil Hanno weiterhin jeden Gruß unbeantwortet lässt. Ich frage schließlich bei meinem Sohn nach. Anscheinend spürt dieser unterschwellige Kritik und gibt seinem Freund entsprechende Instruktionen. Beim nächsten Besuch sagt Hanno »Hallo«, wobei er aber weiterhin den Fußboden betrachtet. Ein halbes Jahr später ist Hanno in der Lage, einfache Fragen wie »Möchtest du einen Saft?« mit Ja oder Nein zu beantworten. Meistens mit Nein. Manchmal guckt er einen jetzt auch an. Aber nur ganz kurz.

Irgendwann spielt Hanno jedoch bereits die zweite Geige, denn Joscha ist in unser Leben getreten. Ein Ausbund an Höflichkeit, der immer die Hand gibt, immer bitte und danke sagt. Wenn er zum Essen bleibt, nimmt er an der Unterhaltung nicht teil, beantwortet allerdings Fragen. Ich hege insgeheim die Meinung, dass er es faustdick hinter den Ohren hat und will lieber gar nicht so genau wissen, was die Jungs so treiben, wenn sie nachmittags durch den Park marodieren. Zum Marodieren hat Joscha jede Menge Zeit, da es seinen Eltern weitgehend egal ist, wo er sich herumtreibt, solange er seine Hausaufgaben erledigt und um sieben zum Essen wieder da ist. Trotz Bedenken in dieser Richtung mag ich den Jungen einfach, weil er freundlich und pflegeleicht ist. Im Gegensatz zu Lukas. Diesen Knaben, der sich für den Mittelpunkt des Universums hält und gefälligst auch so behandelt werden möchte, kann ich nur mühsam niedertolerieren und sein quäkiges Stimmchen am Telefonhörer ruft keine Freude bei mir hervor. Wenn ich meine Vorbehalte aber heftig verdränge, muss ich feststellen, dass Lukas und Junior ein gutes Team bilden. Und mit Lukas' Mutter kann man ausgezeichnet bei endlosem Kaffeenachschub über Gott und die Welt schwadronieren.

Gegen Ende der Grundschulzeit kommt es zum Eklat mit Joscha, weil ein interessanter Junge namens Marcus aufgetaucht ist. Marcus brilliert durch unglaubliche Kalauer und verwandelt jedes gemeinsame Abendessen in ein Festival der Heiterkeit. Da verzeihe ich ihm gerne, dass er meine Bouletten nicht ausstehen kann. Marcus bleibt uns auch auf der weiterführenden Schule erhalten, ebenso Lukas. Joscha macht irgendwann noch ein paar Kontaktversuche, was Junior aber nicht so toll findet. Von Andreas sieht und hört man nichts. Hanno wohnt in der Nähe und taucht ab und an mal auf. Mittlerweile sagt er auch schon mal zwei Sätze hintereinander. Neu hinzugekommen sind Florian und Sven. Garniert mit dem treuen Kindergartenfreund Tom und Juniors alter Flamme Alina eine ganz gute Truppe. Und bis die wirklich unpassenden Freunde kommen, gehen hoffentlich noch ein paar Jahre ins Land.

ES IST KURZ VOR ZWÖLF … – WENN KIDS SICH VERABREDEN

Das Schöne an Kindern im fortgeschrittenen Grundschulalter ist, dass sie ein reges gesellschaftliches Leben führen und man ihre Freizeit nur minimal organisieren muss. Sie besuchen sich ständig gegenseitig und sind theoretisch durchaus in der Lage, selbstständig Verabredungen zu treffen, selbstständig den Hin- und Rückweg zu erledigen und so dem armen Muttertier kostbare Frei- oder entspannte Arbeitszeit zu schenken. Praktisch sieht das dann so aus:

Kurz vor zwölf an einem Sonnabend: Kind lungert noch im Pyjama rum, Mutter erledigt nach einem späten Frühstück so tolle Dinge, wie endlich mal das Bücherregal abstauben. Anruf von Juniors Freund Marcus, der zum Besuch einlädt. Nachwuchs ist begeistert und holt Erlaubnis von Mutter ein. Mutter sagt ebenso begeistert zu, weil sie blitzschnell Folgendes überlegt hat: »Jetzt ist es 12 Uhr, Abmarsch vermutlich in einem Stündchen. Bis zur Heimkehrzeit um 18 Uhr habe ich frei und kann endlich mal in Ruhe die Kisten unter dem Couchtisch sortieren.«

Da Junior nach einer Stunde immer noch keine Anstalten macht, sich anzuziehen, fragt man nach, wann der junge Herr aufzubrechen gedenkt und erhält die Antwort: »Marcus und sein Vater holen mich mit dem Auto ab.« Wann denn abgeholt wird, will Mutter wissen. »Ich denke bald.« Mutter legt Sohn nahe, dann doch mal so langsam an Anziehen, Waschen und Zähneputzen zu denken. Sie selber räumt erst mal die Spülmaschine aus.

Als um 14.30 Uhr immer noch keiner klingelt, vorsichtige Nachfrage, ob man wirklich alles richtig verstanden habe. Ein Anruf auf Marcus' Handy bestätigt, ja, Kind wird abgeholt, allerdings erst, nachdem Marcus bei seiner Oma war und das dauert noch ein bis anderthalb Stunden. Sprich: Der freie Nachmittag beginnt frühestens gegen 15.30 Uhr. Man ist ja flexibel, die Kisten unterm Couchtisch müssen warten. Da nutzt man doch die Zeit und bittet das inzwischen vollständig bekleidete Kind, in seinem Zimmer nach gefährlichen Einzelsocken und sonstiger Dreckwäsche zu suchen. Dann wäre die Waschmaschine wieder voll und könnte angeworfen werden. Bis die Dreckwäsche kommt, macht Mutter es sich mit einer Tasse Kaffee gemütlich. Das Telefon klingelt. Nein, nicht Marcus, der sagt »Wir sind jetzt auf dem Weg«, sondern Paul. »Der will etwas abgeben, ist das in Ordnung?« Natürlich ist das in Ordnung. Paul kommt, aber statt was abzugeben und sich dann wieder zu verkrümeln, hocken beide Kinder auf der Couch und spielen PlayStation. Was Mutter merklich in Wallung bringt: a) von Bleiben war nie die Rede, b) war da nicht irgendwas mit Sockensuche? c) sollte vor Inbetriebnahme der Konsole eigentlich eine formelle Anfrage gestartet werden und d) könnte Marcus jetzt ja nun wirklich jeden Augenblick auftauchen.

Und da klingelt es schon, Mutter ruft ihrem Sprössling zu: »Kiste aus, es geht los!«, reißt die Tür auf und erblickt Daniel von nebenan, der zu Spaß und Spiel auf dem Hof animieren will. Mutter nutzt die Gunst der Stunde, schickt die Kinder an die frische Luft und da das Wohnzimmer frei ist, bietet sich eine kurze Runde mit dem Staubsauger an. Und anschließend könnte man endlich mal in Ruhe in die Zeitung gucken und den inzwischen lauwarmen Kaffee trinken. Nach fünfzehn Minuten klingelt es erneut, vor der Tür steht das eigene Kind, ohne Paul, dem die frische Luft zu viel war und der gegangen ist. Das Kind fragt, ob es fernsehen darf. Darf es nicht. Wo bleibt die Dreckwäsche? Es klingelt erneut, Hurra! Es ist aber nur Daniel, der zwischendurch beim Kiosk war und seinen Schlüssel nicht dabei hat.

Es ist 16.30 Uhr. Viereinhalb Stunden wie bestellt und nicht abgeholt. 16.35 Uhr: Mutter murmelt grimmig, dass ein Besuch ja nun wohl kaum mehr lohnt. Juniors Blick verschleiert sich mit Tränen. Mutter nimmt alles zurück und behauptet das Gegenteil. 16.38 Uhr. Wieder das Telefon: »Marcus ist in einer Viertelstunde da.« Da Mutter weiterhin zwei glorreiche Stunden kinderfreie Zeit zum Kistensortieren vor sich sieht, knickt sie ein. »Um sieben machst du dich auf den Heimweg«, was Sohn dankbar zur Kenntnis nimmt. 16.55 Uhr erneuter Anruf, man sei jetzt gleich da. 17.04 Uhr: Vor der Tür steht tatsächlich Marcus. Kind ist weg, die Wohnung still.

Der Himmel grau, der Elan verflogen. Mutter setzt sich mit der Zeitung aufs Sofa. In anderthalb Stunden ist schon wieder Zeit, das Abendbrot vorzubereiten. Kisten können warten.

MAMA ALLEIN ZU HAUS

Leeres-Nest-Syndrom? Ursprünglich hatte man geglaubt, das befällt einen irgendwann in ferner Zukunft, wenn die Kinder von zu Hause ausziehen und wenn man einschlägigen Medienberichten Glauben schenken darf, passiert das sowie erst um deren dreißigsten Geburtstag herum, weil es im Hotel Mama so gemütlich ist. Leeres-Nest-Syndrom kann also warten. Ab und an mal ein leeres Nest wäre sogar ganz nett, um in Ruhe die Pflanzen umzutopfen, die Steuererklärung zu machen oder sich mit Buch und Gurkenmaske auf die Couch zu legen.

Doch wenn man Schulkinder mit einem regen gesellschaftlichen Leben hat, beschert einem das Schicksal öfter mal unverhofft ein paar Stunden ohne Anhang. Und anders als man immer gedacht hat, kann man durchaus in ein tiefes Loch fallen:

Da kommt Muttern nach einem entspannten Arbeitstag etwas früher nach Hause, hat eine prall gefüllte Kuchentüte dabei, weil sie Sohnemann mit einer gemütlichen Teestunde überraschen will. Und während das Wasser anfängt zu kochen, klingelt das Telefon, der Hort ist dran und teilt mit, dass die Gruppe sich noch gemeinsam ein Fußballspiel angucken möchte, ob das in Ordnung sei. Natürlich ist das in Ordnung, auch wenn die Teestunde ausfällt. Mutter sitzt etwas verwirrt zu Hause, mampft alleine Kuchen und weiß nicht so recht was mit sich anzufangen.

Oder Mutter hetzt sich nach einem hektischen Arbeitstag ab, um zu Hause zu sein, bevor der Nachwuchs auf der Fußmatte steht. Natürlich hat der Bus Verspätung. Mutter düst im Sauseschritt die Straße lang, sieht noch kein wartendes Kind vor der Haustür und stürmt in die Wohnung. Kaum hat sie die Tür hinter sich geschlossen, klingelt wieder das Telefon: »Ich bin bei Joscha, Hausaufgaben habe ich im Hort gemacht, reicht es, wenn ich um halb sieben losgehe?« Ist natürlich auch in Ordnung. Aber Mutter ist völlig aus dem Konzept gebracht.

Wie füllt sie die Stunden? Ausgerechnet heute sind weder Wäsche- noch Abwaschberge zu bewältigen. Natürlich könnte sie auch mal kurz in ihre Lieblingsbuchhandlung gehen und einfach etwas stöbern, aber sie hat so gar keine Lust. Freundin auf einen Kaffee treffen? Die sitzt noch bei der Arbeit. Ein Nickerchen halten? Sie ist doch gar nicht müde. Plötzlich überkommt sie eine ungewohnte Sehnsucht nach dem Nachwuchs. Ruhelos durchstreift Mama die Wohnung, betrachtet herumliegende Kinderschuhe und wird sentimental, weil der Kleine inzwischen die unglaubliche Schuhgröße 38 trägt. Sie stolpert über abgetakelte Playmobil-Schiffe und drapiert liebevoll Teddybären auf Kinderbetten. Erst am Morgen erschallte hier noch fröhliches Kinderlachen, jetzt herrscht gespenstische Ruhe. Ist es möglich? Das sind ja Symptome von Frust und Langeweile und Einsamkeit! Dabei wünscht sie sich doch manchmal nichts sehnlicher als zwei, drei freie Stunden. Und jetzt steht sie rum wie bestellt und nicht abgeholt. Kaum klingelt dann der Nachwuchs, wird er begeistert empfangen und wundert sich über die überschwänglichen Liebesbezeugungen.

Aber natürlich sind diese Freistunden auch willkommen. Schön ist es zum Beispiel, wenn das Übernachtungsspiel beginnt. Aus irgendwelchen Gründen sind Grundschüler ganz wild drauf, ständig woanders zu schlafen. Mal beherbergt man selber zwei Neunjährige, deren Gekicher bis weit nach elf Uhr nachts aus dem Kinderzimmer dringt und die nach dem Zähneputzen noch bergeweise Chips mampfen. Am nächsten Wochenende steht dann der Gegenbesuch an und dann hat man frei und kann endlich mal ganz einfach ins Kino oder in den Biergarten gehen. Ohne Babysitterstress. Wahnsinn. Das Vorhandensein von Geschwisterkindern könnte die Zahl der freien Stunden oder Abende zwar wieder etwas dezimieren, aber irgendwann kommt die Zeit, wo beide Kinder unterwegs sind. Oder alle drei.

Besonders gefordert sind Eltern, wenn die Kinder durch längere Abwesenheit glänzen, sei es, weil sie im Ferienlager sind, auf Klassenfahrt oder zu Besuch bei den Großeltern: Für ein paar Tage darf man sich fühlen wie in längst vergangenen, kinderlosen Zeiten. Doch der Rückfall in die alte Unbeschwertheit dauert ein wenig. Man bringt die Kinder zum Bus oder zum Zug, setzt eine fröhliche Miene auf, winkt ihnen zum Abschied hinterher und versucht krampfhaft, nicht an sämtliche Berichte von Bus- oder Zugunglücken zu denken, von denen man jemals gehört oder gelesen hat. So vergehen ein paar unruhige Stunden, bis die Meldung kommt, dass alle wohlbehalten am Zielort angekommen sind. Trotzdem starrt man das Telefon an wie das Kaninchen die Schlange oder checkt ständig nervös, ob das Handy noch Saft hat. Nach 24 Stunden merkt man, wie viel Zeit einem plötzlich zur Verfügung steht. Nach 36 Stunden schmiedet man kühn Pläne für die nächsten Tage, immerhin muss die kinderfreie Zeit bestmöglich genutzt werden. Man versucht also, Renovierungsarbeiten, abendliche Vergnügungen, Treffen mit Freunden, die man sonst selten sieht, Einkaufsbummel, und erlesene, wenn auch kinderunfreundliche Restaurants in den Terminkalender zu quetschen. Für die Renovierung fehlt dann doch der Elan. Beim abendlichen Ausgehen kommt man sich fast so vor, als ob man etwas Illegales täte. Es kommt auch ein Treffen mit alten Bekannten zustande, der Rest lässt sich terminlich nicht unterbringen. Im Restaurant wird man von einem unglaublich umständlichen, pompösen Ober bedient. Den hätte Töchterchen bestimmt sehr treffend imitieren können und alle hätten sich vor Lachen weggeworfen. Beim Bummeln findet man genau das T-Shirt, das sich Sohni seit Monaten wünscht. Nun liegt es da und wartet auf ihn. Man hört einen richtig guten Witz, den man sofort seinen Kindern erzählen möchte. Doch die sind ja nicht da. Man vermisst sie so und zählt erst die Tage, dann die Stunden. Am Tag der Heimkehr kocht man die Lieblingsspeisen der Sprösslinge, lagert Süßigkeiten ein und zählt die Minuten. Und wenn man die lieben Kleinen, die während ihrer Abwesenheit ungefähr zwei Meter gewachsen sind, endlich wieder begrüßen darf (umarmen niemals in Anwesenheit der Freunde!), ist man doch herzlich froh, das richtige Leben wiederzuhaben.

PUBERTÄT – GEHT IMMER FRÜHER LOS UND DAUERT IMMER LÄNGER

Bei Mädchen beginnt die Pubertät etwa im Alter von zehn bis elf, bei Jungen etwa mit zwölf Jahren. Da hat man die pummelige Kindergartenfreundin seiner Tochter mal ein, zwei Monate nicht gesehen, schon kommt sie als gazellenhaftes Wesen daher, das mit etwas ausgestattet ist, was sich eindeutig als, äh, na ja, hm, Busen bezeichnen lässt. Da kommt der langjährige Kumpel des Sohnes zu Besuch, der auf die besorgte Frage, ob er sich erkältet habe, krächzt: »Nein, ich bin im Stimmbruch!«

Zur Pubertät gehören: geheimnisvolle Dauertelefonate mit Schulfreunden, epische Kicheranfälle, Sinnkrisen, Selbstmordgedanken, Stimmungsschwankungen, Fragen nach dem Sinn des Lebens, das Austesten von Grenzen, Ausprobieren von Drogen, schrecklich schlechte Witze, unmögliche Kleidung, Tranigkeit, Antriebslosigkeit, Verzweiflungsattacken, unglücklich verliebt sein, zu spätes nach Hause kommen, heimliche Partys, Verstöße gegen das Jugendschutzgesetz, Ladendiebstähle, allgemeines Genervtsein, Absacken in der Schule, Pickel, enormes Längenwachstum, »Bravo« lesen, geheimnisvolle Aktivitäten, von denen man lieber nichts wissen will.

Sobald Kinder das Teenager-Alter erreichen, reagieren sie plötzlich auf harmlose Bemerkungen wie »Guten Morgen« oder »Heute Abend gibt es Kartoffelsalat mit Würstchen« mit dermaßen angeekelten Blicken, dass den Erziehungsberechtigten ganz anders wird. Sie befleißigen sich mitunter eines derart ätzenden Tonfalls, dass man sich wünscht, die lieben Kleinen hätten nie sprechen gelernt. Sie lassen bei jeder Gelegenheit durchblicken, was für eine Zumutung die eigenen Eltern sind. Trotzdem kommen sie dauernd bei ihren peinlichen, altmodischen, enorm lästigen Eltern an und wollen irgendwas. Sie befinden sich in einem ganz eigenen Orbit und erwecken regelmäßig den Eindruck, sie litten an krankhafter Hirnerweichung. Die Bezeichnung »Pubertätsmonster« kursiert in Elternkreisen nicht zu Unrecht. Was nicht heißen soll, dass wir unsere Monster nicht lieben würden. Aber manchmal machen sie es uns eben sehr schwer. Wenn der riesige Kerl, der missmutig in der Küche herumlungert, die dritte Aufforderung, doch endlich mal den Müll rauszubringen, mit einer ausgesucht verächtlichen Grimasse quittiert, lenkt nur die Erinnerung an den mordsmäßig niedlichen Dreijährigen, der sich immer so vertauensvoll an einen schmiegte, von spontanen Schreikrämpfen ab. Zum Glück räumt der riesige Kerl aber auch manchmal freiwillig die Spülmaschine aus, bringt Mutter einen Tee oder verblüfft durch ganz vernünftige Ansichten, so dass der elterliche Seelenfrieden nicht ständig herausgefordert wird.

Genug der Worte, wir alle haben es hinter uns und brauchen uns nur zu erinnern. Und weil viele Eltern sich eben allzu gut an die eigene Pubertät erinnern, bekommen sie bei dem Gedanken an die Pubertät ihrer Kinder weiche Knie. Vermutlich zu Recht. Aber da muss man durch.

FRAGEN GUTER ERZIEHUNG

Tim kommt zu Besuch übers Wochenende. Und er bringt seine Freundin mit – es ist seine erste »richtige« Freundin! Tim ist 15 Jahre alt und verschrien für sein kolossal schlechtes Benehmen, seine polterige Art und vor allem für seine schrecklichen Tischmanieren. Er habe keinerlei Respekt vor gar nichts, weder vor Personen noch vor Gegenständen, und mit ihm zusammen an einem Tisch zu essen sei vollends unerträglich, er esse Unmengen und das auch noch wie ein ... na, lassen wir das. Zu Hause muss er deswegen bereits alleine in der Küche essen und bei den Eltern mancher Freunde sei er deswegen auch nicht mehr gern gesehen. Kurz und gut: Tim ist hoch pubertär. »Na, ob das wohl gut geht bei euch in eurer kleinen Wohnung? Ein ganzes Wochenende?«, werde ich gefragt.

Tim und seine Freundin kommen an und überraschen uns erst einmal mit einem Gastgeschenk. Wow! Und um es gleich zu sagen: Tim überrascht überhaupt das ganze Wochenende über durch sein extrem wohlerzogenes Verhalten. Seiner Freundin gegenüber benimmt er sich äußerst aufmerksam und liebevoll, seinen Gastgebern gegenüber äußerst aufmerksam und rücksichtsvoll. Das mitgebrachte Gepäck bleibt überwiegend auf einem Haufen liegen und fliegt nicht in der ganzen Wohnung herum – wir hatten da schon Erwachsene zu Besuch, bei denen wir bereits nach 10 Minuten nicht mehr wussten, wohin wir treten sollten. Die beiden bieten ungefragt ihre Hilfe beim Auf- und Abdecken an, spielen mit den Kindern und stellen sich überdies als Babysitter zur Verfügung – wir würden doch bestimmt gerne mal ein Bier trinken gehen. Wir können uns schon denken, warum zwei 15-Jährige uns Erziehungsberechtigte mit dem Angebot vom Babysitten aus der Wohnung lotsen wollen, sehen das aber nicht so eng und nehmen dankend an. Die beiden kochen sogar für uns. Und dabei geht irgendwas kaputt. Das ist Tim außerordentlich unangenehm. Aber der Junge ist immerhin zwei Meter groß und hat damit naturgemäß einen ganz anderen Bewegungsradius als wir Durchschnittsgrößen. In unserer kleinen Küche muss er sich vorkommen wie im Puppenhaus. Kein Wunder, wenn da etwas zu Bruch geht. Außerdem heißt es ja, dass schnell wachsende Jungs so ungeschickt seien, weil sie ihrem Wachstum weder mental noch physisch hinterherkommen. Und beim Essen? Da benimmt sich Tim so zurückhaltend, dass er nur auf Nachfrage nachnimmt. Obendrein weiß er durchaus, wie man manierlich mit Messer und Gabel umgeht, ohne dass zwei Drittel des Essens auf dem Tisch landen. Wirklich – selten so angenehme und pflegeleichte Gäste gehabt. Ich frage mich allerdings, ob das Wochenende für Tim wohl sehr anstrengend war.

Als ich seiner Mutter davon erzähle, wird die maulig und fühlt sich unverstanden. Dabei wollte ich sie nur beruhigen: Allen Unkenrufen zum Trotz – wenn er will, dann kann er! Und erfahrungsgemäß wollen Jugendliche doch spätestens dann, wenn sie ihre erste große Liebe oder die Eltern der ersten großen Liebe beeindrucken möchten, oder? Seine Mutter hält dagegen: »Ja, sicher kann er, wenn er will. Das Dumme ist nur, zu Hause will er nie. Mach das mal selber jeden Tag mit!« Recht hat sie.

Tim war noch öfter bei uns zu Besuch, mit und ohne Freundin, mit und ohne Familie. Wenn Letztere dabei war, ging tatsächlich eine wundersame Wandlung in ihm vor: Plötzlich kam das Vollbild des pubertierenden Rebellen zum Vorschein. Tim fläzte sich in Sesseln, die nicht dafür gemacht waren, verweigerte sich allen Arbeitsaufträgen, pöbelte lieber seine Schwester an, knuffte und boxte seinen Bruder und gab zu allem und jedem ätzende bis nervige Kommentare ab. Wirklich anstrengend! Kein Wunder, dass Tims näheres Umfeld an seinen sozialen Fähigkeiten zweifelte.

Es ist – das weiß man ja aus eigener Erfahrung – ein langer und steiniger Weg, bis man zu einem Menschen wird, der sich in der Öffentlichkeit halbwegs sehen lassen kann. Gutes Benehmen, anständige Manieren und was man so alles darunter verstehen mag, werden einem ja nicht in die Wiege gelegt. Unsere allgemein anerkannten Umgangsformen sind das Ergebnis eines leuchtenden elterlichen Vorbildes und jahrelanger Übung. Und dabei kochen die Wogen zwischen Eltern und Kindern hoch und höher. Erstere reden sich den Mund fusselig, versuchen es geduldig mit wohlwollenden

Erklärungen, halten genervte Predigten und enden schließlich bei finsteren Strafandrohungen – wer kennt nicht den ultimativen Klassiker »Solange du die Beine unter meinen Tisch ...« – um aus ihren Sprösslingen halbwegs zivilisierte Mitmenschen zu machen: Schmatz nicht! Sitz gerade! Heb die Füße beim Gehen! Räum wenigstens deinen eigenen Kram weg! Wie siehst du denn aus, wasch dir mal die Hände und zieh was Sauberes an! Mach der Dame mal Platz. Lunger nicht so am Türpfosten rum! Halt dich gerade! Die Gabel geht zum Mund und nicht umgekehrt ...

Letztere sind genervt von ständigen Ermahnungen, fühlen sich bevormundet, kritisiert, drangsaliert, missachtet, schlecht behandelt, reagieren klassischerweise mit hartnäckigem Widerstand und trotziger Ablehnung. Nicht etwa, weil sie keinen Bock auf Umgangsformen haben, sondern weil das zwischen Eltern und Kindern nun einmal so sein muss.

Wie sagte eine erfahrene Freundin von mir: »Bitte, danke und Entschuldigung sagen, alten Damen behilflich sein, grüßen, einigermaßen vernünftig essen und Small Talk halten, sollte ein Kind doch spätestens in der dritten Klasse drauf haben. Dann vergisst es alles wieder, um während der Pubertät die Eltern zu schockieren. Irgendwann kommt das alles wieder – spätestens, wenn sie die erste Freundin oder den ersten Freund haben.«

Denn wenn man den Medien glauben will, sind Manieren wieder gefragt – auch unter Jugendlichen. Jahrelang galt es als total spießig, seiner Freundin in den Mantel zu helfen, ihr die Tür aufzuhalten und der Mama bei der ersten Verabredung womöglich auch noch Blumen mitzubringen – so mancher Vater wurde in seiner Jugend für dieses »total uncoole« Verhalten von seinen Freunden verlacht und hat es sich dann ziemlich schnell abgewöhnt. Und heute marschieren die gleichen Sprösslinge, die sich elterlichen Erziehungsmaßgaben bislang hartnäckig verweigerten, plötzlich los, kaufen Blumen, schmeißen sich in Schale und legen Duftwässerchen auf, weil das erste Date mit der ersten ernst zu nehmenden Freundin naht. Oder es fragt die Tochter, die bislang gegenüber Erklärungsversuchen darüber, wie man dieses oder jenes isst, völlig immun war, wie man denn – bitteschön – einen ganzen Fisch isst. »Weil ich doch heute bei Iris zum Essen eingeladen bin, und bei denen isses immer so schick«

(vor allem hat Iris einen älteren Bruder, auf den besagte Tochter steht, und vor dem will sie sich bestimmt nicht blamieren).

Übrigens – falls Sie zu den Vertretern der Generation gehören, die die Grundlagen »guten Benehmens« selber verweigert haben und nun ratlos vor Ihren Kindern stehen, weil die von Ihnen wissen wollen, wann man wie wen wem vorstellt oder wie man eine Artischocke isst: Für ganz Verzweifelte oder Unwissende gibt es inzwischen zahllose Seminare, in denen nicht nur Kindern der höheren Gesellschaft oder denen, die gerne dazugehören wollen, gute Manieren und der ausgefeilte Umgang mit Messer und Gabel beigebracht werden. Vielleicht bringt das ja was?

ICH NIKE – DU PUMA

Eine Nachbarin von mir findet, es hat ein Gutes, in unserem sozial eher verrufenen Stadtteil zu wohnen. »Die Leute hier haben so wenig Geld, dass an den Schulen Markenkleidung keine große Rolle spielt«, meint sie. Eine andere Bekannte bestätigt das. Ihre Familie war umgezogen in eine Gegend mit etwas höheren Durchschnittseinkommen und prompt standen sie vor einem Problem: An der neuen Schule grassierte der Markenwahn und die 13-jährige Tochter trug einfach nicht die richtigen Jeans. Die hätten auch das Budget der Eltern gesprengt. Und so weinte sich die Tochter jeden Abend in den Schlaf. Nicht weil sie sich die richtigen Beinkleider mit Tränen ertrotzen wollte, sondern weil sie tief verzweifelt war, einen weiteren Tag als Neue ohne Levi's schlichtweg das Allerletzte zu sein.

Zum Glück gab sich das Ganze wieder, als sie nicht mehr die Neue war, aber solche Geschichten erschrecken einen natürlich und man denkt an schöne alte Zeiten zurück, als Nike noch eine griechische Siegesgöttin war, die nicht Neiki ausgesprochen wurde und als man unter Puma eine Raubkatze verstand. Obwohl sich auch damals Gruppen nach bevorzugten Marken definierten. Die West-Geborenen werden sich erinnern: Es gab mal eine Zeit, da machte es einen Riesenunterschied, ob man Pelikan oder Geha war. Der modische Jugendliche trug Fiorucci-Jeans. Und peinlich, aber wahr: Die Frage o.b. oder Tampax spaltete die Mädchen in meiner Klasse eine Zeit lang in zwei verfeindete Lager.

Alles harmlos im Vergleich zu heute. Man hört und liest schauderhafte Sachen. Ohne Markenklamotten geht es nicht, Jugendliche verfallen in Beschaffungskriminalität, Eltern verschulden sich, der Ruf nach Schuluniformen wird laut (und von Schülerinnen und Schülern unterstützt).

Ehrlich gesagt, habe ich von so etwas lange nichts mitgekriegt. Ich bin nicht markenaffin und machte mir über Nike, Adidas und Co. und deren Bedeutung für den Heranwachsenden keinerlei Gedanken. Bis Oma ein Fila- und ein Nike-Shirt schenkte. Der Beginn einer großen Liebe zwischen Kind und Oberbekleidung. Ich interviewte Junior zum Thema Markenklamotten und herauskam, dass die an seiner Schule beliebt seien. Alle hätten gerne welche, man müsse sie aber nicht unbedingt haben. Das beruhigte mich. Einem Modediktat, besonders einem so kostspieligen, mag ich mich nicht beugen. Herzenswünsche erfülle ich bedeutend lieber. Und so war mein Schnäppchenjagdinstinkt geweckt und führte mich des Öfteren an die richtigen Grabbeltische. Eine kleine Auswahl an Artikeln mit drei Streifen oder dem Swoosh sorgt bei meinem Nachwuchs für Freude, hat aber anscheinend keine lebensnotwendige Bedeutung.

Oder schätze ich da etwas falsch ein? Neulich hätten sich an einer Kaufhaus-Sonderfläche um ein Haar blutige Szenen abgespielt. Dort gab es drastisch reduzierte Nike-Schuhe und Junior war fest entschlossen, in irgendein Paar hineinzupassen. Im Zweifelsfall hätte er es auch Aschenputtels Stiefschwestern gleichgetan und ein Stück Ferse oder einen Zeh geopfert. Das konnte ich verhindern und ihn stattdessen zum Kauf eines Paares überreden, das den Schriftzug K2 trug. Die waren bequem, schön anzusehen und auch preiswert. Wieder heimgekehrt ließ sich Junior betrübt und enttäuscht von MTV beflimmern, als ein Werbespot seine Aufmerksamkeit erregte: für Kleidung der Firma K2. Und wenn man auf MTV wirbt, ist man eben nicht irgendwas, sondern eine Marke! Der Tag war gerettet und ein Paar Lieblingsschuhe geboren.

TELEFONITIS

Teenager telefonieren gerne, das ist eine Binsenweisheit. Deren exzessives Bedürfnis nach fernmündlicher Kommunikation war und ist rätselhaft: Schon unsere Eltern haben sich darüber aufgeregt, warum die beste Freundin umgehend angerufen werden musste, sobald wir von der Schule nach Hause kamen, obwohl wir uns gerade erst vor einer halben Stunde von ihr verabschiedet hatten. Heutige Teenager sind da nicht anders. Eher schlimmer. Früher stand das Telefon für alle zugänglich in der Diele, war an der Wand im Flur montiert oder hatte seinen festen Platz im Wohnzimmer. Jedes Familienmitglied konnte die epische Schilderung von Michaels tollen, blauen Augen belauschen und wie er einen damit im Bus angeguckt hat ... Heutzutage gibt es schnurlose Telefone (die manchmal äußerst schwer in der Wohnung wiederzufinden sind), mit denen sich der Nachwuchs für Stunden ins eigene Zimmer zurückziehen kann, um dort in Ruhe zu quatschen. Früher unterbrachen Eltern Gespräche mit dem Hinweis, selber telefonieren zu wollen. Heute gibt es ISDN, so ist es möglich, dass Kinder und Eltern eigene Leitungen und Nummern haben – es soll ja auch Erwachsene geben, die auf Erreichbarkeit einen gewissen Wert legen. Der Rest ist eine Frage der Kostenkontrolle. Aber dafür sind Flatrates da.

Und natürlich gibt es das Handy.

Ein Handy ist ein Muss: Wenn man Pech hat, haben die Kinder einen Mitschüler, der schon mit acht ein ausrangiertes Modell von Mutter bekommt und damit vor der Klasse angibt. Auch wenn es in der Schule ausgeschaltet bleiben muss, weckt es Begehrlichkeiten. »Yannick hat ein Handy und hat heute auf dem Heimweg eine SMS von seiner Mutter gekriegt. Ich will auch eins!« Die meisten Eltern sehen das gar nicht ein. Erstens glauben viele, dass Handys finstere Strahlen aussenden, die alle möglichen Krankheiten verursachen, zweitens schaffen es die lieben Kleinen sowieso nicht, mit derselben Anzahl von Jacken, Mützen, Taschen und Büchern aus der Schule zurückzukehren, mit der sie am Morgen das Haus verlassen haben. Wer wird da das Schicksal herausfordern und ihnen teures technisches Gerät mitgeben? Erst recht nicht nach dem Vorfall mit dem geklauten Game-Boy!

Meist wird ernsthaft darüber nachgedacht, wenn die Kinder auf die weiterführende Schule kommen. Ihr Radius wird größer, viele müssen mit dem Bus in die nächste Stadt, die Hortbetreuung entfällt, vielfältige Aktivitäten werden gepflegt – da ist Mobiltelefonie durchaus praktisch. Spätestens mit 12, 13 sind die meisten Jugendlichen handytechnisch versorgt. Bleibt wieder die Frage der Kostenkontrolle: Prepaid, Vertrag mit einem bestimmten Minutenkontingent oder Flatrate dürften dabei die gängigsten Optionen sein – je nach Geldbeutel, je nachdem, was für Verträge bereits existieren. Eine opulente Rechercheaufgabe. Ist diese gelöst und der Anbieter gewählt, informiert man sich noch über mögliche Kostenfallen: Klingeltöne, Abos, Spiele, teure Sondernummern, Bildschirmschoner, Logos – der Dschungel der Angebote rund ums Handy ist dicht und undurchdringlich. Trotzdem kämpfen die Eltern beherzt um Übersicht und halten dem Nachwuchs wohlmeinende Vorträge, um ihn vor Schulden zu bewahren und zu helfen, das ausgelobte Telefonbudget sinnvoll zu nutzen. Und endlich kann die Mobilfunkfamilie ihr neuestes Mitglied begrüßen.

Halt, es muss ja auch noch die Hardware her. Darüber, was ein Handy können muss, gibt es sehr unterschiedliche Vorstellungen bei Kindern und Eltern. Der örtliche Fachhändler erweist sich als fulminanter Kenner seiner jugendlichen Klientel: »Dieses Handy würde ich nicht empfehlen – damit kannst du nur telefonieren!«, lautet sein vernichtendes Urteil über so manches Modell. Das auserwählte Gerät verfügt dann schließlich über dermaßen viele technische Kinkerlitzchen, dass man sich gründlich in eine umfangreiche Gebrauchsanweisung einarbeiten muss, bevor man überhaupt die Uhrzeit einstellen kann. Einige der zahlreichen Anwendungsmöglichkeiten könnten ganz praktisch sein. Die meisten sind die Pest. Der Nachwuchs entdeckt zum Beispiel die Weckfunktion: Der Weckton schrillt des Nachts zu den unmöglichsten Zeiten und alle Familienmitglieder sitzen senkrecht in den Betten, bloß der Handybesitzer schläft weiter. Mit der Kamera lassen sich peinliche Fotos von der großen Schwester (oder noch schlimmer: von der Mutter) machen, die man gerne kichernd im Freundeskreis herumzeigt, besonders, nachdem man seinen Lieben mit dem integrierten Bildbearbeitungsprogramm noch einen Schnurrbart verpasst hat. Man filmt, wie Vater beim Zeitunglesen in der Nase bohrt und droht, das als MMS an seinen Chef zu schicken, es sei denn, er möchte gerne über eine Taschengelderhöhung sprechen? Ich gebe zu, den letzten Fall habe ich mir gerade ausgedacht, aber für unmöglich halte ich ihn nicht.

Bloß für seinen eigentlichen Zweck wird das Handy selten benutzt: zur Übermittlung sinnvoller Informationen. Natürlich wird man nicht angerufen, wenn die Schule wegen einer Versammlung eine Stunde länger dauert. Allerdings erreicht einen am nächsten Tag eine SMS vom Sohn, der gerade mit seinen Freunden ins Kino gegangen ist: Die enthält die brandheiße Nachricht, dass der Film gleich losgeht. Und wer seinem Spross zur eigenen Beruhigung ein Mobiltelefon kauft, damit dieser immer erreichbar ist, wird auch bitter enttäuscht sein: Die unaussprechlichen Sorgen, die man sich macht, weil das Kind schon zwanzig Minuten zu spät dran ist, verdoppeln und verdreifachen sich, wenn man fieberhaft versucht, den Bummelanten telefonisch zu erreichen und sich immer nur die Mailbox meldet.

VON BLAUEM DUNST UND MINIROCK

Ich muss so etwa 12 oder 13 gewesen sein, als der Vater meiner Freundin seinen 50. Geburtstag feierte. Nach der Party haben wir uns aus den herumliegenden Schachteln ein paar Zigaretten geklaut und sie zusammen mit unseren Kumpels in einer versteckten Ecke im Park gepafft. Geschmeckt hat es nicht, aber wir kamen uns total cool vor. Mein älterer Bruder war da schon dreister. Er hat sogar in seinem Zimmer geraucht – bei offenem Fenster natürlich. Wenn Mama oder Papa im Anmarsch waren, hat er die Kippe hinter sich aus dem Fenster geworfen und ich bin hinterher aus dem Fenster geklettert, um sie für ihn wieder aufzusammeln. Unseren Eltern wird das ja nicht verborgen geblieben sein, aber gesagt haben sie nichts. Im Gegenteil, unser Vater ist in die Offensive gegangen. Um seinem Sohn das Rauchen frühzeitig zu verleiden, hat er mit ihm zusammen eine dicke Zigarre geraucht in der Hoffnung, seinem Sohn würde davon so schlecht, dass er auf ewig die Finger davon lassen würde. War aber nicht so. Zu dem Zeitpunkt rauchte sein Sohn nämlich bereits mit schöner Regelmäßigkeit.

Jetzt stehe ich auf der anderen Seite und warte selber darauf, dass meine Kids ihre ersten Zigaretten rauchen oder sich das erste Mal die Kante geben. Von bekannten Müttern weiß ich, dass sich in dieser Hinsicht nichts wesentlich geändert hat. Noch immer werden die ersten Zigaretten heimlich geklaut oder von den »Älteren« geschnorrt und in irgendeiner verschwiegenen Ecke angezündet. Davon erfahren Mama und Papa in der Regel nichts. Erst wenn das Ganze regelmäßiger passiert oder die Vorsichtsmaßnahmen nachlassen. Plötzlich lutschen die Sprösslinge auffallend oft Pfefferminzbonbons oder kauen Kaugummi, verraten sich aber dennoch durch muffeligen Zigarettenqualm, der in der Kleidung hängt. »Ich war bei Felix, der Vater raucht doch so viel!« Na klar, das kann er seiner Großmutter erzählen. Oder eine mitteilungsfreudige Mutter vermeldet: »Du, übrigens habe ich Leon letztens mit ein paar komischen Typen rumhängen gesehen und die haben geraucht und hatten gaaaanz viele Bierdosen!« Uff, das Herz plumpst Mama in die Hose. Gerät der Junge nun auf die schiefe Bahn? Muss ich ihm den Umgang mit derartigen Typen verbieten?

Bei Nina kam der erste Rausch ganz offensichtlich bei der ersten Schulfete, auch wenn sie sich alle Mühe gab, ihren Zustand zu verbergen. Erst mal hat sie sich vorher aufgebrezelt, dass mir die Worte fehlten: Irgendwie hatte sie es geschafft, aus ihren Klamotten – oder denen ihrer Freundin? – einen Minirock und ein bauchfreies Top zu basteln. Die Frisur war wohl Britney Spears abgeschaut und welcher Sytling-Experte hatte sie nur bei diesem Make-up beraten? Wo hatte sie das Zeug eigentlich her? Lediglich der Lippenstift war auffallend dezent, aber ihre Mutter war sich sicher, das würde sich ändern, sobald sie die Wohnung verlassen und hinter der nächsten Ecke verschwunden sein würde. Als treu sorgende Mutter musste sie sich jede Bemerkung dazu mühsam verkneifen. Immerhin hat sie es früher auch gehasst, für ihr oft bizarres Styling kommentiert zu werden. Außerdem konnte sie sich schwer vorstellen, dass sich irgendein Typ trauen würde, die Nina umgebende Parfummauer zu durchbrechen. »Also, ich hole dich um 22 Uhr ab!« Als Mama dann pünktlich vor dem Schulgebäude stand, musste sie erst einmal 20 Minuten warten, bis Nina endlich in einem Pulk kichernder Mädchen und älterer Jungs aus der Aula kam. Und einer davon hatte seinen Arm um sie gelegt. Na holla! Als sie ihre Mutter sah, löste sich Nina auffallend schnell aus dem Pulk und – ja, tatsächlich! – sie *wankte* auf sie zu und schob sich fix noch einen Kaugummi in den Mund. »Na, alles klar? Wie war's denn?« – »Ganz okay!« – »Erzähl doch mal!« – »Nö, bin müde!« Sprach's, drehte den Kopf von mir weg und schloss die Augen. Aha, Madame misstraut wohl dem Kaugummi und hatte ganz offensichtlich ein, zwei Biere oder was auch immer zu viel getrunken.

Damit dürfte die Kindheit wohl endgültig vorbei sein.

Erfahrene Mütter trösteten mich: Klar, irgendwann riecht man, dass sie geraucht haben oder man findet eine Flasche Alkopops im Kleiderschrank oder Pornohefte unter dem Bett. Und Mädels können sich wirklich schlimm nuttig zurechtmachen. Aber halt mal den Ball flach. Das gibt sich wieder!

5.

MÜTTER UND
DER REST DER WELT

ARTENSCHUTZABKOMMEN

Neulich sah ich eine dieser seltsamen Fernsehquizfragen, bei denen man für zwei Euro fünfzig anrufen soll, um sie zu beantworten. Die Frage lautete: »Was genießen Mütter mit Neugeborenen – a) Mutterschutz oder b) Artenschutz ?« Ich wollte eigentlich sofort anrufen und in den Hörer schreien: »In Deutschland – Artenschutz!«

Denn die stetig sinkende Geburtenrate hat nicht nur schreckliche Auswirkungen für unsere Renten- und Krankenkassen, sondern auch hässliche Auswirkungen für Mütter und Kinder hier und heute: Unsere Republik ist mittlerweile kinderentwöhnt.

Das fiel mir schon bei meiner ersten U-Bahn-Fahrt mit Kinderwagen auf: Ich wartete vor der Treppe zum Bahnsteig naiv auf hilfreiche Hände zum gemeinsamen Runtertragen des Wagens. Und wartete und wartete, während zahllose Passanten eilig an mir vorbeiliefen. Als ich schließlich verzweifelt einen jungen Mann um Hilfe bat, schien er fast zu erschrecken. Huch, da war ja schon wieder so eine rätselhafte Gestalt mit Fahrgestell vor dem Bauch – was die wohl will? Ähnliche Episoden erlebe ich auch immer wieder vor Kaufhaustüren, in Warteschlangen oder mit schreiendem Kind in der Öffentlichkeit. Ja, kann man das Schreien denn nicht auf Knopfdruck abstellen?

Und dabei habe ich noch Glück, denn ich wohne in einem Berliner Bezirk mit hohem türkischem Bevölkerungsanteil und machte hier die Erfahrung, dass es immer wieder die türkischen Männer und Jugendlichen sind, die mir helfen. Mir scheint, dass die Kinder-Entwöhnung bei ihnen noch nicht stattgefunden hat, im Gegensatz zu den deutschen Männern. Dabei will ich Letzteren keine Boshaftigkeit unterstellen. Viele von ihnen wissen wohl einfach nicht mehr, was Kinder – in der Öffentlichkeit – bedeuten. Diejenigen, die helfen oder einfach aufmerksam gegenüber Kindern sind, haben in der Regel selbst welche.

Mir kommt es so vor, als ob es in Deutschland zwei Parallelwelten gibt: Kinderlose und Familien. Wenn sie sich doch mal berühren, kommt es zu seltsamen Szenen: Elisabeth und Daniel sind mit ihrem zweijährigen Kind an einem Samstagabend bei einer Party im Freundeskreis. Sie sind die einzigen Gäste mit Kind und ernten verständnislose Kommentare, als sie gegen 23 Uhr aufbrechen: »Was, ihr wollt schon gehen?« – »Ja, wir müssen leider früh raus!« – »Müsst ihr morgen etwa arbeiten?« – »Nein, nein, aber unsere Kleine steht um sechs Uhr früh auf!« – »Wie? Auch am Wochenende???« Nein, am Wochenende schläft unser zweijähriges Kind wundersamerweise bis zehn Uhr aus und holt uns dann frische Croissants vom Bäcker!

Anna wurde in der Babyzeit, die ja bekanntlich harte Arbeit ist, von ihrer Freundin gefragt: »Was machst du jetzt eigentlich die ganze Zeit?« Müttern kommen da die Tränen oder sie reiben sich ungläubig die vom Schlafmangel geröteten Äuglein.

Hingegen bin ich angenehm überrascht, wenn plötzlich ein Drogeriemarkt eröffnet, der einen schönen, sauberen Wickelplatz mit Windeln aller Größen und eine Spielecke bereithält. Drogerien sind ja ein wahrer Tummelplatz vor allem für Mütter kleiner Kinder, die immer große Mengen Windeln, Tücher, Breie, Öle und Ähnliches benötigen. In den vielen Cafés in meiner Stadt suche ich allerdings oft vergeblich nach so einem Service. Ich hatte kürzlich die wilde Idee, Gelder zu sammeln und kostenlos alle diese öffentlichen Orte mit preiswerten, ausklappbaren Wickeltischen auszustatten. Die Idee kam mir nach einem unangenehmen Erlebnis in einem teuren Café in einem gut situierten Berliner Stadtteil, wo ich meine Tochter auf dem gekachelten Boden der Toilette wickeln musste.

Dank an dieser Stelle allen Kneipen, Kaffeehäusern und Hamburgerbratereien, die ganz selbstverständlich einen Wickelplatz vorhalten. Und dafür, dass viele Väter dort die Gelegenheit haben, einmal ungestraft den Vorraum einer Damentoilette zu besuchen.

Die löblichen Ausnahmen sind es, die mir immer wieder vor Augen halten, wie wenig Gedanken hierzulande an Kinder, Mütter, Eltern »verschwendet« werden, sie vergessen oder schlicht ignoriert werden. Da gibt es diese große schwedische Möbelhauskette, die konsequent kinderfreundlich ist. Neben offensichtlichen Hilfen für Eltern wie Leihbuggys, Leiterwagen für die größeren Kinder, Kinderkino, Spielecken mit witzigen Ideen und sehr billigen oder kostenlosen Kindergerichten staunte ich über eine kleine, solide Treppe, die an einem Infotisch befestigt war: So konnten kleine Kinder mit auf den Tisch schauen, an dem sich ihre Eltern etwas erklären ließen. Ich hatte das Gefühl, dass diese pfiffige Idee von jemandem stammt, der sich wirklich mit der Perspektive von kleinen Kindern beschäftigt hatte. Die Konsequenz dieser Bemühungen ist, dass man den Eindruck hat, die wenigen Kinder, die diese Republik noch hervorbringt, zwingen am Wochenende alle ihre Eltern zum Möbelhausbesuch. Ich bin mir auch sicher, dass viele leidgeprüfte Eltern an einem ereignislosen Samstag diesen Ort als Unterhaltungsprogramm für ihre Kleinen nutzen. Warum überlegen sich nicht mehr Menschen und öffentliche Einrichtungen, wie man das Land wieder kinderkompatibler machen kann? Wir Eltern mit Kindern bringen doch auch Geld ein und machen nicht nur alles schmutzig ...

VOM WAHRHAFT ZEIT HABEN: DINKIS WERDEN ELTERN

Was glaubte ich als DINKI, also mit »Double Income« und »No Kids«, gehetzt zu sein. Zehn-Stunden-Arbeitstage, danach Freunde treffen, shoppen, Essen gehen, noch mehr Freunde treffen ... Selten sah man die eigene Wohnung, ja, den eigenen Partner vor Mitternacht. Die Suche nach dem perfekten Kleiderschrank kostete Wochenende um Wochenende. Joggen gehen, Fitnessstudio, wichtige Telefonate. Das Leben schien Stress pur.

Eltern hingegen, die scheinen doch nun wirklich alle Zeit der Welt zu haben. Können ja eh nirgendwo mehr hin, hängen stundenlang müßiggängerisch und kaffeetrinkend auf Kinderspielplätzen herum und – man sieht es ja allerorten – schieben gemächlich mit ihren Kinderwägen durch Parks oder verstopfen die Supermarktgänge. Auch in der Werbung kann man's sehen: Mütter pausieren in Hängematten, verstopfen tratschend die Straßenkreuzungen, verteilen mit glücklich-entspannten Gesichtern Schokoriegel und Vitaminbonbons.

Noch kinderlos ahnte ich damals nicht, dass ich nie wieder so viel Zeit haben würde wie als DINKI.

Im Rückblick frage ich mich seufzend im Kreise anderer Mütter: Was bloß hat man damals mit der ganzen Zeit gemacht? Man kam ja von der Arbeit nach Hause und hatte Feierabend! Füße hoch, Zeitung lesen, gemütlich Essen kochen oder bestellen. Ruuuuuhe. Ungestörter Schlaf! Und erst die Wochenenden: selbst mit Nebenjobs eine Zeit des Müßiggangs, Brunch mit Freunden, Zeit im Café, Sport ohne Zeitlimit oder eben Stunden um Stunden Zeit für diesen Nebenjob.

Nun das neue »zeitlose« Leben mit Kind: Morgens Augen auf und der Dienst beginnt – sofort! Die Geduld der meisten Sprösslinge – egal welchen Alters – ist äußerst begrenzt. Bevor man also selbst an Körperpflege und Anziehen denken kann, heißt es stillen, wickeln,

Frühstück machen, Kind anziehen, Schulbrote schmieren – was auch immer. Gut, wenn man hier mit dem Partner Arbeitsteilung machen kann, noch atemloser, wenn alles an einem allein hängen bleibt.

In den ersten Monaten mit Baby kommt es so leicht zu dem Phänomen »12 Uhr vorbei und immer noch abgehetzt (!) und ungewaschen im Jogginganzug«.

Beim Kindergarten- und Schulkind verrinnt die Zeit morgens im Flug, bis alle einschließlich man selbst auf den Weg gebracht sind. Gesegnet seien hier Kitas mit flexiblen Öffnungszeiten – was durchaus nicht überall selbstverständlich ist. Schichtarbeiterinnen zum Beispiel sind ohne sehr großzügige Öffnungszeiten immer auf Hilfe angewiesen. Susanne wurde von ihrer verzweifelten Mutter, die sehr früh zur Arbeit musste, eine halbe Stunde vor Öffnung auf einer Parkbank vor der Kita abgesetzt.

Ist man nach Unterbringung der Kinder abgehetzt zur Arbeit gelangt, herrscht weiter Tempo, Tempo, Tempo. Mit kleinen Kindern arbeiten viele von uns zunächst Teilzeit. Nicht erst entsprechende Studien haben nachgewiesen, dass Teilzeit-Arbeitnehmerinnen wesentlich effektiver arbeiten als die acht bis zehn Stunden anwesenden Kolleginnen und Kollegen. Auch aus eigener Erfahrung kenne ich die vielen informellen Pausen, Gespräche und überflüssig endlosen Sitzungen bei einem Vollzeit-Job. Alle scheinen so viel Zeit zu haben! Mit Kind in der Betreuung heißt es hingegen: gnadenloser Anschlag. Druck machen, gegen sich selbst und andere. Gespräche abwürgen und trotzdem versuchen, dabei nicht unhöflich und dauergehetzt zu wirken.

Dann geht man – für die Kollegen erscheint es – früh. »Schönen Feierabend«, rufen sie einem launig hinterher oder gern auch häufig: »Was? Du gehst schon? Viel Spaß!« Ich entgegne dann lautstark: »Kein Feierabend! Zwote Schicht!«

Denn Zeit für sich hat man eigentlich nur auf dem Arbeitsweg. Glück hat, wer die öffentlichen Verkehrsmittel nutzen kann und so ein wenig Zeit zum Lesen findet.

Zu Hause beginnt dann diese zweite Schicht. Denn schließlich hat man seine Lieblinge stundenlang allein gelassen und widmet ihnen nun jede Minute bis zum Schlafengehen intensiv und ausschließlich. Anrufe stören hier bzw. werden auf das Notwendigste beschränkt, auf die Zeitung kann man höchstens noch mit einem halben Auge schielen und die Füße legt man nur hoch, wenn man dabei ein Kind auf dem Schoß hat. Dabei geht es ans Essen machen, Hausaufgaben beaufsichtigen, was war in Kita oder Schule los, Gute-Nacht-Geschichte ... Wenn die Kinder endlich schlafen, fällt man erschöpft aufs Sofa, falls man nicht eh schon aus Versehen beim Zubettbringen mit eingeschlafen ist.

Und die Wochenenden? Persönliche Freizeit kann es hier nur geben, wenn Partner oder Freunde stundenweise die Kinderbetreuung übernehmen. Aber lange kann man das weder dem einen noch dem anderen zumuten. Außerdem möchte man ja auch gerne mit dem Partner Zeit verbringen. Wohl denen, die Oma und Opa einspannen können, das tut der Partnerschaft und den Nerven gut!

»Uaah«, gähnten mein DINKI-Bruder und seine Freundin letzten Sonntag um zwölf, als wir gerade zum Überraschungsbesuch mit Kind hereinschneiten, »Uaah, war das anstrengend, gestern Nacht haben wir bis um zwei renoviert, sind gerade erst aufgestanden ...« Mitleidlos starrten wir aus rot unterlaufenenen Augen zurück. Wir waren ja nur vier Mal von alptraumgeplagtem Kind geweckt worden, das sich schwer wieder beruhigen ließ, hingegen um sieben putzmunter in den Tag startete.

Liebe DINKIs, erzählt uns Müttern bitte nichts vom Stress. Genießt die *viele* freie Zeit!

DIE ANDEREN ELTERN

Eigentlich sind wir Eltern ja von Natur aus Verbündete. Wir interessieren uns vor allem für das Wohl und Wehe der lieben Kleinen und können mit endlosem Palaver über deren Stuhlgang, Ess- und Schlafgewohnheiten kinderlose Paare gnadenlos in die Flucht schlagen.

Wir erkennen einander nicht nur am Nachwuchs im Schlepptau, sondern auch an aus Versehen in die Oper mitgeschlepptem Spielzeug (das hoffentlich nicht mitten in der Aufführung anfängt, »Alle meine Entchen« abzuspielen), an Keksen und Trinkflasche in der Handtasche und dem Herumlungern vor dem Babybrei-Regal: lieber Brokkoli mit Hühnerklein oder Kürbis-Johannisbeer-Fruchtbrei? Das können Fragen sein, die uns zeitweise schwer beschäftigen.

So finden wir also überall harmonisch zusammen, geraten ins Plaudern, tauschen Tipps aus, seufzen, stöhnen und jubilieren gemeinsam.

Nachdem ich mit dem ersten Kind endlich in diese große, fröhliche Gemeinde aufgenommen worden war, hätte ich mir nie träumen lassen, dass es Eltern geben kann, die einem endlos auf die Nerven fallen können.

Meist trifft man sich zu Elternzwangsgemeinschaften entweder in Kursen, Kita oder der Schule. In Berührung kamen wir schon im Geburtsvorbereitungskurs mit solchen enervierenden Exemplaren. Beate und ihr Mann stellten dort von Anfang an klar, dass ihr zu erwartendes Baby ihr einziges sei, da sie ja schon so alt seien. Das gäbe ihnen das Recht, in jeder Kursstunde mindestens die Hälfte der Zeit für ihre ganz persönlichen Fragen zu beanspruchen, die sich in der Regel um grässliche mögliche Komplikationen drehten.

Monika hatte ihren Sohn in eine so genannte Elterninitiativen-Kita gegeben, d.h. sie wurde durch Eltern gegründet, dort bestimmten alle Eltern über Erziehungsfragen, Angebote wie Musik, Turnen oder Englisch und halfen beim Putzen und Kochen mit. Eigentlich eine schöne Sache, sich so zu engagieren. Aber wehe, wenn man dort an Nervensägen gerät, die ihre Sonderwünsche gnadenlos durchbringen wollen, egal, was es kostet. So kann zum Beispiel endlos Zeit für Diskussionen draufgehen, wenn man sich nicht über die einzustellenden Erzieher einigen kann oder ständig angebliche Missstände behoben werden müssen: »Haben wir eigentlich das Trinkwasser untersuchen lassen?«, »Die Kacheln im Bad verstören meine Tochter!«. Monika wurde aufgrund der vielen unterschiedlichen Allergien der Kinder dort eine ausgefuchste Vollwertköchin, die ohne Milch, Nüsse, Eier und Soja köstliche Gerichte zauberte. Vegetarisch, versteht sich. Manchmal beschlich sie jedoch der Verdacht, dass unter einigen Müttern ein regelrechter Wettstreit um die originellste Allergie herrschte. Eine ihrer Lieblingsgeschichten aus der Kita-Zeit ist aber die einer Mutter, die dort ewig und lautstark darüber lamentierte, dass nicht genug gesungen wurde. Nach einer Weile fand Monika heraus, dass diese Mutter bei sich zu Hause selbst überhaupt nicht mit ihrem Kind sang.

Wir wiederum hatten das Pech, unser erstes Kind in einer Kita anzumelden, in der einige Väter und Mütter mit der Geschäftsleitung in einen argen Streit gerieten. Es fing damit an, dass ein überaus beliebter Erzieher ging. Es dauerte einige Zeit, bis Ersatz gefunden wurde. »Seit Wochen hat es keinen Englisch-Unterricht mehr gegeben!« »Die Vorschulkinder kriegen überhaupt keine Förderung mehr!« Wir Naivlinge gingen davon aus, dass solche Förderung vor allem uns Eltern überlassen war. Wir stellten uns vor, dass unser Sprössling sicher und behütet dort spielen und Spaß haben sollte. Da hatten wir uns wohl noch nicht genug Gedanken darüber gemacht, dass ohne solche Förderung keine Chance auf einen Studienabschluss des Nachwuchses bestand!

So schleppten wir uns abwechselnd zu den inflationär stattfindenden Elternabenden, versuchten zu schlichten und lauschten ergeben den verschwörerischen Übernahme-Plänen: »Wir übernehmen den Verein, der die Kita gegründet hat«, »Wir bieten der Geschäftsleitung Geld an und leiten den Laden selbst«.

Dabei half es nicht, dass sich viele Eltern furchtbar aufregten und die Moderatorin ignorierten, die aber sowieso damit beschäftigt war, mit ihrer Nachbarin zu plaudern. Wir lernten dabei, dass es eine Kita-Aufsichtsbehörde gab, die natürlich mit der Geschäftsleitung »unter einer Decke steckte«. Da wir beide berufstätig waren, hatten wir vor allem ein Interesse an einer zuverlässigen Betreuung der Kinder und es drängte sich uns der Eindruck auf, dass viel Bohei, Briefe, Anwaltskontakte und Eingaben vor allem von einigen Eltern mit sehr viel Zeit gemacht wurden. Noch schlimmer fand ich dabei allerdings, dass einige designierte Krawallväter und -mütter jeden Tag beim Abholen der Kinder endlos und lautstark vor ihnen darüber krakeelten und so den Streit vor ihren Kindern austrugen. Das herbstliche Laternenfest wurde gnadenlos boykottiert und der neuen Leiterin der Kita Corinna wurde ständig unterstellt, sie führe auf dem Rücken der Kinder Änderungen durch: »Keiner bleibt mehr bei den Kindern, wenn sie mittags einschlafen«, hieß es da und »Die Kleinen kriegen nachmittags keinen Obstsnack mehr«. All dies stellte sich als haltloses Gerücht heraus, die unzufriedenen Eltern würdigten Corinna trotzdem weiterhin keines Blickes beim Bringen und Abholen. Was für Vorbilder sie ihren Kindern doch waren...

Es überraschte uns nicht, dass sofort wieder Ruhe einkehrte, nachdem einigen Eltern seitens der Geschäftsleitung gekündigt wurde.

Leider können sich auch bereits befreundete Eltern übel auf die Nerven gehen. Es kracht ganz schnell, wenn unterschiedliche Erziehungsstile aufeinander prallen. Leonie und Werner lassen ihrer Tochter eben gern die lange Leine und finden es normal, wenn sie in der Nase bohrt, mit der Stereoanlage herumspielt und Essen herumwirft. Sie soll sich eben frei entfalten können. Spielkameradin Nina greift diese Anregungen natürlich nur zu gern auf und kann nicht verstehen, dass das zu Hause nicht in Ordnung sein soll. Es kostet harte Arbeit, das zu erklären und durchzusetzen. Thea ist entsetzt, dass ihr neunjähriger Sohn bei seinen Freunden gewalttätige Actionfilme sehen darf. Soll sie ihn wirklich mit einem von ihnen in Urlaub fahren lassen? Was werden dessen Eltern dort alles erlauben?

Schon ganz früh, wenn die Zeit beginnt, in der sich die Kinder gern mal buchstäblich in die Haare kriegen, sich gegenseitig Spielzeug wegnehmen oder sogar auf den Kopf hauen, dann heißt es, schnell darüber einig zu werden, wo die Grenze ist. Darf man auch dem anderen Kind im Beisein seiner Mutter etwas vorschreiben oder es maßregeln? Nicht immer ist das eigene Kind das Engelchen und das Gastkind das schuldige!

Süßigkeiten, Computerspiele, Fernsehzeit – des gibt endlose mögliche Konfliktherde.

Hier braucht es viel Fingerspitzengefühl, um klare Absprachen zu treffen und mal Fünfe gerade sein zu lassen. Nur so können wir langfristig befreundete Eltern bleiben. Und wenn das klappt, ist das manchmal wichtiger und hilfreicher als die eigenen Verwandten.

ALLEIN ERZIEHEND TEIL 1: DIE ETWAS KLEINERE FAMILIE

Allein erziehend – das kann die unterschiedlichsten Gründe haben und die unterschiedlichsten Formen annehmen. Lassen wir verwitwete Elternteile und Fälle, in denen Drogen, Gewalt oder Misshandlung eine Rolle spielen, mal außen vor, ist die wohl gängigste Variante die folgende: Kind lebt überwiegend bei einem Elternteil und das andere Elternteil nimmt regelmäßig sein Umgangsrecht wahr. Allein erziehend zu sein wird allgemein mit Sozialhilfe und unappetitlichen Sorgerechtsstreitigkeiten assoziiert. Kommt beides vor, muss jedoch nicht sein. In jedem Fall aber ist das Alleinerziehendendasein suboptimal. Eltern, die sich getrennt haben oder im Begriff sind, sich zu trennen, haben sich zusammenzureißen und die Dinge im Sinne des gemeinsamen Nachwuchses zu regeln. Dabei ist die Elternebene streng von der Paarebene zu trennen. Das Kind muss die Gewissheit haben, dass es an der Trennung nicht schuld ist und dass beide Eltern weiterhin für das Kind da sind. Soweit die Theorie.

In der Praxis sieht es häufig anders aus. Da gibt es Väter, die sich – seit Schwangerschaft, Geburt oder Trennung – nicht die Bohne für ihre Sprösslinge interessieren. Da gibt es Mütter, die ihr Umgangsrecht im unregelmäßigen Turnus wahrnehmen und wenn sie sich mal sehen lassen, sitzen sie bei Vatern auf dem Sofa und trinken Kaffee. Es gibt Mütter, die verzweifelt den Vätern ihrer Kinder hinterher telefonieren, der Kleine würde sich doch so sehr freuen, wenn zum Geburtstag vielleicht ein Kärtchen käme ...?, und es gibt ebenso Väter, die verzweifelt versuchen, mit ihren Kindern regelmäßig Umgang zu haben, was die dazugehörende Mutter unter fadenscheinigen Vorwänden zu vereiteln weiß – kurz, es ist ziemlich viel faul im Lande der Alleinerziehenden. Oder wie ein Anwalt in einem Diskussionsforum formulierte: »Keine Fallkonstellation in juristischen Lehrbüchern ist so schräg und abgedreht, als dass sie nicht von der Realität schon längst locker rechts überholt worden wäre ...«

Auch wenn die Männer kräftig aufholen: Die Mehrheit der Alleinerziehenden sind weiblich. Wie alle Vertreter von Minderheiten erkennen Alleinerziehende sich gegenseitig, wenn sie einander zufällig begegnen. Allein erziehend zu sein bedeutet eine Steigerung allgemeiner kindbedingter Schwierigkeiten (Geldmangel, Zeitmangel, Schlafmangel, Mangel an geeigneten Betreuungsangeboten, etc.) um ca. 250 Prozent und eine Steigerung der allgemeinen Schuldgefühle um mindestens 1000 Prozent. Alleinerziehende müssen Nerven wie Drahtseile haben und meisterlich netzwerken können. Die Ausprägung von mütterlichem Egoismus ist lebensnotwendig, auch wenn die Umwelt darauf oftmals mehr als verständnislos reagiert. Eine Alleinerziehende mutiert ungefähr einmal pro Quartal zu einem heulenden Häuflein Elend, das sich schluchzend dem »Ich-will-nicht-immer-alles-alleine-machen«-Gefühl hingibt. Aber keine Sorge: Die gravierendsten Probleme schwinden, wenn die Kinder älter und damit selbstständiger werden. Nach und nach bekommt man das Leben besser in den Griff und darf sich ab und an mal auf die Schulter klopfen.

ALLEIN ERZIEHEND TEIL 2: EINE GANZ NORMALE WOCHE ANFANG MAI

Sonntag

Ach, wie schön, bin halbwegs ausgeschlafen. Was daran liegt, dass ich am Sonnabend trotz Wochenende früh im Bett war. Gibt eigentlich keiner mehr Partys? Gönne mir erst mal die berühmte gute Tasse Tee und meine Lieblingssendung im Radio. Junior kommt zum Kuscheln und möchte am liebsten als Erstes den Fernseher einschalten. Ich verweise auf meine Lieblingssendung und dass es mein Zimmer sei. Junior fügt sich, besser noch, er geht Brötchen holen. Kommt weinend wieder, will aber nicht darüber reden. Der Grund für sein Weinen sei »zu verrückt«. Beschließe, das zu akzeptieren, mache mir aber trotzdem milde Sorgen. Beim späten Frühstück lacht das Kind schon wieder. Vielleicht war er nur sauer, dass er nicht Fernsehen durfte.

Immer das leidige Problem am Wochenende. Alles, was verpaart ist, macht auf Zweisamkeit oder in Familie. Aber heute treffe ich eine ebenfalls allein erziehende Freundin. Während die Kinder spielen, widmen wir uns den einschlägigen Klatsch- und Tratschthemen. Wer kriegt gerade ein Baby, was macht die Schule, was macht die Arbeit, wer trennt sich? Man beschließt, noch gemeinsam Essen zu gehen, leider sind die Kinder weder für indisch, noch für griechisch und so landet man dann gegen Abend in einer der notorischen Hamburgerschmieden. Eigentlich ein ganz gelungener Sonntag.

Montag

Der berüchtigte Montagmorgen. Am liebsten noch ein Weilchen liegen bleiben. In der Spüle gähnt mich das Geschirr vom Wochenende an. Tee kochen. Junior wecken. Der sieht rechtschaffen verpennt aus. Ich stehe knöcheltief in Legosteinen, Action-Man-Zubehör und Bonbonpapier. Nichts wie raus hier.

Im Büro sieht mein Schreibtisch leider auch nicht besser aus als mein häusliches Umfeld, wie immer kurz vor Projektabschluss. Aber ein voller Schreibtisch garantiert auch, dass der Arbeitstag schnell rum ist. Feierabend, S-Bahn weg, trotzdem bin ich zu Hause, bevor Junior aus dem Hort kommt. Mein Nachwuchs hat das Diktat zurückbekommen und elf Fehler produziert, trotz all des Übens in der vergangenen Woche und des guten Gefühls, das wir beide hatten. Beiderseitige Enttäuschung. Habe schlechtes Gewissen, weil ich nicht so viel mit ihm übe, wie es anscheinend notwendig wäre, aber der Tagesablauf ist ziemlich eng und ich finde, irgendwann muss ein Kind auch mal Feierabend haben. Seine Lehrerinnen finden das nicht, wenn es nach ihnen ginge, müsste mein Sohn ständig spielerisch Matheaufgaben lösen, Wörter buchstabieren und Schreibübungen machen. Ich hingegen bin froh, wenn ich geistig-moralisch in der Lage bin, die Hausaufgaben zu kontrollieren. Also ist die schlappe Mutter wieder an allem schuld. Zum Glück hat Sohnemann weder Probleme in Mathe noch im Lesen, aber manchmal frage ich mich, ob ein wenig väterlicher Ehrgeiz fehlt. Es ist zumindest mein Eindruck, dass Väter mehr Wert auf Leistung legen, aber das kann ich nicht auch noch stellvertretend übernehmen. Liegt mir außerdem überhaupt nicht ...

Dienstag

Noch früher raus, weil ich dringend unter die Dusche muss. Wieder Hetze auf dem Weg zur Arbeit. U-Bahn ausgefallen, nun denn, dann verspäte ich mich eben, zum Glück habe ich eine verständnisvolle Chefin. Arbeite etwas länger, wieder Hetze auf dem Rückweg. Kind kommt nicht. Gegen 16.20 Uhr beginne ich unruhig zu werden. Telefon im Hort ist dauerbesetzt. Gegen 16.30 Uhr will ich gerade losstürzen, als Junior erscheint. Ist aufgehalten worden. Verordne unseren Räumlichkeiten kosmetische Maßnahmen. Junior gelingt es, eine Schneise in sein Zimmer zu schlagen. Ich lege ca. fünf Dutzend kleine und große Unterhosen zusammen, mache den Abwasch, schwinge den Staubsauger und entsorge den Müll. Schaffe es danach noch, Pizza zu backen. Mir wird mit Schrecken klar, dass ein neuer Monat angefangen hat. Das Leben ist am schwersten, paar Tage nach dem Ersten. Vor dem Ersten weiß ich jedenfalls, das alle laufenden Rechnungen bezahlt sind, am Monatsanfang werde ich von Zahlungsverpflichtungen heimgesucht. Fängt mit der Monatskarte an, hört bei den Hortgebühren auf. Die Telefonrechnung ist deutlich höher als sonst und die Haftpflichtversicherung ist fällig. Damit wäre mein Budget für Extras fast ausgeschöpft. Aber vielleicht flattert diesen Monat mal wieder eine der beliebten, wenn auch unregelmäßigen Unterhaltszahlungen für meinen Sprössling herein.

Mittwoch

Kollegin hat Geburtstag. Ich ertappe mich bei flüchtigen Neidgedanken. Kollegin ist 35 und denkt jetzt über Kinder nach. Sollte ich mich noch mal vermehren, wäre ich automatisch Risikoschwangere. Begrabe den Gedanken wieder, da zurzeit sowieso kein Partner da ist, also was soll man sich um ungelegte Eier sorgen.

Lese in einer Frauenzeitschrift mein »Sommer-Liebeshoroskop«. Demnach müssten mich in Kürze Männer wie Motten das Licht umschwirren. Wie schön, wo sollen die bloß herkommen? Fürs letzte Jahr sagte mein Horoskop mir großes Glück mit einem Skorpion voraus. Prompt geriet ich auch an einen nicht unsympathischen Skorpion, der sich heftig für mich interessierte. Leider fiel dem Herren nach dreimonatiger Balz auf, dass ich ja allein erziehend und berufstätig bin und ergo sicher gar keine Zeit für eine Beziehung hätte. Und das war's dann, eigentlich sollte ich um Horoskope einen Bogen machen, aber es regiert ja das Prinzip Hoffnung.

Donnerstag

Heute Abend habe ich noch ein Seminar zwecks Weiterbildung. Ich verlasse meine Arbeitsstätte früher und hole Junior vom Hort ab, um ihn überhaupt noch zu Gesicht zu kriegen. Zu Hause zieht es ihn gleich vor die Glotze. Ich schärfe ihm ein, dass unsere Nachbarin ihn in einer halben Stunde abholen wird (und niemand sonst!). Diese Nachbarn (mit gleichaltrigem Sohn) sind ein Geschenk des Himmels. Um halb neun bitte wieder runter kommen und bettklar machen, gegen neun müsste ich auch wieder da sein. Ich mache auf alle Fälle noch einen Kontrollanruf, bevor die Veranstaltung losgeht, falls irgendwas nicht klappt. Dann werfe ich mich erneut in die S-Bahn. Das Seminar ist eher eine schlecht getarnte Werbeveranstaltung. Mit meiner Zeit hätte ich wirklich was Besseres anfangen können. Besonders die vortragende dynamische Business-Frau geht mir leicht auf den Zeiger. Wie lange hat die wohl für ihre Frisur gebraucht? Aber so ein schickes Kostüm hätte ich auch gerne. Bemerke einen peinlichen Fleck auf meiner Bluse. Meine Waschmaschine ist seit zehn Tagen kaputt. Überschlage, ob nächsten Monat eine Reparatur drin wäre. Wenn Unterhalt käme, ja. Um mich herum nur Wichtigtuer. Haben bestimmt alle keine Kinder. Zum Glück ist das Elend früher zu Ende als geplant und ich eile nach Hause. Junior liegt zwar schon im Bett, will aber noch eine Runde kuscheln. Wie schön.

Freitag

Freitag ist frei. Junior kündigt am Frühstückstisch an, dass heute ein Freund zu Besuch käme. Schön, hätte ich aber ganz gerne eher gewusst. Nutze den Vormittag, um an der Waschmaschine herumzuschrauben. Traue mich aber nicht, das Ergebnis zu testen.

Mir gelingt der Küchengroßputz. Hurra, ein Programmpunkt weniger am Sonnabend. Wühle mich danach durch mein Zimmer und entsorge dubioses Plastikzeugs, das dort nicht hingehört. Junior und sein Freund schneien rein und wollen bewirtet werden. Dann sind sie im Kinderzimmer schwer beschäftigt und ich widme mich trivialen Vergnügungen wie Zeitung lesen und Fußnägel lackieren. Abends merkt Junior, dass meiner Vernichtungsaktion ein wichtiges Legoteil zum Opfer gefallen ist. Nacktes Entsetzen. Aber Glückes Geschick, das fragliche Objekt ist noch nicht in der Tonne. Abend gerettet.

Sonnabend

Wache viel zu früh auf und sorge mich um meine Finanzen. Daher treibt es mich früh zum Kontoauszugdrucker. Frauen am Rande des Dispokredits, könnte besser aussehen. Jetzt droht der Wochenendeinkauf. Bewaffnet mit diversen Behältnissen auf zum Supermarkt. An der Kasse befällt mich die übliche Panik angesichts der Massen.

Wie schaffe ich das alles nach Hause? Ein Rucksack zerrt an den Schultern, zwei schwere Taschen zerren an den Armen. Ich bin ja so tapfer! Irgendwie schaffe ich das Zeug nach Hause und bin geschafft für den Rest des Tages. Igitt, ich muss ja in den Waschsalon. Keine Lust! Junior kommt an und will Frühstück ans Bett. Ich strecke meinen schmerzenden Rücken und blaffe ihn an. Der ist natürlich sauer, bei mir meldet sich das schlechte Gewissen. Schlechtes Gewissen behagt mir nicht und ich kompensiere das durch eine Schimpftirade: »Und wie sieht überhaupt dein Zimmer wieder aus? Sag mal, kann es sein, dass dort unter dem Sofa der teure Zirkelkasten liegt, den du eigentlich für Mathe brauchst? Räum sofort deinen Schreibtisch auf. Hörst du? Sofort! Nein, erst ziehst du dich natürlich an! Also los jetzt, hopp, hopp!« Zum Glück klingelt es in dem Augenblick Sturm. Einer der notorischen Werbezettelverteiler, die am Wochenende immer scharenweise auftauchen. Den Rest meines Wutanfalls nutze ich jetzt, dem verwirrten Herren zu erklären, dass einmal Klingeln reicht. »Und nächste Woche klingeln Sie mal nicht bei mir, sondern woanders! Habe auch was Besseres zu tun, als ständig den Türöffner zu spielen!« Der Zettelverteiler versteht kein Wort. Aber ich habe mich jetzt erst mal wieder beruhigt und entschuldige mich wortreich bei meinem Sohn. Den Zirkelkasten bitte sofort aufsammeln, dann anziehen, außerdem brauche ich die Dreckwäsche und wenn der Schreibtisch bis morgen Mittag in Ordnung gebracht ist, reicht mir das auch. Junior ist erleichtert, ich auch. Frieden wieder hergestellt. Jetzt erst mal in Ruhe eine Tasse Kaffee und dann weiter sehen.

JUNGE VÄTER

Der Gerechtigkeit halber und bevor ich es mir anders überlege, muss gesagt werden, dass es Väter heute wirklich nicht ganz leicht haben. Schließlich sind die meisten von uns in mehr oder minder klassischer Rollenverteilung aufgewachsen. Und während es für uns Frauen immerhin die Emanzipation gab, schwimmen Männer zwischen alten Klischees und neuen Erwartungen.

Im Klartext sieht das so aus: Der werdende oder junge Vater sieht sich dem Druck ausgesetzt, nach alter Väter Sitte seine Familie ernähren zu müssen. Und als wäre das nicht schon genug, soll er bitte auch noch einen geeigneten Anteil an der Erziehungs- und Familienarbeit leisten: Wickeln, Fläschchen geben, zum Baby-Schwimmen und auf den Spielplatz gehen, Einkaufen und Putzen – oder wenigstens mal Aufräumen, Hausaufgaben betreuen, Ins-Bett-bringen und, und, und.

Ich sehe ein, das ist nicht leicht.

Allerdings reicht mein Verständnis meistens nur so weit, wie meine Laune milde ist. Unter Mütter-Stress und Schlafmangel betrachtet, sieht es nämlich so aus: Gerade im ersten Lebensjahr eines Kindes schieben Väter so viel Überstunden wie nie, behaupten, Wickeln sei Frauenarbeit und überhaupt seien Babys naturgemäß besser bei der Mutter aufgehoben. Meistenteils wissen sie sich gestützt durch (Kneipen-)Gespräche mit gleichgesinnten Vätern oder Vertreter älterer Generationen (»Der arme Mann muss abends immer noch die Küche machen!«).

Leider, leider neigen wir Frauen im Zustand postnataler Unzurechnungsfähigkeit dazu, ebenfalls in diese völlig veralteten Klischees zu verfallen. Und ehe wir uns versehen, ist der Wurm drin und nur mühsam wieder auszutreiben. Die Rollen sind verteilt.

Wohlgemerkt: Wenn alle Parteien mit der gefundenen Rollerverteilung einverstanden und zufrieden sind, ist es bestens und wunderbar. Gar nichts gegen zu sagen.

Wenn aber die Erwartungen anders liegen, gilt es, sich aus dieser Falle schnellstens zu befreien, denn sie ist eine Katastrophe für alle Beteiligten.

Die Nachteile sind schnell aufgezählt: Väter, die mit ihren Kindern nichts anfangen können, weil sie kaum eine Beziehung zu ihnen aufgebaut haben. Frustrierte Mütter, die sich mit allem allein gelassen fühlen, obgleich sie eigentlich lieber in den Job zurück möchten. Kinder, die ständig nach Mama schreien, weil sie es nicht kennen, dass Papa auch für sie da ist. Und eine partnerschaftliche Beziehung, die als solche eigentlich gar nicht mehr besteht.

Merke also prinzipiell: Man sollte sich tunlichst vor der Geburt über die wechselseitigen Erwartungen und die künftige Rollenverteilung verständigen und darüber auch im Gespräch bleiben. Denn es kommt bekanntermaßen erstens anders und zweitens als man denkt.

Und merke unbedingt ebenfalls: Väter können alles genauso gut wie Mütter. Auch wer keinen Busen hat, kann immer noch ein Fläschchen halten.

DIE EIGENE MUTTER

Nach der Geburt meines ersten Kindes begannen bei mir rätselhafte Flashbacks: Plötzlich meinte ich mich daran zu erinnern, wie ich selber auf der Wickelkommode und im Kinderwagen gelegen hatte. In meinem Kopf entstanden mit einem Mal Bilder meiner eigenen kleinkindlichen Spielzeugumgebung. Ich meinte, den Moment der Erleuchtung wieder zu fühlen, von dem an ich begriffen hatte, dass Laufen schneller und leichter ging als Krabbeln. Ich entsann mich eines Weihnachtsfestes, das für mich ganz im Zeichen eines bestimmten Buches über einen Pinguin mit rotem Schal gestanden hatte. Diese Flashbacks waren zum Teil derart plastisch, dass sie mich über Tage begleiteten.

Da ich keine Halluzinogene nehme und auch dem Alkohol nur in äußerst geringem Maße zuspreche, führe ich diese merkwürdigen Erinnerungen auf meine neue Situation als Mutter zurück, durch die offenbar Fragmente aus den Untiefen meiner Erinnerungen aktiviert wurden.

Um das Ganze auf seinen Wahrheitsgehalt zu prüfen, erzählte ich meiner Mutter davon, die darüber äußerst überrascht war, denn vieles konnte ich weder von Fotos noch aus Erzählungen kennen. Besagtes Pinguin-Buch beispielsweise hatte ich zu Weihnachten bekommen als ich anderthalb Jahre alt war, es ist aber ziemlich schnell zerlesen gewesen und weggeschmissen worden.

Überhaupt war meine Mutter sehr erstaunt darüber, wie viel ich gerade in der ersten Zeit mit Baby exakt so handhabte, wie sie selber es getan hatte – ohne dass wir je darüber gesprochen hätten: die Art, das Bettchen vorzubereiten, die Art, mit dem Baby zu sprechen und zu spielen, mit ihm zu kuscheln, es zu hegen und zu pflegen, das Gute-Nacht-Ritual ... Es schien ihr, als würde sie alles selber noch einmal erleben. Seitens meines Bruders war meine Mutter bereits mehrfache Großmutter, aber das erste Kind der Tochter hat auch bei ihr offenbar noch einmal andere Seiten angeschlagen.

Ich meinerseits war höchst perplex, wie viel ich unwillkürlich und ohne darüber nachzudenken genauso wie meine Mutter handhabte – im Guten wie im Schlechten! Peu à peu erschienen die Erinnerungen meiner Kindheit unter einem ganz anderen Licht. Vieles, was sich mir eingebrannt hatte, wurde dadurch relativiert. Manches Neue kam ans Tageslicht. Aber immer wieder fiel mir auf, wie stark ich durch die eigene Kindheit geprägt worden bin. Plötzlich verstand ich, welche Inhalte und Werte meine Mutter uns vermitteln wollte, wenn sie zu bestimmten Büchern griff, uns an Musik heranführte oder für uns mit festen Ritualen die Welt an Geburtstagen und zu Weihnachten verzauberte. Plötzlich hatte ich auch mehr Verständnis für ihre Strenge und Ungeduld, die mir als Kind immer maß- und uferlos und natürlich als total ungerechtfertigt erschienen war, bei der ich mich plötzlich aber selber ertappte.

Auch wenn meine Mutter und ich wahrlich nicht immer nur ein Herz und eine Krone waren – in der für mich neuen Situation mit Kind hab ich mich oft Rat- und Gespräch suchend an sie gewandt, Notwendigkeiten und Überflüssigkeiten im Umgang mit Babys erörtert, Fragen der Erziehung gewälzt. Und wenn es bei uns eng wurde, weil es beruflich pressierte, alle Kinder krank waren oder uns anderweitig die Dinge über den Kopf zu wachsen drohten, war es mir am liebsten weil am vertrautesten, wenn meine Mutter einsprang. Ungeachtet aller durchaus vorkommenden Differenzen trafen wir uns mit einem Mal auf einem Fundament gemeinsamer Erfahrungen, auch wenn wir sie aus unterschiedlichen Perspektiven erlebt hatten.

Natürlich wurden mir auch bestimmte Dinge klarer, die ich ganz bestimmt nicht so wiederholen wollte, wie ich sie erlebt hatte. Ich hoffe, dass ich so vernunftbegabt bin, bei diesen Fragen nicht aus Furcht vor einer Wiederholung ins andere Extrem abzugleiten. Aber das werden mir meine Kinder sicher spätestens mit der Pubertät kräftig vorhalten.

Kurz und gut – mit dem ersten eigenen Kind bekommt das Verhältnis zur eigenen Mutter noch einmal einen ganz anderen Stellenwert und bietet Anlass, sich damit noch einmal auseinander zu setzen. Abhängig vom Grad der Abnabelung gibt es da wohl im Großen und Ganzen drei Erscheinungsformen: Am geschmeidigsten läuft es naturgemäß zwischen Müttern und Töchtern, die in etwa die gleichen Vorstellungen vom Umgang mit Kindern haben. Der Regelfall ist wohl ein Verhältnis, bei dem Mütter und Töchter manches gleich sehen und manches eben nicht. Hier kommt es auf einen guten Umgang miteinander an. Und dann gibt es natürlich die Fälle, in denen Töchter schon aus Prinzip alles anders machen als ihre Mütter.

Aber egal wie es sich im Einzelnen darstellt, mit dem ersten Kontakt ergibt es sich vielfach ganz natürlich, dass man einander wieder näher rückt – selbst in Fällen, die vorher kaum einen Kontakt miteinander gepflegt haben. Denn in dieser für alle werdenden Eltern neuen Situation kann die eigene Mutter ein Höchstmaß an Vertrautheit und Sicherheit bieten.

KINDERWUNSCHLOS GLÜCKLICH?

Ein vierzigster Geburtstag wird gefeiert, gemischte Runde, Zweidrittel Elternmehrheit. Sämtliche anwesenden Frauen und einige Männer betrachten gerade mit wahrscheinlich grenzdebilem Lächeln den jüngsten Sohn der Gastgeber, der äußerst niedlich mit seinen Patenonkeln herumblödelt und sich wie Bolle amüsiert. Die weibliche Hälfte eines kinderlosen Paares, sie Ende dreißig, er Mitte vierzig, guckt besonders sehnsüchtig-versonnen. Er ahnt Ungemach und meint: »Zwei Stunden würde ich den ja aushalten, aber nicht länger und nicht jeden Tag!« Sie entgegnet: »Wir kriegen ja nicht den, wir würden einen anderen kriegen!« Die anwesende Elternschaft spitzt neugierig die Ohren: Aha, Paar mit Fortpflanzungskonflikt! Er wiegelt ab: »Ist doch egal. Ich würde mir das Spiel ein halbes Jahr lang anschauen und dann hätte ich genug.« Ich wage den Einwand: »Innerhalb eines halben Jahres hat sich das Spiel aber mindestens zehn Mal geändert.« Der Mann möchte wohl herumstreiten: »Na gut, ein bisschen Abwechslung ist dabei. Aber 18 Jahre die lieben Kleinen an der Backe? Das wird irgendwann einfach langweilig.« »Ab acht sind sie ständig auf Achse und quasi aus dem Haus«, behauptet jemand aus der Runde keck. »Trotzdem«, wird zurückgemurrt, »mir scheint, man muss in Kinder unverhältnismäßig viel Zeit investieren, nur damit man später mal drei oder vier Anekdoten hat, die man am Lagerfeuer erzählen kann.« Die restlichen Eltern mischen sich ins Gespräch ein: drei oder vier Anekdoten? Lächerlich, man erlebt innerhalb einer Woche mindestens drei Dutzend. Und Kinder sind sehr amüsant, wirklich. Sobald sie sechs sind, hat man außerdem ein begeistertes Publikum für all seine uralten Witze. »Ich weiß nicht. Meine Schwester ruft mich dauernd an, um mir zu erzählen, was mein Herr Neffe so gesagt oder getan hat, das ist immer so ein Sch....« Anscheinend will der uns aus unserer Elternseligkeit reißen, er blickt herausfordernd in die Runde und verlangt: »Kann mir einer mal erklären, was am Kinderkriegen so toll ist?« Nö, das kann keiner. Wie erklärt man einem Blinden die Farben? Wobei mir dazu noch eher etwas einfallen würde, als dazu, wie man einem Kinderlosen die Freuden des Kinderhabens erklärt.

Es ist ja keinesfalls so, dass wir Eltern jeden missionieren wollen, der nicht bei uns mitmacht. Wir sind doch keine Sekte. Es muss nicht jeder Kinder haben. Es geht auch ohne. Wir haben wirklich nichts gegen Kinderlose, auch wenn wir insgeheim der Meinung sind, dass Kinderverweigerer arme, bedauernswerte Würstchen sind, die ein tristes und freudloses Leben führen. Aber jeder möge nach seiner Fasson selig werden. Okay, das klingt jetzt etwas schnippisch, ist aber gar nicht so gemeint. Die Gründe einiger überzeugter Kinderloser können wir sehr gut nachvollziehen. Die Leute von nebenan zum Beispiel haben kein Kind geplant, unwillkommen wäre es aber nicht. Es will sich nun leider kein Nachwuchs einstellen. Die beiden sagen sich: »Dann soll es halt nicht sein«, verzichten bewusst auf die Segnungen der Fortpflanzungsmedizin und genießen ihre Zweisamkeit. Absolut verständlich. Die patente, freundliche, energische und doch herzliche Leiterin unserer Kita liebt Kinder und wird von ihnen verehrt. Sie hat keine eigenen und wollte auch nie welche. Sie meint, dass sie durch ihren Beruf genug Anteil am Leben kleiner Menschen hat, das reicht ihr. Irgendwie auch verständlich. Eine Mutter aus der anderen Kita-Gruppe ist streng genommen gar keine Mutter: Sie hat als Sozialarbeiterin viel Kinderelend gesehen. Jetzt hat sie zwei schwer misshandelte Kinder in Pflege genommen. Manchmal erstarren wir schlicht vor Ehrfurcht, wenn wir sehen, mit wie viel Geduld, Kraft und Liebe sie sich den beiden widmet und wie sehr sie unter ihrer Obhut aufgeblüht sind.

Andere Zeitgenossen hingegen sind mit ihren Begründungen, warum sie keine (weiteren) Kinder wollen, einfach nicht satisfaktionsfähig. »Ich möchte keine Kinder. Nach der Geburt kann man ja erst mal keine Tampons benutzen und Binden finde ich furchtbar ekelig«, erklärt mir eine Frau unaufgefordert auf einer Party. Die sollte es wirklich lieber bleiben lassen. »Kinder? Lieber nicht. Ich würde ausrasten, wenn die an meine Anlage gehen würden«, meint ein High-End-Fanatiker aus meinem Bekanntenkreis. Dabei hat seine Anlage ein eigenes Zimmer, das könnte er dann einfach abschließen. »Nee, mit Kindern kann ich nicht mehr verreisen«, trägt die ehemalige Weltenbummlerin zum Thema bei, die schon lange keine Rucksacktouren mehr macht, sondern stattdessen durchaus familien-kompatible Club-Urlaube bevorzugt. Besonders schön war auch das Argument eines Vaters gegen ein zweites Kind (das seine Frau sich sehr wünschte): Die Geburt des ersten sei für *ihn* so belastend gewesen. Da fällt einem dann nur die Kinnlade runter und gar nichts mehr ein.

Aber manchmal blutet auch unser Herz, weil die Sache mit den Kinderwünschen oft so unfair verteilt ist: Es gibt Leute, die würden gerne Kinder kriegen, sind dazu auch körperlich in der Lage, aber die Umstände wollen einfach nicht mitspielen. Zum Beispiel die nette Kollegin: Sie nahm regen Anteil an unseren Schwangerschaften, sie interessierte sich wirklich und wahrhaftig für unsere Kinder und neulich ging sie uns ohne großes Getue mit ein paar Arbeiten zur Hand, nur damit wir pünktlich zur Weihnachtsfeier in der Vorschule erscheinen konnten. Die hat immer noch keinen Partner, mit dem sich ihr Traum von einer eigenen Familie realisieren ließe. Oder der alte Freund, der auf Kinder im Alter von 1 bis 11 eine magische Anziehungskraft ausübt, weil er mit ihnen spielt, ihnen die Welt erklärt oder ihnen einfach zuhört, wäre ein Traumvater. Es ist einfach Verschwendung, dass seine Frau sich nicht als Mutter sieht. Da wäre auch noch die Freundin, die sich gerade langsam vom Kinderwunsch verabschiedet, weil ihr Partner mit Anfang vierzig immer noch pubertiert und meint, er wisse nicht, wo das Leben ihn hintreibt, da könne er nicht Vater werden. Und so weiter und so weiter.

Der Mann von der Geburtstagsfeier hat immer noch keine Antwort auf seine Frage. Seine Freundin wirft ihm einen sehr speziellen Blick zu. Er weiß anscheinend, was in ihrem Kopf vorgeht und stöhnt: »Oh nein! Jetzt muss ich dieses Thema auf dem Heimweg schon wieder diskutieren.« Das Paar bricht auf. Kaum hat sich die Tür hinter ihnen geschlossen, geht es los: »Was war das denn für ein Heini?« – »Ja, wirklich, was war mit dem denn los?« – »Die arme Frau!« – »Die sollte sich schnell trennen. Sonst tut er es, wenn sie so Mitte vierzig ist. Dann ist für sie der Zug abgefahren, er lernt eine Mittdreißigerin kennen, mit der er ein spätes Kind zeugt, wird ein engagierter Vater und nervt fortan die Welt mit endlosen Monologen darüber, wie toll es ist, Kinder zu haben.« Die Runde nickt beifällig. Das wäre wirklich eine himmelschreiende Ungerechtigkeit. Man hat da so seine Beispiele.

VON DAISY UND DONALD – EINE LIEBESERKLÄRUNG AN DIE NACHBARN

Vergessen Sie's. Ich werde die Namen meiner Nachbarn nicht preisgeben. Es könnten ihnen sonst verlockende Angebote gemacht werden, Geldgeschenke oder Ähnliches, um sie zu bewegen, bei Ihnen im Haus einzuziehen. Nichts da. Und wenn wir mal umziehen, müssen sie mit!

Eine Geschichte aus der Schwangerschaft sagt wohl alles über diese wundervollen Menschen: Ich war bereits in der Schutzfrist, d.h. ich konnte mit der schweren Wampe gemütlich zu Hause bleiben. Gemütlich ist vermutlich das falsche Wort, wenn man 15 kg mehr herumschleppt, aber wenigstens musste ich sie nicht zur Arbeit schleppen. Es klingelte mittags an der Tür und die besagten Nachbarn, nennen wir sie mal Donald und Daisy Duck, luden mich ein, bei ihnen Mittag zu essen. Sie würden sich gerade was Chinesisches kochen, hätte ich nicht Lust? Dazu muss man wissen, dass Donald und Daisy Gourmets und meisterhafte Köche in einer Person sind, und auch Backen kann Daisy hervorragend. Sie haben sogar mal an einem Siebeck-Koch-Wettbewerb teilgenommen, den sie leider nicht gewannen: Sie hatten echt indisch die Knochen beim indischen Curry mitserviert, was dort gar nicht gefiel.

Zu dieser Einladung also solle ich doch bitte in fünfzehn Minuten herunterkommen, dann sei alles bereit. So schnappte ich mir denn kurze Zeit später meinen Schlüssel bzw. das Schlüsselumhängeband vom Brett und stürzte hungrig aus der Tür. Sobald ich hörte, wie hinter mir die Tür knallend ins Schloss fiel, meldete mir mein Unterbewusstsein, dass etwas nicht in Ordnung war: An dem Schlüsselband hing ... nichts. Daneben gegriffen, falsches Band, hing halt leider auch am Brett. Typische Schwangerenfehlleistung, passiert mir sonst nie, ich schwöre!

Aber noch bestand kein Grund zur Aufregung, hatten wir doch für den Fall der Fälle Schlüssel bei Ducks hinterlegt. Leider hatten

Donald und Daisy aber am Vorabend per Babyphon auf unsere schlafende Tochter aufgepasst. Die war natürlich wach geworden und Donald musste nachschauen, um sie zu beruhigen. Dabei hatte er unseren Schlüssel in unserer Wohnung gelassen. Schlau wie wir sind, hatten wir aber bei den Nachbarn von gegenüber, die übrigens auch gerne Leckereien bei uns zum Probieren abliefern, einen weiteren Schlüssel deponiert. Leider, leider war aber dort keiner da. Da stand ich nun in Hausschuhen und ohne Jacke an einem kalten Wintertag. »Reg dich nicht auf«, beruhigten mich Donald und Daisy, »setz dich, iss erst mal was und dann sehen wir weiter!« Nach dem Essen war oben noch immer keiner zurück. Nun befällt einen ja auch unschwanger nach dem Speisen gern das so genannte Suppenkoma, soll heißen: »Nach dem Essen sollst du ruhn …« Die tausend Schritte kamen ja für mich schon allein wegen des falschen Schuhwerks nicht gerade in Frage! Man bot mir also ein ruhiges Zimmer mit Schlafplatz, wo ich mich notgedrungen, aber auch nicht ungern für ein Nickerchen niederließ. Sanft geweckt wurde ich dann schließlich von Daisy mit der Frage, ob ich noch eine schöne Tasse Tee trinken möge und im Übrigen habe, während ich schlief, die Nachbarin von oben den Schlüssel abgegeben. Erfrischt, satt und ausgeschlafen konnte ich also nach diesem vermeintlichen Unglück in meine Wohnung zurückkehren. So lässt es sich leben im behüteten Schoß einer Nachbarschaftsgemeinschaft!

Angefangen hat diese symbiotische Beziehung mit der fast zeitgleichen Mutterschaft von Daisy und mir. Nach anfänglichem Zögern besuchten wir uns dann in den ersten einsamen und manchmal ziemlich öden Babymonaten recht oft, bis wir uns schließlich nicht mehr für ungewaschene Haare, lotterige Bademantel-Outfits und unaufgeräumte Küchen entschuldigten. Ich glaube, die kurzen, aber fast täglichen Plauderstunden mit Daisy haben mir in dieser Zeit oft den Verstand gerettet. Reden mit einer Erwachsenen! Überhaupt reden! Diskussionen, die das Gehirn beanspruchten! Danach ließ es sich doch gleich wieder motiviert wickeln und das Kind herumtragen.

Und bei den Nachbarn von gegenüber – da fing, glaube ich, alles mit einer Zwiebel oder etwas Mehl an.

Heute vergeht eigentlich kaum ein Tag, wo nicht mindestens einmal einer der Nachbarn morgens, mittags und abends klopft, um zu plaudern, auszuleihen, abzusprechen. Unbemerkt tot in der Wohnung liegen – das ist hier nicht mehr drin!

Und wenn wir nicht umgezogen sind, dann tauschen wir noch heute Lebensmittel, Internetanschlüsse, Kinderkleidung und -spielzeug, Informationen, gute Weine und viele, viele gemeinsame Spielstunden der Kinder.

Was uns im Haus allerdings noch fehlt, wäre eine flotte Oma. Bewerbungen bitte an den Verlag.

DIE MUTTER DENKT, DAS KIND LENKT …

Ich saß gemütlich im Café, als eine aufgebrachte Frau zu ihren Freundinnen an den Nebentisch stieß und erst mal ihrem Ärger Luft machte: »Ich war heute mit Steffi zum Bummeln verabredet. Die hat mich vielleicht angemacht, nur weil ich eine Dreiviertelstunde zu spät war. Kurz bevor ich los wollte, bekam ich noch einen Anruf und dann fand ich keinen Parkplatz. Meine Güte, früher hat die mich so oft warten lassen. Die stellt sich vielleicht immer an, seitdem ihre Kleine da ist.«

Eine Welle von Mitgefühl für die mir völlig unbekannte Steffi durchflutete mich. Wahrscheinlich hatte Steffi sich auf dieses Treffen mit ihrer Freundin, nennen wir sie mal Nicole, wirklich gefreut. Und wahrscheinlich hatte sie sehr diffizile Berechnungen angestellt: Stillen gegen 9.30 Uhr, dann ist sie gegen zehn fertig, frisch wickeln, und es könnte losgehen. Töchterchen ist nach der Mahlzeit ca. eine Stunde lang gut drauf. Das wäre die Zeit für den Geschenkartikelladen und für einen Besuch in dem italienischen Feinkostgeschäft. Danach wird Lena unleidig, weil sie müde ist, dann müsste sie durch ein paar ruhige Seitenstraßen geschaukelt werden, um einzuschlafen. Das könnte mit einem Abstecher in die Buchhandlung verbunden werden, die liegt etwas abseits. Wenn die Kleine schläft, ist anderthalb Stunden Ruhe. Zeit, sich die Schuhgeschäfte vorzuknöpfen. Gegen 12.30 Uhr sollte das Kaufhaus in Reichweite sein, denn dann ist langsam die nächste Mahlzeit dran. Dessen Espresso-Bar ist ein Geheimtipp unter Eltern: rauchfrei, nicht so laut, die Sofas sind enorm stillfreundlich und es gibt eine Wickelgelegenheit. Den Mangel an Atmosphäre machen diese Vorteile allemal wett.

Aufgrund dieser Überlegungen schlug Steffi also vor, um 10.30 Uhr zu starten. Fand Nicole zwar ein bisschen früh, aber sie nimmt ja Rücksicht auf junge Mütter. Steffis ausgeklügelter Plan geriet jedoch schon in Schieflage, als Töchterchen just an jenem Tag eine halbe Stunde früher nach Mutters Brust verlangte. Nicole anzurufen und zu fragen, ob das Unternehmen nun auch früher beginnen könnte, erschien Steffi doch etwas albern. Würde schon alles irgendwie klappen. Bloß erschien Nicole leider nicht zur vereinbarten Zeit, nicht fünf und auch nicht fünfzehn Minuten später. Steffi saß wie auf Kohlen, ihre Tochter glitt von der Gut-drauf-Phase in die unleidige Phase. Jetzt müsste sie eigentlich dringend raus. Nicole war nicht mehr zu Hause zu erreichen und ging nicht an ihr Handy. Dank ausdauernden Hin- und Hertragens war Lena kurz vorm Einschlafen, als Nicole endlich klingelte. Die Kleine fing wieder an zu quaken und Nicole bekam eine Abreibung.

Falls sich jemand mal die Mühe macht und endlich den Ratgeber für Kinderlose namens »Wenn Freunde Eltern werden – was Sie unbedingt beachten müssen« verfasst, sollte dort dem dringenden Gebot der Pünktlichkeit breiter Raum gegeben werden. Eltern von Babys und Kleinkindern sind zwingend darauf angewiesen, weil alle Verrichtungen des täglichen Lebens einer mehr oder minder komplizierten Zeitplanung unterworfen sind. Jede Verschiebung des Planes kann eine Katastrophe bedeuten. Auch lässige Chaotinnen, die früher nichts dabei fanden, ein halbes Stündchen zu warten oder warten zu lassen, legen plötzlich entschieden Wert darauf, dass ein Treffen, das für 15 Uhr angesetzt ist, auch tatsächlich Punkt drei beginnt.

Weit gefehlt, wenn man denkt, man könnte zur alten Lässigkeit zurückkehren, wenn die Kinder größer werden, nur noch einmal täglich schlafen und man ihnen gegen den Hunger ein Brötchen in die Hand drücken kann. Denn nun haben sie so ihre Gewohnheiten. Kleinkinder legen Wert auf einen festen Tagesablauf und können völlig durcheinander geraten, wenn der nicht sklavisch befolgt wird. Bleiben wir bei Steffi und Nicole: Etwa in zwei Jahren lädt Nicole zum Essen ein, um 18.30 Uhr soll es losgehen, extra etwas früher, weil noch ein anderes Paar mit Kind kommt. Am Telefon merkt Nicole, wie Steffi ins Rotieren gerät: »18.30 Uhr? Oh, dann verpassen wir das Sandmännchen. Macht aber nichts, wir haben ein paar Folgen aufgezeichnet. Habt Ihr noch einen Videorekorder? Bei uns gibt es immer nach dem Sandmann Abendbrot, steht das Essen gleich um 18.30 Uhr auf dem Tisch? Erst noch einen Aperitif, klar, also 19 Uhr? Wie viele Gänge? Um 20.30 Uhr ist bei uns Schlafenszeit, halbe Stunde später ist auch noch in Ordnung, aber um 21 Uhr, spätestens 21.15 Uhr müssten wir wirklich los.

Lena könnte im Arbeitszimmer schlafen, Jonas kriegt da auch ein Lager? Ja, Jonas' Eltern sind zu beneiden, er schläft überall ein, wo sein vertrautes Schaffell liegt und jemand drei Mal ›Schlaf, Kindlein, schlaf‹ singt, aber Lena braucht ihr Bett und muss vorher ihre Stofftiere zudecken und dem Hund Gute Nacht sagen.« Am Ende des Gesprächs hat Nicole wahrscheinlich den Eindruck, ihre Einladung sei eine Zumutung und es wäre besser, Steffi einfach eine Pizza vom Lieferservice zu schicken. Das stimmt natürlich nicht, junge Eltern lechzen danach, unter Menschen zu kommen. Allerdings gestaltet sich die Logistik mit Kleinkindern auch gerne kompliziert.

Mütter mit Kleinkindern brauchen also geduldige, flexible Freundinnen im Stand-by-Modus. Umgekehrt ist es ja keinesfalls so, dass Mütter ihrerseits immer pünktlich erscheinen. Im Grunde genommen, tun sie das so gut wie gar nicht, weil immer was dazwischen kommt: Das Baby schläft statt der üblichen zwei Stunden plötzlich drei oder nur eine oder es macht noch ein spektakuläres großes Geschäft, nachdem es fertig angezogen ist. Das Kleinkind kriegt einen Wutanfall, weil der rote Schal in der Wäsche ist oder unterwegs eine Baustelle samt Bagger ausgiebig bestaunt werden muss. Von den Freundinnen ist also viel Verständnis und Toleranz gefordert und das Karma junger Mütter gerät diesbezüglich ziemlich ins Ungleichgewicht. Das gleicht sich aber alles wieder aus, wenn die Freundinnen selber kleine Kinder haben. Eines Tages wird Nicole auf ihr Baby herunterblicken, dabei Berechnungen anstellen, wie sie den Museumsbesuch mit Steffi am besten mit den Mahlzeiten ihres Sohnes koordiniert und erkennen, was ihre Verspätung damals bedeutet hat. Steffi wird dann hoffentlich sagen: »Schwamm drüber!«, und künftig ist es an ihr, pünktlich, rücksichts- und verständnisvoll zu sein.

Von all dem ahnte Nicole am Nebentisch natürlich nichts. Aber immerhin hatte sie sich inzwischen beruhigt.

»ICH BIN STINKESAUER!«

Die Erzieherin, in deren verantwortungsvolle Hände ich jeden Tag meine Tochter übergeben habe, hieß Antje. Antje war blond, korpulent, mütterlich, nicht allzu gepflegt und nervlich manchmal etwas dünn besaitet. Ihr pädagogischer Ideenreichtum hielt sich – zum Leidwesen der Eltern – in überschaubaren Grenzen. Ihre Ausdrucksweise leider auch. Wenn sie überfordert war, gingen Antje nicht nur die Nerven, sondern leider auch die Deutschkenntnisse durch. Aber die Kinder liebten Antje.

Antje teilte sich die Gruppenleitung mit Karin, dem »Generalfeldmarschall«. Karin war nun wiederum das genaue Gegenteil von Antje: schmal, dunkel, energiegeladen, äußerst streng, äußerst gerecht. Karins funkelnden Augen entging absolut nichts. Einem Präzisionsscanner gleich hatte Karin zu jeder Zeit jedes Kind im Blick – egal, wie sehr sie ineinander verknäuelt waren. Nicht einmal ein offener Schnürsenkel entging ihr. Und kindliches Fehlverhalten schon gar nicht. Der oder die Betreffende wurde dann mit scharfer Stimme zurechtgewiesen. Daraus machen sich Kinder bekanntlich nicht sehr viel. Wesentlich wirksamer war Karins Funkelblick: Einem Bannstrahl gleich hielt er die Delinquenten fest, während sie ruhig und absolut unmissverständlich klar machte, dass das Ende der Fahnenstange erreicht war. Und plötzlich schmolz selbst der größte Quertreiber zu einem lammfrommen Freund menschlichen Zusammenseins. Wow! So ruhig, bestimmt und konsequent wäre ich auch gerne.

Klar, dass Karin von allen Kindern gefürchtet aber auch respektiert wurde. Zu Antje gingen die Kinder, wenn sie hingefallen waren, auf Toilette mussten, Durst hatten, an- und ausgezogen werden wollten oder eine neue Windel brauchten – sozusagen in allen persönlichen Belangen des kindlichen Alltags. Für die Lösung der harten Fälle, Streitschlichtungen aller Art, Revier-, Besitz- und Konkurrenzkämpfe hingegen war Karin zuständig. Und das hatte Vorbildcharakter!

Ich staunte nicht schlecht, als meine Tochter sich im zarten Alter von 2,5 Jahren erstmals mit verschränkten Armen vor mir aufbaute, das Gesicht in grimmige Falten legte und mich wütend anmotzte: »Ich bin stinkesauer!« Noch hübscher wurde es, wenn sie sich mit ihrer gleichaltrigen Kindergartenfreundin zankte. Die beiden Mädels standen einander gegenüber – die Arme obligatorisch verschränkt – und blafften wechselseitig: »Ich bin stinkesauer!«, »Nein, *ich* bin stinkesauer!«, »Nein, *ich*!«...

Was sagt uns das als Mutter?

Kinder wissen erstens ganz genau, mit wem sie es zu tun haben und wer für welches Anliegen erfolgversprechend ist. Getreu dem Motto: »Wenn Mama nein sagt, dann frage ich Papa« (vice versa).

Zweitens scheren sich Kinder in ihren Vorlieben und Abneigungen einen Teufel um die Meinung ihrer Eltern. Früher als man denkt, gibt es andere Bezugspersonen und dann wird das, was die tun und haben, total wichtig und richtig. Ich persönlich bitte meinen Schöpfer demütig darum, dass meine Kinder sich einigermaßen erträgliche Vorbilder wählen werden.

Und drittens schließlich immer wieder: Kinder haben tatsächlich ein starkes Bedürfnis nach klaren, verlässlichen Regeln und Strukturen. Und zwar – wohl gemerkt – nicht nur Kleinkinder. Hörte letztens von meinem zwölfjährigen Neffen, er könne seine Englisch-Lehrerin nicht leiden. Begründung: »Die hat die Klasse irgendwie nicht im Griff!«

NEIN, WIE NIEDLICH!

Ach, es gibt so viele Anlässe im Leben einer Mutter, sich zu freuen. Unter anderem immer dann, wenn man sich in öffentlicher Bewunderung sonnen kann. »Ist der niedlich!«, schallte es quer durch den U-Bahnhof, den ich gerade mit meinem reizenden Anderthalbjährigen betreten hatte. »Nein, wie ist der süß! So was Goldiges!« Geschmeichelt blickte ich mich um, denn so viel Jubel war ich nun doch nicht gewohnt. Dabei musste ich leider erkennen, dass die Begeisterungsrufe gar nicht meinem Sohn galten, sondern dem kleinen Schäferhundwelpen, der zwei Meter hinter uns neben seinem Besitzer dahertapste. Da war mein Mutterstolz doch etwas lädiert. Aber wieso eigentlich? Ein bisschen Aufmerksamkeit kann ja auch mal anderen gelten. Mütter mit Babys und Kleinkindern erhalten nämlich viel Beachtung und können sich manchmal wie Königinnen fühlen, die ihre kleinen Prinzen und Prinzessinnen ausführen, denen allenthalben Bewunderung zuteil wird. Die Züge von streng aussehenden Damen jenseits der fünfzig werden plötzlich weich, wenn das Baby sie zahnlos anlächelt und sie erzählen von der Zeit, als ihre eigenen Kinder klein waren. Gleich sind sie einem richtig sympathisch und die Welt wird ein wenig freundlicher. Die bärbeißige Marktfrau, der man in Jahren der Stammkundschaft noch kein Lachen entlocken konnte, schmilzt plötzlich dahin und gibt uns noch eine Gratis-Banane für den Kleinen mit – der Beginn einer wunderbaren Freundschaft. Der hyperkorrekte Verkäufer im Schuhladen geizt nicht mit Komplimenten und schäkert mit dem Baby. So locker kennt man ihn ja gar nicht. Babys und Kleinkinder sind einfach rührend, faszinierend, schutzbedürftig, rätselhaft, niedlich und locken die Leute aus der Reserve. Wir sonnen uns gerne im Glanz unserer Lieblinge und vergessen darüber glatt, dass uns vorhin im Kaufhaus mal wieder die Tür vor dem Kinderwagen zugeschlagen wurde. Mutterstolz beschwingt.

Werden die Kinder älter, sehen sie nicht nur possierlich aus, sondern sie tun manchmal Dinge, die die Umwelt in Entzücken versetzen.

Meine Freundin Inez besuchte mit ihrer zweijährigen Tochter einen Weihnachtsmarkt, wo die Kleine, vom Geist der Feiertage beseelt, zwischen den Ständen mit ihrem zarten Stimmchen »Ihr Kinderlein tommet« intonierte. Nicht nur die Eltern hatten vor Ergriffenheit Tränen in den Augen, auch die Umstehenden durchliefen Wellen der Rührung. Ein Highlight des Festes, an das man gerne zurückdenkt. Als mein Sohn drei Jahre alt war, unterhielt er auf einem Straßenfest, auf dem eine Band aufspielte, sämtliche Anwesenden mit recht gelungenen, improvisierten Tänzen. Ich konnte diese Tanzeinlage nicht nur dazu nutzen, in Ruhe einen Drink zu nehmen, sondern durfte mir hinterher unzählige Gratulationen zu meinem begabten Kind anhören. Schöööön! Natürlich wäre ich am liebsten vor Stolz geplatzt.

Man kriegt so viel Aufmerksamkeit, dass sie mitunter sogar etwas lästig ist. Wenn Bettinas Zwillinge ihr mal wieder einen besonders anstrengenden Tag beschert hatten, pflegte sie Passanten, die das obligatorische »Das sind Zwillinge, nicht wahr? Wie reizend!« ausstießen, rüde zu fragen: »Möchten Sie sie haben?« Und Jasmin, Mutter einer deutsch-afrikanischen Tochter, kann es gelegentlich einfach nicht mehr hören, dass »diese Kinder« ja so besonders niedlich seien und fragt dann mitunter barsch nach, was genau mit »diesen Kindern« gemeint sei. Manche Eltern regen sich darüber auf, dass ihre Kinder ungefragt getätschelt werden. Und wenn man den Kopf gerade mit anderen Dingen voll hat, den Buggy eher mechanisch vor sich her schiebt und das darin sitzende Kind kurzfristig dem Bewusstsein entfleucht ist, können Komplimente auch mal missverstanden werden. »Na, du bist aber eine ganz Süße!«, scherzt ein Herr und die Mutter raunzt zurück: »Entschuldigen Sie bitte, wie reden Sie denn mit mir?«

Die Begeisterung der Umwelt geht natürlich schlagartig gegen null, sobald das Kind laut ist, ihm Rotz aus der Nase läuft oder es sich mit bananenverschmierten Fingern frei bewegt. Und irgendwann ist es mit der öffentlichkeitswirksamen Niedlichkeit einfach vorbei, weil die Kinder nun mal älter und erwachsener werden. Das mag mitunter schmerzen: Das Mutterherz findet den Zwölfjährigen immer noch süß, bewundert werden jetzt aber andere. Wie bei vielen Dingen rund ums Kind gilt also auch hier: genießen, wann immer es möglich ist und so lange es geht.

BEI PENNY AN DER KASSE – DAS MUTTERTIER

Ich bin ein friedliebender Mensch, wirklich. Aber es gibt Momente, in denen das Muttertier in mir furchterregende Gestalt annimmt. Das ist präzise dann der Fall, wenn ich Würde oder Sicherheit meines Kindes in Gefahr sehe. Und glauben Sie mir, es erstaunt mich selbst, zu welch unfreundlich bärenhafter Größe sich mein Schutzinstinkt in null Komma nichts aufbauen kann.

Erstmals ist mir das bei Penny an der Kasse passiert, als mein Sohn gerade ein paar Wochen alt war. Ich war mit Auto und Kinderwagen unterwegs gewesen und wollte auf dem Rückweg noch schnell das Notwendige besorgen. Also hatte ich die Babyschale mit Sohnemann auf den Kinderwagen gestellt und schob durch den Discounter. Meine Einkäufe deponierte ich unter dem Kinderwagen. An der Kasse fischte ich brav alles wieder heraus – bis auf die zweite Flasche Rotwein, an die kam ich nicht heran. Aber natürlich habe ich dem Kassierer gesagt, dass da noch eine zweite Flasche war. Das war wohl der Fehler, denn der Kassierer zögerte, fing an nachzudenken und kam offenbar zu dem Schluss, dass er mir nicht trauen könne:

»Woher weiß ich denn, dass Sie nicht noch mehr da unten haben?«
Hm, mit so viel Misstrauen hatte ich nun nicht gerechnet und war verwirrt.
»Sie müssen einen Einkaufswagen nehmen.«
»Ja, und wo soll ich dann mit dem Kinderwagen hin?«
»Aber so kann ich nicht sehen, ob Sie da unten noch mehr Sachen haben.«
»Ich habe außer der besagten Flasche nichts, glauben Sie mir.«

Die Situation hing fest, aber die Kundin vor mir schaltete sich ein. Sie fischte die Rotweinflasche heraus und gab sie dem Kassierer mit den Worten: »Es ist wirklich nichts sonst da drin! Das versichere ich Ihnen.«

Jedoch der Kassierer misstraute auch ihr. Er zögerte wieder, ruckelte auf seinem Stuhl herum und entgegnete: »Das kann ich nicht sehen.«

Ich wurde langsam ungeduldig, die Schlange hinter mir immer länger, die Kundin vor mir verdrehte die Augen.

»Also, dann müssen Sie sich schon die Mühe machen, aufzustehen und herumzukommen, wenn Sie niemandem glauben.«

Aber das wollte er auch nicht. So ging das noch etwas hin und her. Der Mann hatte eine Ansage gemacht, die er einhalten musste, fand aber keine Lösung. Er konnte einem fast Leid tun. Dann kam sein Kardinalfehler: Der unbedachte Kassierer erhob sich halb von seinem Stuhl, fasste nach der Babyschale und wollte sie zur Seite ziehen.

Schwupps hatte er von mir einen kräftigen Schlag auf die Finger bekommen und eine Schimpfkanonade, die völlig ohne mein bewusstes Zutun aus mir herausbrach, ergoss sich über den Mann. Nicht, dass ich ihn lauthals angepöbelt hätte, das nicht. Es war wohl eher der unmissverständlich drohend aggressive Ton, der den Mann zurückzucken und blass werden ließ und der immerhin so weit trug, dass in der Folge keiner der Umstehenden mehr wagte, einen Laut von sich zu geben. Lange Momente hätte man hinterher bei Penny die sprichwörtliche Nadel fallen hören können.

Der Kassierer plumpste auf seinen Stuhl zurück und in dem Bewusstsein, sein Leben hänge am seidenen Faden, kassierte er zittrig das, was er sehen konnte und ich schob von dannen.

Im Nachhinein tat er mir Leid und ich haderte mit meinem unbeherrschten Wesen. Allerdings habe ich in der Folge mehrfach die Erfahrung gemacht, dass sich ein gereiztes Muttertier einfach nicht beherrschen lässt – und wie ich denke, auch aus gutem Grunde, was meinen Sie?

GOURMET-TEMPEL ODER McDONALD? WO GEHEN WIR HEUTE ESSEN?

Egal, wie viele Sterne einem Restaurant im Gourmet-Himmel zuerkannt wurden, letztlich unterscheiden sich alle schlicht nach einem Kriterium: kinderfreundlich oder nicht! Was nützt uns der abgefahrenste Laden, das edelste Speisen-Ambiente, wenn die Kellner mehr oder minder deutlich signalisieren, dass sie es überhaupt nicht schätzen, wenn die Sprösslinge ihnen zwischen den Beinen herumkrabbeln, die weißen Damastdecken verschmieren oder durch ihr Geschrei die benachbarten Gäste stören. Da wird auch das zarteste Filet Mignon ungenießbar! Solche Extravaganzen leistet man sich besser zu zweit, wenn der Nachwuchs in guten Babysitter-Händen ist. Die paar Euro mehr machen den Kohl nicht fett, im Gegenteil, sie sind eine lohnende Investition in das eigene Genussleben.

Aber wohin, wenn man sich dennoch mal ein Essen außerhalb gönnen möchte und nicht unbedingt auf McDonald & Co zurückgreifen will? Tatsächlich zählen hier erfahrungsgemäß die südeuropäischen Restaurants an der Ecke zu den Adressen erster Wahl. Warum auch immer – hier kann man mit großer Verlässlichkeit auf eine kinderfreundliche Atmosphäre vertrauen, es gibt Bonbons zur Begrüßung, Stifte, Zettel oder Bierdeckel zum Spielen. Kinderportionen oder ein zweites Gedeck zur eigenen Bestellung sind auch dann möglich, wenn sie in der Kasse nicht registriert sind. Der Nachtisch wird mit Gummibärchen garniert und in sturzsicheren Bechern serviert und die Keller nehmen es mit Charme, wenn der Nachwuchs im Lokal herumrennt oder mal ein Glas umschmeißt.

Kinderunfreundlich sind – bei allem Verständnis – Restaurants, in denen eine genervte Bedienung die Eltern kleiner Kinder auffordert: »Nehmen Sie das mal aus dem Wege!« Glauben Sie nicht? Ist schon vorgekommen! Auf diese Weise ist schon so manche höchst bürgerliche Familie in die Arme der Fastfood-Ketten getrieben worden.

EIN WUNDERSCHÖNER AUSFLUG

Tante Ina kommt zu Besuch, prima. Tante Ina und meine zweijährige Tochter sind ein Herz und eine Krone, lieben einander heiß und innig. Zur Feier des Tages beschließen Tante Ina und ich, ins Museum zu gehen und nehmen – damit Ina auch etwas von dem Museum hat – meine Freundin mit ihrer ebenfalls zweijährigen Tochter mit.

Also alle in den Kleinwagen gequetscht und los. Die Bilder sind den Kindern natürlich völlig egal – aber nicht das Raumerlebnis. Genau so hatten wir uns das gedacht: Die gewaltigen Museumsräume sind für die Kinder ein einmaliges Erlebnis. Sie trippeln begeistert von einer Ecke zur anderen, reißen die Arme hoch, spielen »Ich schnappe dich«, jubeln und freuen sich wie junge Hunde, die erstmals von der Leine gelassen werden. Theoretisch haben wir nun Zeit, uns die Bilder anzuschauen, aber die ausgelassenen Kinder sind der entschieden größere Genuss – wen interessieren da noch die alten Meister. Hier kann das Herz mitschauen.

Auch die anderen Museumsbesucher lächeln und freuen sich an den ausgelassenen Mädels. Im Unterschied zu den Wärtern, die ihre Kulturgüter offenbar in Gefahr sehen: »Bitte achten Sie darauf, dass die Kinder nichts anfassen!« Na klar, machen wir. Aber mal ehrlich – selbst wenn man die beiden Mädchen übereinander stellen würde, kämen sie noch nicht an die Bilder heran. »Ich darf Sie um etwas mehr Ruhe bitten, damit die anderen Besucher nicht gestört werden!« Logisch, macht zwar gerade niemand den Eindruck, als sei er gestört, aber wenn es zu laut wird, intervenieren wir pflichtschuldig mit einem nachhaltigen »Psst, nicht so laut ihr zwei!«.

So weit war der Museumsbesuch also ein voller Erfolg, und weil alles so prima läuft, beschließen wir, im angeschlossenen Restaurant noch eine Kleinigkeit zu uns zu nehmen. Die Sache beginnt zu kippen, als die Kellnerin uns – kaum dass wir am Tisch sind, die Jacken noch nicht ausgezogen haben – schon auffordert, unsere Kinder aus dem Wege zu nehmen. Nein, mehr als einen Kinderstuhl hätten sie leider nicht. Wir reagieren unwillig und drohen mit Aufbruch. Das wirkt! Die Kellnerin erklärt etwas von kleinen Kindern und heißen Suppen, die sie herumtragen müsse und zeigt sich in der Folge deutlich bemühter (wir werden trotzdem nicht mehr dorthin gehen).

Wir verbringen mit essen und Kinder im Zaume halten noch ein halbwegs entspanntes Stündchen. Dann sind alle müde und es ist Zeit, sich auf den Heimweg zu machen. Das Museum macht eh in einer halben Stunde zu. Also zahlen, alle noch mal auf Toilette, Mäntel und Jacken aus der Garderobe holen und so weiter. Inzwischen hat es angefangen in Strömen zu gießen, und der Wagen steht nun dummerweise ganz woanders, weil es vor dem Museum keine Parkplätze gibt. Zwei müde Kinder durch den strömenden Regen zum Wagen schleppen? Nee, geht gar nicht. Also beschließe ich, während Ina und meine Freundin die Kinder anziehen, loszujoggen, um den Wagen zu holen und keck vor der Tür zu halten. Ein guter Plan! Ich fahre gerade vor, halte auf der Spur für die Touristenbusse, da kommen alle vier schon aus der Tür. Und hinter mir hupt mich böse einer dieser Touristenbusse an. Der Mann hat – wie ich finde – für seinen Bus genug Platz. Also bleibe ich, wo ich bin, und warte auf die Meinen. Der Busfahrer steigt aus, kommt und pöbelt los, was mir denn einfiele, ich solle mich vom Acker machen und so weiter. Ich halte das Muttertier mühsam im Zaum und erkläre ihm, es würde doch so regnen und ich würde hier auf meine fußkranke Freundin und zwei kleine Kinder warten, die übrigens dort schon kommen würden. Das beeindruckt den Busfahrer natürlich nicht, er pöbelt weiter.

Inzwischen sind alle vier angekommen und machen sich zum Einsteigen bereit und genau da passiert das, was dann immer passiert – verlassen Sie sich drauf: Meine eigensinnige Tochter will partout nicht in den Kindersitz und fängt ein Mordsgeschrei an, gebärdet sich wie ein Derwisch, macht sich steif wie ein Brett und wir sitzen fest. Mir bricht der Schweiß aus! Im Fond versuche ich mit freundlichen Worten meine kreischende Tochter zu beruhigen (obgleich ich sie lieber aus dem Auto schmeißen würde), über meine linke Schulter pöbelt der widerwärtige Busfahrer. Tante Ina und Freundin gehen die guten Ratschläge langsam aus und die kleine Clarissa ist kurz davor, sich von dem Gekreische meiner Tochter anstecken zu lassen.

In solchen schrecklichen Situationen des Lebens hilft nur eins: drei Mal tief durchatmen und *Ruhe bewahren*! An meinen zitternden Händen merke ich, dass das mit der Ruhe grenzwertig ist. Also erst mal Augen schließen, durchatmen und dann dringend den penetranten Busfahrer loswerden. Ich steige aus und schiebe den Mann mit beiden Händen weg von meinem Auto »Wenn Sie hier weiterhin so rumpöbeln wird das nie was. Gehen Sie in Ihren blöden Bus und lassen Sie mich in Ruhe!« Der Dummkopf will mein Kennzeichen notieren, droht mit Anzeige, aber immerhin – er trollt sich. So weit, so gut. Zur Beruhigung der Kinder krame ich in meiner Tasche nach Süßigkeiten und finde eine Rolle Mentos. Egal, Hauptsache süß. Meine Tochter lässt sich ablenken und ich nutze die Gelegenheit, sie im Kindersitz festzuschnallen. Uff, endlich alle im Auto und weg. Die Kinder futtern die »Freshmaker«, Tante Ina und meine Freundin plaudern entspannt, ich bin erledigt und denke: »Nie wieder!«

6.

DIE TÄGLICHE HERAUSFORDERUNG

ERZIEHUNG – ZUFALL ODER ABSICHT?

Eine verlässliche Sau, die immer wieder durch das mediale Dorf getrieben wird, ist der Erziehungsnotstand. Mal wird beklagt, dass Eltern ihre Pflichten grob vernachlässigen und ihren Kinder weder Sitte noch Moral noch Anstand beibringen, mal bejammert man, dass die heutigen Eltern hoffnungslos verunsichert sind und für jeden Handschlag einen Expertenrat brauchen. Nun sind die meisten Eltern ganz vernünftig und mühen sich redlich. Dass man Kindern etwas angedeihen lassen soll, das Erziehung heißt, ist allgemein bekannt. Wie genau das aussieht, eher weniger. Die durchschnittliche Mutter hat sich zur Erziehung sicher so ihre Gedanken gemacht: »Was ist überhaupt Erziehung? Eine Art Umwandlungsprozess, an dessen Anfang das Baby steht und an dessen Ende ein selbstständiger, verantwortungsbewusster Mensch herauskommt? Was genau macht gute Erziehung aus? Wenn man seinem Kind gesellschaftlich akzeptierte Verhaltensweisen beibringt, hat man es gut erzogen? Anderseits ist es gesellschaftlich weitgehend akzeptiert, bei Rot über die Ampel zu gehen, die Steuererklärung zu frisieren und die Versicherung zu behumsen. Will ich so was? Was soll mein Kind mal werden? Ein durchsetzungsstarker, entscheidungsfreudiger Macher, ein Idealist, dem das Wohle der Menschheit ein Anliegen ist oder ein kreativer Feingeist? Aber das Kind hat ja natürlich irgendwann eigene Vorstellungen. Welche Werte sind mir wichtig, was will ich unbedingt vermitteln? Heißt Erziehung, die richtige Mischung zu finden zwischen den gesellschaftlichen Anforderungen, den Anlagen, die ein Kind mitbringt und den eigenen Wünschen und Erwartungen?« Spätestens an dieser Stelle wird sie dann rammdösig und beschließt, von der Beantwortung der Frage abzusehen und lieber ein halbes Stündchen fernzusehen.

Ist die Mutter dann den Anforderungen der Praxis unterworfen, hat sie erst mal keine Zeit mehr für theoretische Betrachtungen und das Baby braucht ohnehin keine Erziehung. Das Baby will versorgt werden und nebenbei sollten die Bedürfnisse von Mutter und Vater nicht völlig untergehen. Vielleicht beginnt Erziehung in dem Moment, in dem die Mutter das Mobile in wild schaukelnde Bewegungen versetzt, um das Baby eine halbe Minute lang vom Schreien abzulenken – die halbe Minute, die sie braucht, um ihr Telefongespräch zu beenden oder zwei Schluck Tee zu trinken. Ist das jetzt schon Erziehung oder noch blanker mütterlicher Egoismus?

Wird das Kind größer, muss die Mutter unheimlich viel reden: »Nein, die Schere kriegst du nicht, die gehört Mama ... Vorsicht, die Scheibe des Backofens ist heiß... Was, du hast das Puzzle ganz alleine zu Ende geschafft? Toll ... Du hast Finn mit dem Spielzeughammer gehauen, jetzt kommt er weg... Ich habe ›NEIN‹ gesagt... Gut gemacht, Liebling ... Ich komme in fünf Minuten zu dir, jetzt möchte ich erst mal meinen Kaffee zu Ende trinken ... NEIHEIN! ... Wenn wir über die Straße gehen, kommst du an die Hand, keine Widerrede! ... Danke, dass du mir beim Abwaschen hilfst, mein Schatz. Eine halbe Flasche Spülmittel reicht bestimmt, glaub mir!« Vor lauter Plappern kommt Mutter gar nicht dazu, an irgendwelche Erziehungsmodelle zu denken. Manchmal läuft der Alltag wie eine gut geölte Maschine, manchmal hakt etwas. Dann wird Mutter sehr laut und stellt entsetzt fest, dass sie eine keifende Schreckschraube geworden ist. Vielleicht rutscht ihr auch die sprichwörtliche Hand aus. Das macht sie völlig fertig, so was darf doch nicht passieren, als Erwachsene muss sie sich doch im Griff haben. An solchen schlechten Tagen kommt sie sich völlig unzulänglich vor, eine Versagerin, die nie hätte Kinder haben dürfen. Aber es gibt zum Glück auch gute Tage, dann fühlt sie sich großartig, wenn sie sieht, was für ein eingespieltes Team ihre Familie ist. Vielleicht hat sie dann mal wieder die Muße, über Erziehungsfragen nachzudenken.

Ist ein Kind, das akribisch Sachen sortiert, besser erzogen, als eines, das gerne Dinge auseinander nimmt? Sicher nicht, das ist einfach eine Frage der Veranlagung. Eine Anderthalbjährige, die nicht teilen mag, ist nicht schlecht erzogen, sondern macht eine Phase durch. Ein Zweijähriger, der während einer mehrstündigen Zugfahrt ein wenig herumlärmt und hin und her rennt, ist auch nicht schlecht erzogen, wie manche Mitreisenden meinen, sondern benimmt sich einfach wie die große Mehrheit seiner Altersgenossen. Die meisten

Dreijährigen machen eine Phase durch, in der sie schlagen, treten oder beißen. Irgendein Verhalten will immer in die richtige Bahn gelenkt werden. Hat man zum Beispiel die Prügelphase überwunden, muss man vielleicht eine stetige Schimpfwörterflut eindämmen und danach dazu übergehen, den Nachwuchs an Aufräumarbeiten im Kinderzimmer zu beteiligen. Irgendwas ist immer und an manchen Dingen scheint man sich die Zähne auszubeißen. An der durchschnittlichen Mutter nagen beständig Zweifel. Muss sie wirklich um jede dreckige Unterhose feilschen, die den Weg in den Wäschekorb finden soll? Wo haben die Kinder eigentlich diesen ätzenden Befehlston her? Und wie oft hat sie schon erklärt, gebeten, und geschimpft, dass die Tapeten an der Wand nicht zum Bemalen da sind? Kann nicht irgendwas einfach mal klappen?

Aber manche Dinge klappen, derer sie sich gar nicht bewusst ist: »Wie hast du es nur hingekriegt, dass Tobias Gemüse isst?«, wird sie beinahe ehrfürchtig gefragt. »Anna weigert sich immer standhaft.« Das ist doch nichts Besonderes, Sohnemann mag einfach gerne Gemüse, auch wenn die Art und Weise, wie er es vertilgt, am heimischen Esstisch des Öfteren für Krisen sorgt. »Mia ist ja ausgesprochen höflich, immer sagt sie nett ›bitte‹ und ›danke‹. Aus unseren Kindern muss man diese Zauberwörter immer mühsam herauskitzeln.« Stimmt, Tochterkind nimmt es damit sehr genau. Aber das ist doch keine große Sache, das hat sie sich einfach von den Eltern abgeguckt. Und wehe, man vergisst selber mal ›Danke‹ zu sagen, ein Anpfiff von Mia ist einem sicher. Aber anscheinend sind diese Dinge, die sie für selbstverständlich gehalten hat, in Wirklichkeit ganz tolle erzieherische Leistungen, also darf sie sich ruhig ein wenig gebauchpinselt fühlen.

Und es gibt diese raren Momente im Mutterleben, in denen sie ihren Nachwuchs betrachtet und plötzlich die jähe Erkenntnis hat: »Meine Kinder sind eigentlich ganz in Ordnung. Mein Sohn ist freundlich und hilfsbereit. Meine Tochter hat einen ausgeprägten Sinn für Gerechtigkeit. Beide haben gute Umgangsformen, eine lebhafte Phantasie und setzen sich für Schwächere ein. Keine Ahnung, warum das so ist, aber irgendwas muss ich auch richtig gemacht haben.« Solche Augenblicke sind unendlich kostbar. Man muss sie gut im Herzen bewahren: Das nächste Mal, wenn der Sohn seine

Klassenlehrerin mit seiner Schludrigkeit in den Wahnsinn treibt oder die Tochter mit einem ihrer legendären Wutausbrüche die ganze Kitagruppe in Angst und Schrecken versetzt, kann man sich dann ihrer erinnern und wie ein Mantra vor sich her murmeln: »Meine Kinder sind eigentlich ganz in Ordnung ...«

IMMER IST DIE MUTTER SCHULD

Über alle Aspekte der kindlichen Erziehung lässt sich trefflich streiten! So viel steht fest.

»Lukas ist viel zu dick! Und Lea auch! Aber Ines ernährt die Kinder ja auch so schlecht. Immer so fettes Essen! Das ist gar kein gutes Vorbild!« So lautet eine wiederkehrende Aussage einer Großmutter über ihre Enkel. Am Nachmittag ist die ganze Verwandtschaft zu Besuch und selbige Großmutter nötigt Lukas ein zweites Stück ihrer ungemein leckeren Sahnetorte auf. Lukas wirft seiner Mutter einen unsicheren Blick zu. Ines interveniert pflichtschuldig: »Lukas, es ist genug!« Und was sagt die Oma? »Ach lass doch, das kleine Stückchen noch. Der Junge ist doch im Wachstum.«

Die andere Großmutter von Lukas und Lea ist übrigens auch der Meinung, dass Ines ihre Kinder nicht richtig ernährt und sie deshalb viel zu dick sind. Das hält sie aber auch nicht davon ab, ihnen eine halbe Stunde vor dem Essen noch ein Magnum zu spendieren. »Gegen den größten Hunger!«

Ein anderes Beispiel: Die kleine Antonia ist mit einem äußerst lebhaften Temperament gesegnet. Das treibt ihre Mutter ein ums andere Mal zur Verzweiflung, denn Antonia bleibt nicht fünf Minuten lang still sitzen, quatscht andauernd dazwischen, fragt, plappert und singt den ganzen Tag, will ständig alle und jeden herumkommandieren. Antonias Mutter wachsen wahlweise Fusseln aus dem Mund oder ihr fallen die Ohren ab, manchmal auch beides gleichzeitig. Und Antonias Mutter darf immer wieder die ganze Palette der beliebtesten Schuldzuweisungen genießen. Aus den eigenen verwandtschaftlichen Reihen heißt es »Ach, du warst ganz genauso!« und von der anderen Familienseite »Ich weiß gar nicht, woher sie das hat. Götz war immer ganz ruhig!«. Das nähere Umfeld brilliert mit solchen Klischees wie »Mütter diskutieren heutzutage auch viel zu viel mit ihren Kindern«, oder »Du musst als Mutter auch mal Grenzen setzen«. Und: »Weißt du, wenn du richtige Regeln aufstellst und sie konsequent einhältst, dann passiert das auch nicht! Schließlich bist du die Mutter!«

Und letztens erzählte mir eine Freundin noch folgende Begebenheit: Sie wollte wie immer morgens ihre beiden Kinder, drei und fünf Jahre alt, zum Kindergarten bringen. Während sie noch damit beschäftigt war, ihre Taschen, Schuhe und Jacken zusammenzusuchen, überall das Licht auszumachen und Fenster und Türen zu schließen, hatten sich die beiden Kleinen schon auf den Weg gemacht. Hand in Hand sind sie aus der Haustür spaziert, haben irgendwie auch das immer verschlossene Gartentor überwunden und marschierten die Straße entlang. Ihre Mama bekam das nur mit, weil sie zufällig aus dem Fenster schaute. Noch immer ohne Schuhe und Jacke rannte sie im Schweinsgalopp hinterher und an zahllosen Passanten vorbei, deren Kommentare ihr dabei heftig um die Ohren wehten: »Wie kann man denn so kleine Kinder alleine auf die Straße lassen? Das ist ja unverantwortlich! Wo ist denn die Mutter? Die sollte man ja anzeigen!«

Über Erziehung lässt sich wirklich trefflich streiten, aber in einem sind sich alle einig: Immer ist die Mutter schuld.

GRABENKÄMPFE, GRUNDSATZDISKUSSIONEN

Mütter pflegen regen Austausch. Aber sie pflegen auch die Kontroverse. Da kann endlos debattiert werden – ja, es werden wahre Grabenkämpfe ausgefochten. Wer ein Kind bekommt, entwickelt recht schnell eine feste Meinung, was für das Kleine gut und richtig ist. So wird Mama wahrscheinlich früher oder später zu einem der folgenden Reizthemen Stellung nehmen müssen. Das Wichtigste zur Vorbereitung auf muntere Wortgefechte hier in Kürze:

1.) Flasche oder Brust?
Flaschenmamas sind Rabenmütter, die um der eigenen Bequemlichkeit willen ihrem Kind die Vorteile des Stillen vorenthalten. Wenn es dann später unter zahlreichen Allergien leidet, werden sie schon sehen, was sie davon haben.

»Nach der Schwangerschaft soll mein Körper wieder mir gehören«, sagt da die Flaschenmama zur Brustmama. »Außerdem habe ich durch die Flaschennahrung mehr Freiraum.« Beide zusammen verachten die Langzeitstillerin. Das ist eine Mutter, die länger als ein Dreivierteljahr die Brust gibt.

2.) Völlig schief gewickelt
Ich benutze doch keine Wegwerfwindeln. So viel Müll, wie damit produziert wird. Und der arme, kleine Popo kann gar nicht richtig atmen! Außerdem werden Kinder, die Stoffwindeln tragen, viel früher trocken. Ich mag keine voll gekackten Stoffwindeln waschen. Was das allein an Wasser, Waschmittel und Energie verbraucht. Außerdem muss ich mich irgendwo auch entlasten. Und Kinder werden dann trocken, wenn sie so weit sind, nicht früher und nicht später.

3.) Impfen ja oder nein?
Impfgegnerinnen sind willenlose Sklavinnen selbst ernannter Gesundheitspäpste. Außerdem gefährden sie die Volksgesundheit:

Durch die schlechten Impfraten gibt es immer noch Infektionskrankheiten wie Masern oder Mumps.

Impfbefürworterinnen sind willenlose Sklavinnen der Medizin-Mafia. Außerdem gefährden sie die Volksgesundheit: Dadurch, dass sie impfen lassen, stecken sich die Ungeimpften immer später mit Kinderkrankheiten an, die dann einen viel schwereren Verlauf nehmen.

4.) Überhaupt, die Schulmedizin ...
Da will der Kinderarzt dem armen Kind doch Antibiotika verschreiben, nur weil der hartnäckige Husten, dem pflanzlicher Hustensaft, Inhalation und Hausmittel nichts anhaben konnten, zur Bronchitis geworden ist. Hat der sie noch alle?

Was genau ist eigentlich so schlimm an Antibiotika? Alternative Medizin ist schön und gut, aber manchmal müssen es eben althergebrachte Methoden sein.

5.) Stadt oder Land?
Es ist unzumutbar, Kinder in der Großstadt großzuziehen. Hundehaufen, Verkehrslärm, Luftverschmutzung, Gewalt und Kriminalität. Auf dem Land werden Kinder unbeschwert groß.

Die Stadtflüchter lügen sich doch was in die Tasche mit ihrem heilen Landleben. Und wenn die Kinder dann Teenager sind, werden sie ihre Eltern dafür hassen, in diesem öden Kaff wohnen zu müssen.

6.) Hausfrau oder Außer-Haus-Frau?
Hier seien noch mal zwei Klassiker erwähnt: Wozu habe ich denn Kinder gekriegt, wenn ich sie bei der ersten Gelegenheit wieder abschiebe?

Ich kriege doch keine Kinder, um ihnen dann zu demonstrieren, wie man als Hausfrau daheim verblödet.

7.) Alles Bio oder was?
Bio-Nahrung ist ein Riesenschwindel. Damit zieht man gutgläubigen Verbrauchern nur das Geld aus der Tasche.

Bio-Nahrung schmeckt besser, ist gesund und besser für die Umwelt.

8.) Steter Bonbon höhlt den Zahn

Bei uns gibt es keine Süßigkeiten. Wenn man den Kindern Alternativen wie Obst, Nüsse oder Trockenfrüchte anbietet, entwickeln sie auch gar kein Verlangen danach.

Wenn Louis bei uns zu Besuch ist, stopft er sich immer ohne jedes Maß mit Gummibärchen und Schokolade voll. Kein Wunder, wenn er zu Hause keine kriegt.

9.) Spielzeugfreie Zimmer?

Kinder sind ein Teil unseres Lebens und am liebsten da, wo die Eltern auch sind. Deswegen steht selbstverständlich eine Spielzeugkiste im Wohnzimmer, wir wollen sie ja nicht ausgrenzen.

Es muss auch einen Ort in der Wohnung geben, an dem uns keine farblich schwer erträglichen Plastik-Scheußlichkeiten anstarren. Deswegen bleibt das Wohnzimmer spielzeugfrei.

10.) An der Fußgängerampel

Man bleibt an jeder roten Ampel stehen und erklärt seinen Kindern, warum. Wenn man bei grün hinübergeht, erklärt man auch warum. Mit der Verkehrserziehung kann man gar nicht früh genug beginnen.

Vor jeder roten Ampeln stehen zu bleiben ist doch typisch deutsch. Die Kleinen kriegen es doch gar nicht mit, wenn man mal schnell bei Rot rüberhuscht, weil man es eilig hat. Wenn sie erst mal größer sind, schärft man ihnen ein, dass das nur Erwachsene dürfen.

11.) Das Familienbett

Die Kinder haben eigene Betten und schlafen darin, basta. Lässt man sie ins elterliche Bett, kriegt man sie nicht wieder raus und ein bisschen partnerschaftliche Zweisamkeit darf schon noch sein.

Bevor ich nachts vier Mal aufstehe, um die weinende Zweijährige zu trösten, lasse ich sie lieber in unser Bett und habe Ruhe. Ständig unterbrochener Nachtschlaf ist der Partnerschaft nämlich auch nicht zuträglich. Spätestens zur Einschulung ist sie bestimmt wieder im eigenen Bett.

12.) Kleidung – zu viel, zu wenig, zu dick, zu dünn
Hängt natürlich stark vom eigenen Temperaturempfinden ab:
Schon 12 Grad plus und noch Strumpfhose drunter? Myriam schwitzt doch sicher ganz schrecklich.

Erst 12 Grad plus und du lässt die Strumpfhose weg? Jonas verkühlt sich doch.

So kann man über jedes Thema streiten, wenn die Tage lang sind und man nichts Besseres zu tun hat. Also wappnen Sie sich. Ich erlebte einmal eine erbitterte Diskussion zwischen Wäschetrockneranhängerinnen und Spülmaschinenfans, in der es darum ging, welches Haushaltsgerät am unersetzlichsten für junge Mütter sei. Ich konnte leider nicht mitdiskutieren, weil ich das einzige Mitglied der Küchenmaschinen-Fraktion stellte, hätte aber mit dem Mikrowellenflügel gepflegt Skat spielen können.

MÜTTERLICHE OPTIK – DAS WANDELNDE KLISCHEE

Ein seltsamer Titel, will es scheinen. Nun, was ist das Klischee der Mutter in der Öffentlichkeit, woran sollt ihr sie erkennen? Zunächst einmal am praktischen Anorak in unauffälligen Farben, bei dem aus den Taschen viele gebrauchte Taschentücher, Bonbonpapier und dergleichen quellen. Dann natürlich an den bequemen Schuhen, denn das gleichzeitige Tragen von Kindern ab zehn Kilo und Schuhen mit schmalen Absätzen verlangt früher oder später unweigerlich einen Besuch bei einer versierten Fußpflegerin oder dem Orthopäden. Jacke, T-Shirt, Bluse und Hose sind in der frühen Phase des Mutterglücks mit Milchspucke befleckt, in der späteren Phase mit Schokolade, Fahrradkettenfett, Ketchup und anderen Herausforderungen der Fleckenmittel-Industrie. Gern erinnere ich mich an den Tag, an dem ich in meiner schönen orangefarbenen Regenjacke von einem Ausflug in die Stadt zurückgekehrt war, um zu Hause einen elend langen Milchspuckfleck auf dem Rücken zu entdecken. Hatte ich deswegen in der U-Bahn so viel Platz für mich allein gehabt? Zum Trost nenne ich diese Flecken gern »die Ehrenabzeichen des Mutter-Daseins« oder »die Epauletten von General Mama«.

Was noch verrät die Mutter? Farbliche Zusammenstellungen der Kleidung sind nicht immer gelungen, denn Muttersein ist allzu oft mit großer Eile beim Anziehen verbunden. Immerhin ist man wenigstenskomplett angezogen, wenn auch beim hastigen Anziehen vielleicht die Strumpfhose unten aus der Hose herausguckt, die dort beim schnellen Ausziehen am Abend zuvor unbemerkt hängen geblieben ist. Leider sieht man schlecht den unteren Körper, wenn man ein Kind auf dem Arm trägt, so dass es peinlicherweise unentdeckt bleiben kann, bis einen mitleidige Passanten darauf hinweisen.

Als Erkennungsmerkmal sollen natürlich nicht die wahlweise schlotternden oder knatterengen Hosen vergessen werden, die bei vielen in den ersten sechs bis zwölf Monaten nach der Geburt vorkommen. Man passt noch nicht in die alten Hosen, aber die Umstandshosen sind natürlich wieder zu weit geworden. Oh, diese Enttäuschung nach der ersten Geburt, wenn man seine Prä-Schwangerschaftshosen hoffnungsfroh mit in die Klinik genommen hat und feststellen muss, dass es meist noch lange dauert, bis diese wieder passen. Es gibt natürlich auch Frauen wie Doris, die zwei Wochen nach der Entbindung wieder einen flachen Bauch hatte. Grämen Sie sich nicht, sie ist eine Ausnahme!

So viel zur Kleidung. Natürlich sieht man hier in der Hauptstadt auch mal Mütter in niedlichen kleinen Hängekleidchen und zierlichen, schicken Schühchen. Aber das passiert ungefähr so häufig wie einem in der Schwangerschaft in öffentlichen Verkehrsmitteln ein Platz angeboten wird, also zwei bis drei Mal in neun Monaten. Im Zweifelsfall war es möglicherweise eine Prominente wie Nadja Auermann, die ich in einem Hauch von Chiffon und Kinderwagen in einem Café sah, aber die hat wahrscheinlich ein Kindermädchen und einen persönlichen Fitness-Trainer.

Weiteres mütterliches Erkennungsmerkmal ist leider auch eine Frisur, die einen mindestens zwei Monate überfälligen Friseurbesuch verrät, in schlimmen Fällen auch mangelnde Zeit fürs Haarewaschen. Bei so einem Anblick sollten Sie allerdings sofort Ihre Hilfe als Babysitter anbieten. »Mütter-in-Eile-Frisuren« nennt der Friseur meiner Freundin Carina diese zotteligen Mähnen...

Wiederum in der frühen Mutter-Phase, wenn Schlaf noch Mangelware ist, kann das so genannte Pandabären-Make-up Hinweis auf den Familienstatus geben. Der Look ist leicht nachzumachen, indem Sie sich frisch geschminkte Augen – aus lauter Müdigkeit und Unachtsamkeit – fleißig reiben, et voilà, schon fertig, schwarze Augenränder wie ein Pandabär!

Dies geht natürlich nur, wenn vorher überhaupt Zeit zum Schminken war bzw. der Vorgang auch komplett abgeschlossen und nicht zufällig ein Auge dabei vergessen wurde. Ein leicht gräulicher Hautton, vermehrte Faltenbildung und hübsch schillernde Augenringe aus dieser schlaflosen Zeit verraten uns, warum viel Schlaf als eines der wichtigsten Schönheitselixiere gilt.

Schmuck fehlt am mütterlichen Körper in der Babyzeit auch oft komplett, es sei denn, Sie haben den Mut, einen Ohrring aus dem

Mund ihres Neugeborenen zu klauben oder den Abdruck Ihrer Kette aus seinem Gesicht zu massieren.

Nun wäre das wandelnde Klischee einer Mutter also komplett: praktische, schlabberige Kleidung und bequeme Treter, weder Schmuck noch Make-up und von der Unterwäsche wollen wir erst gar nichts wissen.

Oder doch? Ich fand ausgerechnet auf einer Babymesse einen Stand mit sexy Still-BHs und Still-Tops, weit entfernt von den grässlichen farblosen Teilen, die man üblicherweise in Babyläden findet. Streifen, Pünktchen und Spitze in Größen, die dem milchgefüllten Busen gerecht werden und String-Tangas für Schwangere könnten also erste, wenn auch meist verborgene Schritte zurück in die Welt des normalen Anziehens sein. Probieren Sie es mal aus, wie sofort das Selbstbewusstsein steigt, wenn schon mal die Unterwäsche stimmt!

Gegründet wurde der Laden, der dies verkauft, übrigens – wieder einmal – von einer Frau, die nach der Geburt ihrer Tochter Existenzgründerin wurde, inspiriert und angespornt von dem Frust, nicht zu finden, was man braucht, einschließlich einer passenden Kinderbetreuung.

Sollten Sie sich bei diesen natürlich maßlos übertriebenen Beschreibungen etwa wiedererkannt haben, fassen Sie Mut: Die Rückkehr in das Arbeitsleben oder die Notwendigkeit, etwas zur Verbesserung des Selbstwertgefühls zu tun, werden Sie zurück in Hosenanzüge und Jacketts, zu Lippenstift und Parfum und zu Ihrer prä-schwangeren Schuhkollektion führen. Wenn die Ihnen noch passt ...denn manche von uns enden nach der Schwangerschaft mit einer halben bis ganzen Schuhgröße mehr. Also: Hände weg von neuen Schuhen, bis das Kind geboren ist!

GUCK MAL, WER DA SCHREIT

Babys sind ja sooo süß! Findet die Oma, finden alle, die dem kleinen Wonneproppen in seine unschuldigen Äuglein blicken, während er sie niedlich anlächelt.

Findet nur nicht die Mama, wenn sich Babylein wieder einmal ohrenbetäubend Gehör verschafft. Räbäh, räbäh – hat es Hunger, sind die Windeln voll (stört das ein Baby wirklich? Konnte ich noch nicht feststellen!), langweilt es sich oder ist es müde? »Da spule ich mein Programm ab«, sagt Eva, »füttern, wickeln, wiegen und hinlegen.« Und wenn es dann noch weitergellt? Dann ist guter Rat teuer, denn kaum eine Erstmutter ist so cool und gelassen, das Schreien länger auszuhalten. Damit kein Irrtum aufkommt: Mit »länger« sind hier einige Minuten gemeint. Babyschreien erreicht nämlich innerhalb weniger Nanosekunden Mamas Großhirnrinde und löst dort hektische Aktivitäten aus. Der Fluchtreflex ist dabei wohl leider gehemmt, das schlichte Aus-dem-Zimmer-Gehen gelingt heutzutage nur wenigen, soll aber früher recht populär gewesen sein.

Merle war das ausdauernde Schreien ihres kleinen Lieblings so unheimlich, dass sie mit ihm in die Krankenhausambulanz eilte. »Er hat eine Stunde lang ununterbrochen geschrien!«, berichtete sie der diensthabenden Ärztin. Die hielt verständnisvoll den Mund angesichts der aufgeregten Mutter und untersuchte Mamas Liebling gewissenhaft. Vermutlich hat sie sodann der Mutter ein leichtes Beruhigungsmittel verpasst.

Wirkliche Hilfe brauchen allerdings die Eltern, deren Kinder wochenlang mehrere Stunden am Tag schreien. In größeren Städten und Kreisen können sie in sogenannten Schreiambulanzen Beratung und Beistand finden. Die Nerven liegen bei diesem Phänomen derart blank, dass man als Betroffene nicht davor zurückschrecken sollte, diese Unterstützung in Anspruch zu nehmen.

Aber auch bei weniger schreienden Babys vertrete ich die im Übrigen unbewiesene These, dass wir Mütter im Gegensatz zu den

Vätern wesentlich schneller durch das Geschrei entnervt sind und Gegenmaßnahmen probieren. Schließlich sind wir es in der Regel, die die ersten Monate pausenlos mit dem potentiellen Schreihals verbringen: So sind die Nerven dünner und außerdem glauben wir auch, ihn besser zu kennen und etwas, irgendetwas tun zu können. Und zu müssen.

Und was stellen wir nicht alles an, um die Ruhe wiederherzustellen.

Wenn Sie nachts um vier einer Frau im Auto begegnen, die gähnend mit Tempo 30 um den Häuserblock kreist, schauen Sie mal auf den Rücksitz. Aller Wahrscheinlichkeit nach schlummert dort friedlich ein Baby. Zu Hause war das leider nicht der Fall, aber das monotone Motorengebrumm hat nicht nur meiner Schwägerin geholfen, nächtlichen Schreiattacken abzuhelfen. Hören Sie gegen Mitternacht stundenlang den Staubsauger oder Föhn bei ihren Nachbarn dröhnen? Die haben keinen Sauberkeitsfimmel oder föhnen ihren Afrolook für eine heiße Nacht: Diese Elektrogeräte können vielmehr bewährte Helfer sein, um einen schreienden Säugling schlagartig verstummen zu lassen. Ganz zur Freude der Elektrizitätswerke. Selbst vor dem Abstellen des Babys auf einer laufenden Waschmaschine sollen vom Schlafmangel verwirrte Eltern nicht zurückgeschreckt sein.

Ein ganz eigenes Kapitel sind die verwendeten Methoden gegen tatsächliche oder angebliche Darmkoliken. Etliche Babys haben in den ersten drei Monaten immer wieder unerklärliche Schreiattacken, oft nach dem Trinken oder in den Abendstunden. Oder nachts oder einfach so oder, oder, oder. Manche fangen auch erst mit vier Monaten damit an ... Wie so oft bei unseren lieben Kleinen: total unvorhersagbar, selten systematisch und immer ringen wir um eine Erklärung. Dann ist es also der Darm, der zwackt, oder der aufregende Tag oder die frisch gewaschene Schmusedecke ... Seufz!

Heerscharen von Müttern und Hebammen in der Republik tauschen sich also seit Jahren zu diesem Thema aus. Den Föhn erwähnte ich schon, meine nordamerikanische Nachbarin hat ihrem Baby den Bauch mit der warmen Dusche abgebraust, meine südamerikanische Nachbarin vier Mal täglich den Babybauch massiert und aus lauter Verzweiflung geheimnisvolle Importtropfen verabreicht. Kümmelöl, Kümmelsalbe, Fencheltee für Mutter und Kind. Winde wehen, aber nicht immer verweht Babys Geschrei.

Weit verbreitet und gelehrt ist auch der so genannte Fliegergriff: Das Kind liegt auf dem einen Unterarm, so dass die Hand wärmend und mit etwas Druck auf seinem Gedärm aufliegt. Man hat schon Mütter gesichtet, die noch Jahre nach der Babyzeit Haustiere, Teddys und ähnliche wehrlose Objekte fest in diesem Griff umklammert hielten und im Wiegeschritt durch die Wohnung trugen. Monatelanges Exerzieren prägt eben!

Mütter, Großmütter, Schwiegermütter behaupten ja gern, sie hätten das Kind einfach schreien lassen und es wäre von ganz allein ruhig geworden ...

Nun spricht wirklich nichts dagegen, erst mal fünf Minuten abzuwarten, ob es plötzlich wieder still wird im Kinderzimmer. Meine Hebamme hat allerdings vor solchen Aussagen gewarnt. »Mütteramnesie« nennt sie das Phänomen, das nach 30 Jahren alle Probleme vergessen sind und angeblich alles glatt lief mit den lieben Kleinen.

Ich halte bei allen Salben, Elektrogeräten, Massagen und sonstigen Tricks einen geduldigen Vater noch für eines der besten Mittel. Der zieht sich mit stählernen Nerven mit dem zeternden Sprössling hinter eine möglichst schalldichte Tür zurück und lässt Mama nicht herein, bis das Geschrei abebbt. Mein Partner vertritt dazu die passende Meinung, dass Schreien eben *die* Ausdrucksform eines Babys ist. Nicht unnormal, nicht zu behandeln, eben einfach in den ersten Lebensmonaten seine bevorzugte Art, etwas »zu sagen«. Und schwupps, zog er sich damit ins Kämmerlein zurück und aus der Ferne wehte nur noch leise »räbäh, räbäh« an mein Ohr. Ein Paar Ohrstöpsel zusätzlich verhalfen mir sodann zu einem nervenstärkenden Mützchen Schlaf.

So perfekt das klingt, dürfen wir uns dennoch rühmen, bei unserer Erstgeborenen 80 Euro für einen Schiss ausgegeben zu haben. Auf Anraten unserer Hebamme gingen wir zu einem Baby-Osteopathen, was mir heute eher peinlich ist, aber damals ein Akt der Verzweiflung war. Der schaukelte das Kind geheimnisvoll hin und her, drückte ordentlich auf seinem Bauch herum et voilá: Heraus kam ein gewaltiges Geschäft, das die kleine Praxis zu fluten drohte. In unserer Erstelternhektik hatten wir natürlich Windeln zum Wechseln vergessen und durften so unser Mäuschen halbnackt durch den kalten Winterabend nach Hause bringen. Wo das Geschrei am nächsten Tag wieder anhob, um erst nach Ablauf des dritten Monats mirakulöserweise schlagartig zu verstummen.

Sollten Sie also über eine Geschäftsidee sinnieren, werden Sie Baby-Osteopath. Das ist derzeit im Kommen, so sicher wie das nächste Baby sein Stimmlein erhebt.

DAS BISSCHEN HAUSHALT …

Corinna liegt auf dem Sofa und sinniert über ihr Leben als Mutter zweier Kinder. Sie hat da eine Stellenausschreibung im Kopf, die zu ihrem Profil passt wie der sprichwörtliche A… auf Eimer:

»Feste Arbeitszeit von 6 bis 20 Uhr, 24 Stunden Rufbereitschaft, auch am Wochenende.

Qualifiziert im Management, Budgetplanung und -verwaltung, Facilitymanagement, Konfliktlösung, Personalmanagement.

Stressresistent, immer freundlich.

Sprachbegabt.

Sonstige Interessen? Möglichst keine.

Zusatzqualifikationen: Führerschein, erste Hilfe.

Die Tätigkeit ist ehrenamtlich.

Das entsprechende Bewerbungsgespräch müsste ein voller Erfolg werden. Ein oder zwei offene Fragen wären sicherlich schnell geklärt:

»Kost und Logis sind inklusive, ja, aber Sie müssen schon selber einkaufen und kochen. Vielleicht können Sie sich mit ihrem männlichen Kollegen mal absprechen. Ich will mich da aber nicht festlegen!«

»Nein, beim Putzen gibt es keinen Verhandlungsspielraum!«

»Einen eigenen Arbeitsraum? Nun, Sie haben freien Zugriff auf Küche, Keller, Wohnräume, Bad und Schlafzimmer. Ja, Letzteres müssen Sie teilen. Aber bei der dekorativen Gestaltung haben Sie weitestgehend freie Hand.«

»Sie kennen das Streitschlichterprogramm? Das ist sehr gut. Das männliche und das weibliche Kind streiten pro Tag im Durchschnitt 128 Minuten. Ihr avisiertes Arbeitsziel ist es, diesen Wert bis zum Ende des Jahres auf 90 Minuten zu senken.«

Corinna liegt noch immer auf dem Sofa und lässt den vergangenen Tag Revue passieren: 6 Uhr morgens aufstehen, möglichst leise, damit die Kinder nicht aufwachen, von denen regelmäßig eines nachts rüberkommt. Dann fix unter die Dusche, solange noch Ruhe herrscht. 6.30 Uhr: Der erste Kaffee ist getrunken, Corinna ist geduscht und angezogen, der Frühstückstisch ist gedeckt. Das alles in nur 30 Minuten? Schade, dass das morgendliche Aufstehen keine olympische Disziplin ist.

Jetzt die Kinder wecken – erst einmal den Großen, der braucht mehr Zeit zum Aufwachen. Rein ins Zimmer, Licht an, »Guten Morgen, Jonas! Aufstehen!«, Kuss geben, streicheln, keine Reaktion. Nach fünf Minuten das Gleiche noch einmal – mit Nachdruck. Zwischendurch schnell die Frühstücksdosen für Schule und Kita fertig machen. Beim dritten Weckversuch zeigt der Große endlich erste Lebenszeichen. Jetzt ist Carla dran: »Guten Morgen, Liebchen! Aufstehen!«

7 Uhr: Beide Kinder sind mehr oder minder wach und angezogen. Die Kleine hat Tränen der Wut in den Augenwinkeln – die Nachwirkungen des ersten Streits mit ihrem Bruder. Zum Trost möchte sie ihr Lieblingsbuch vorgelesen bekommen. Leider keine Zeit. Irgendwo schwirrt auch der dazugehörende Vater herum. Corinna stellt fest, dass der bereits seine zweite Zigarette auf dem Balkon raucht – nach einer zwanzigminütigen Dusche. Wo nimmt der bloß die Zeit her? Denkt aber nicht weiter darüber nach – jetzt Ärger? Kostet zu viel Zeit. Kinder sitzen am Frühstückstisch, maulig, verschlafen, appetitlos. Jonas spielt mit seinem Game-Boy – das macht sie morgens rasend. Corinna beherrscht sich sehr, um ihn nicht anzufahren. Carla stößt den Kakaobecher um ...

7.20 Uhr: Okay, alle Mann vom Tisch aufstehen und Zähne putzen, wir müssen in zehn Minuten los. Schuhe, Jacke, Mütze etc. an, Abschiedskuss für Papa, raus aus der Wohnung, rein ins Auto. Jonas muss zur Schule, Carla wird hinterher in den Kindergarten gefahren.

Nach etwa einer Stunde ist Corinna wieder zu Hause: Erst mal einen zweiten Kaffee – in Ruhe. Und dann? Das hinterlassene Schlachtfeld beseitigen: Tisch abräumen, Betten machen, Spülmaschine ausräumen, Wäsche waschen, die von gestern zum Trocknen aufhängen, schnell über die Küche putzen, herumliegende Dinge aufräumen, einmal schnell im Flur saugen und wischen. Dazwischen Telefon: Drei Anrufe kommen rein, zwei muss sie selber machen: Termin beim Kinderarzt und Versicherung anrufen.

Schwupp: 11 Uhr, oje, sie muss ja gleich wieder los und vorher noch das Mittagessen für die Kleine vorbereiten, die muss um 12 Uhr abgeholt werden, Jonas um 13 Uhr, und dann haben beide Hunger.

Nach dem Essen: erst Hausaufgaben, dann raus. Corinna versucht Carla zu beschäftigen, damit sie ihren Bruder in Ruhe seine Hausaufgaben machen lässt. »Mama, wie geht das?« Jonas verlangt nach Hilfe. Carla verlangt nach Toben. Fünf Minuten später heißt es, zwei zankende Kinder voneinander zu trennen.

Der Tag geht so weiter – ganz normaler Wahnsinn.

Um 17.30 Uhr kommt Papa nach Hause. Der muss erst mal ankommen, auf Toilette gehen, Schuhe und Jacke ausziehen, einen Kaffee trinken und gefühlte fünf, faktisch 30 Minuten Pause machen.

Derweil ist es höchste Zeit, das Abendessen vorzubereiten.

Um 20 Uhr ist endlich Ruhe. Tatsächlich?

»Corinna, kannst du mir noch ein Hemd bügeln? Ich muss morgen früh raus.« Ein erstaunliches Phänomen. Bevor sie zusammengezogen sind, hat der Mann doch auch für sich selber sorgen müssen und das auch ganz gut hin bekommen: selber waschen und bügeln, einkaufen, hin und wieder mal sauber machen. Jetzt tut er bei allen Dingen so, als seien es Bücher mit sieben Siegeln: »Corinna! Wie geht das mit der Waschmaschine?« und scheint das Geschirr mit Absicht so Platz raubend wie möglich in die Spülmaschine zu stellen. »Einkaufen? Ich weiß ja gar nicht, was du magst.« Aha, sehr bedenklich.

Nein, Corinna kann und will gerade keine Hemden bügeln. Sie liegt auf dem Sofa, will sich vorerst nicht mehr rühren und sinniert über das Leben einer Hausfrau und Mutter.

Kann sich noch jemand an Johanna von Koczian erinnern? In den frühen 80ern hat sie mit ihrem Hit »Das bisschen Haushalt ...« Millionen von Müttern und Hausfrauen aus der Seele gesprochen: »Das bisschen Haushalt macht sich von allein, sagt mein Mann. Das bisschen Haushalt kann so schlimm nicht sein, sagt mein Mann.«

MAMAS GEBURTSTAG

Juchhe, Mama hat morgen Geburtstag! Endlich mal ein Tag, an dem sie 24 Stunden lang gefeiert wird. Sie ist die Königin, wird mit Blumen, Komplimenten und Geschenken überhäuft, alle stehen ausschließlich zu ihren Diensten bereit – kurz, die mütterliche Welt steht 24 Stunden lang still!

Der Tag selbst fängt noch nicht ganz so an, wie gedacht: Der kleine Lukas kommt schon um 6 Uhr früh an Mamas Bett – man hätte ja gerne heute mal ausgeschlafen, aber Papa ruht noch in Morpheus Armen und ist auch durch vehementes Rütteln nicht wach zu bekommen. Gut, dann machen wir uns unser Geburtstagsfrühstück eben selber. Das war zwar anders geplant, aber man soll den Tag ja nicht vor dem Abend verurteilen.

Im Wohnzimmer steht ein Blumenstrauß mit Karte. Sehr hübsch, aber man hätte ihn doch lieber offiziell überreicht bekommen. Der große Umschlag kommt einem irgendwie bekannt vor: Ach, wie originell, ein Gutschein von Douglas!

Lukas ist heute leider außerordentlich schlechter Stimmung. Als Papa endlich aufsteht, ist Mama bereits schwer genervt: Kann denn nicht einmal an meinem Geburtstag ... Der Vormittag schleppt sich mühsam.

Nach dem Mittagessen verschwindet der Vater mit Lukas im Kinderzimmer, um das Mittagsschläfchen einzuleiten. Dann wird wohl endlich ein bisschen Ruhe einkehren. Zeit, sich vielleicht vom Ehemann etwas verwöhnen zu lassen, eine kleine Massage eventuell oder ein gemütlicher Plausch auf dem Balkon. Aber Papa taucht gar nicht wieder auf aus dem Kinderzimmer. Ein vorsichtiger Blick durch den Türspalt zeigt, dass beide friedlich im Kinderbett schlummern. Mama weiß genau, wenn keine Naturkatastrophen eintreten, wird das die nächsten drei Stunden so bleiben und gerät an den Rande ihrer Geduld: Kann denn nicht einmal an meinem Geburtstag ... Mama erwägt, ihre Familie zu verkaufen, verlässt aber erst einmal selber die Wohnung, setzt sich ins Auto und fährt eine Runde ziellos herum, bevor sie innerlich dazu bereit ist, neue Pläne zu schmieden: Wozu gibt es beste Freundinnen. Also Regine anrufen: »Gehst du mit mir Kaffee trinken?«. Regine gratuliert nicht einmal und hat ansonsten auch keine Zeit. »Tut mir Leid, aber ich muss arbeiten«. Na super, ihre besten Freundin hat ihren Geburtstag auch vergessen – wie in den zurückliegenden 25 Jahren auch schon. Gut, vielleicht hat Claudia Zeit. Aber Claudia hat gleich einen Termin beim Anwalt wegen ihres Ex-Mannes und bei Michaela ist nur die Mailbox zu erreichen. Also geht Mama alleine einen Kaffee trinken. Es ist jetzt halb drei, eigentlich könnte man ja mal gepflegt Shoppen gehen. Aber Mama ist schwer enttäuscht und es gelingt ihr einfach nicht, den Schalter umzulegen. Diesen Tag kann man soweit getrost in die Tonne treten, der ist unrettbar verloren. Dazu beschleicht sie so langsam das schlechte Gewissen gegenüber ihrem Sohn. Schließlich war sie heute Vormittag ja so ungeduldig. Zerknirscht beschließt Mama zu Toys'R'Us zu fahren – Lukas wünscht sich doch so sehnlichst einen Frontlader für den Sandkasten und schließlich hat sie eh nichts Besseres zu tun. Die Idee ehrt Mama ungemein, ist aber in dieser Situation geradezu selbstmörderisch. Jetzt garniert Mama ihren verhagelten Geburtstag auch noch durch ein schauderhaftes Einkaufserlebnis. Mama durchforstet die Gänge des Kinderkonsumtempels vergeblich nach dem Frontlader, traut sich in einem Anfall mangelnden Selbstwertgefühls nicht, jemanden zu fragen, stellt überdies frustriert fest, dass hier ausschließlich kulturlose Deppen einkaufen und kämpft zwischen Babyborn-Komplettausstattung und Kinder-Pumpguns mit den Tränen. Nix wie weg hier!

Ab 16 Uhr klingelt alle 15 Minuten das Handy. Der Ehemann versucht, sie zu erreichen. Aber Mama hat keine Lust. Soll er sich doch Sorgen machen. Möge er in seinem schlechten Gewissen weich kochen. Hoffentlich geht Lukas ihm so richtig auf die Nerven!

Gegen 18 Uhr weiß Mama auch nicht mehr, was sie machen soll und fährt wieder nach Hause. Der große Mann empfängt sie mit betroffenem Gesicht, der kleine mit den Worten: »Ist dein Geburtstag jetzt endlich vorbei?« Kurze Zeit später steht die beste Freundin mit einem üppigen Blumenstrauß vor der Tür: »Sorry, ich hab's schon wieder vergessen!«

Es wird dann doch noch ein sehr schöner Abend mit Sekt und Call a Pizza – weil man die Feste eben am besten feiert, wie sie kommen.

GEBURTSTAG, GEBURTSTAG IST EINMAL IM JAHR ...

Geburtstag, Geburtstag ist ganz wunderbar ...! Der Text dieses wirklich hübschen Liedchens trifft für uns nicht ganz zu, denn wir feiern nahezu täglich Geburtstag:

»Ich habe heute Geburtstag! Ich darf jetzt den ganzen Tag bestimmen und du musst mir Happy Birthday vorsingen, dann gibt es Kuchen und ich puste die Kerzen aus, natürlich nicht ›in echt‹. So, die Gäste sitzen hier. Ich habe Clara eingeladen und Nico und Jennifer und Milena, nein, Milena nicht, die war doof und Leon hat mich gestern geschupst ...«

Meine Tochter hat sehr präzise Vorstellungen über Art und Ablauf ihres Geburtstages, lediglich Namen und Zahl der Gäste schwanken – je nach persönlicher Vorliebe. Clara ist eigentlich immer dabei, Leon lange Zeit auch, jetzt ist er abgeschrieben. Nico hat ihm den Rang abgelaufen. Aber das kann morgen schon wieder anders sein, denn morgen werden wir sicher wieder Geburtstag spielen. Wir spielen das nahezu täglich, seit etwas einem Jahr. Erst haben wir den vergangenen Geburtstag nach-, dann den kommenden vorgespielt. Ich weiß also ziemlich genau, wie es abzulaufen hat. Und je näher das tatsächliche Ereignis rückt, desto größer wird die Aufregung. Eine Woche vorher kommt meine Tochter jeden Morgen mit den gleichen Worten an mein Bett: »Habe ich heute endlich Geburtstag?«

Schließlich ist es dann so weit: »Ja, heute hast du Geburtstag!« und das Glück meiner Tochter kennt keine Grenzen mehr. »Juhu, ich habe heute Geburtstag! Ich bin jetzt ein großes Mädchen und darf den ganzen Tag bestimmen.« Na ja, fast den ganzen Tag, beschwichtigen wir. Die Glücksfee hat einen prima Geburtstagstisch gebracht, der Kuchen mit den Kerzen entspricht den kindlichen Geschmacksvorstellungen, ist nicht nur mit Kerzen, sondern auch mit unzähligem Süßkram dekoriert, die Sonne scheint, und Mama und Papa sind gerührt und erstaunt darüber, dass ihr Baby nun schon vier Jahre alt ist. »Weißt du noch, wie die ersten Monate waren? Kannst du dich noch erinnern an ...?« Das interessiert das »Baby« nicht die Bohne. Unsere Tochter geht auf im Geschenkerausch, reißt das Papier auf, schmeißt die Bänder in die Luft und schreit ein ums andere Mal »Oh, wie schön!« und »Endlich, das habe ich mir ja schon seit Jahren gewünscht!« Das muss man nicht so auf die Goldwaage legen, eigentlich ist der Inhalt der Präsente ziemlich zweitrangig. Hauptsache, Geschenke!

Geburtstagskinder dürfen Kuchen oder Süßigkeiten in den Kindergarten mitbringen und verteilen. Denn dort wird ja auch gefeiert. Wir haben natürlich darüber nachgedacht, ob man da nicht auch etwas Gesundes mitschicken könnte und uns dann doch für unzählige Eis am Stiel entschieden. Mit stolz geschwellter Brust schleppt unsere Tochter den Karton in ihren Gruppenraum: »Ich habe heute nämlich Geburtstag!«, und erntet ehrfurchtsvolle Blicke.

Am Nachmittag kommen die Gäste. Eigentlich hätte unserer Tochter vorher ein kleines Schläfchen gut getan. Aber daran ist natürlich nicht zu denken. Geburtstag zu haben ist viel zu aufregend. Pünktlich um 15 Uhr werden sechs Kinder zwischen drei und sechs Jahren abgegeben. Eine wilde Horde stürmt die Wohnung und bei uns macht sich kurzzeitig eine gewisse Panik breit. Vergeht aber ziemlich schnell. Die Bande ist zu zügeln, notfalls mit Süßigkeiten. Hin und wieder ist ein Machtwort fällig: »Nico, wenn du noch einmal vom Treppengeländer spuckst, bekommst du mit mir richtig Ärger!« Außerdem haben wir logistisch vorgesorgt und mehrere Erwachsene organisiert: zwei zur ständigen Kinderbetreuung, einen für die Betreuung unseres Babys, einen für den Küchendienst.

Nach dem hundertfach geprobten Anfangsritual mit Singen und Kerzen auspusten gibt es natürlich Kakao und Kuchen. Dem Gerangel um die besten Plätze haben wir mit Tischkärtchen vorgebeugt. Dafür gibt es Streit um die Kuchendeko: »Ich will eine Rose!«, »Ich auch!«, »Und ich auch!«. Geht leider nicht, es sind nur zwei Rosen auf der Torte. »Dann will ich ein Blatt!«, »Ich will zwei Blätter!«. Die Deko wird geplündert und bei Jennifer kullern Tränen, weil sie lieber ein anderes Blatt bekommen hätte. Sie lässt sich zum Glück mit ein paar Extra-Smarties trösten. Jennifer ist etwas empfindlich. Das wird sich im weiteren Verlauf noch öfter zeigen. Nico lässt sich fünf Mal Sahne nachgeben, Clara futtert die Torte ihrer Nachbarin, die sich wiederum die ganze Schüssel mit Erdbeeren zu Gemüte führt. Alle sind zufrieden.

Hinterher gibt es die obligatorische Schatzsuche. Sie endet auf dem Spielplatz. Nachdem alle ihren Schatz in Empfang genommen haben, werden die Spielgeräte gestürmt. Eine gute Gelegenheit für Leon, in den Tüten der anderen nach weiteren Süßigkeiten zu stöbern. Bevor das jemandem auffällt, sind fast alle Tütchen leer und die Empörung der Geschädigten ist riesengroß: »Mama, das ist unfair, das darf der nicht!«, und bei Jennifer kullern wieder Tränen. Gut, dass wir Reserven eingerechnet haben. Die Schätze können wieder aufgefüllt werden.

Es gibt dann noch Topfschlagen und Stopp-Tanzen und zwischendurch wird ein Erwachsener abgestellt, um einer Splittergruppe ein Buch vorzulesen. Um halb sechs werden alle Kinder wieder hereingebracht. Zeit für das Abendessen. Vorher lotst unsere Tochter ihre Gäste noch schnell in ihr Zimmer, um sie zwangszuschminken. Die Nachbarstochter kommt zu mir und beklagt sich darüber. Sie wolle jetzt außerdem nach Hause. Und ich hoffe inständig, dass kein Allergiker unter den Kindern ist.

Die Nachbarstochter bleibt dann doch noch zum Essen. Es gibt nämlich große Mengen Mini-Pizzen und Wackelpudding. Nico möchte lieber noch ein Stück Torte mit ganz viel Sahne und bei Jennifer kullern ein letztes Mal Tränen, weil Leon ihren Becher umgestoßen hat.

Pünktlich werden alle Kinder wieder abgeholt. Stolz präsentieren sie den Eltern ihre Tüten, ein oder zwei Mütter schauen etwas gequält auf das hübsche und jetzt leider völlig verdreckte Geburtstagskleidchen ihrer Tochter. Ich entschuldige mich halbherzig: »Die Kinder haben viel draußen gespielt.«

Meine Tochter will nicht ganz einsehen, dass ihre Geburtstagsfeier jetzt vorbei sein soll, obgleich sie selber kaum noch stehen kann. Mit viel geduldiger Überzeugungsarbeit wird sie erst einmal in die Wanne und dann ins Bett bugsiert. Beim Vorlesen versucht sie noch krampfhaft, die Augen aufzuhalten, mit dem Gutenachtkuss schläft sie ein – glücklich und zufrieden: »Mama, das war der schönste Geburtstag von hier bis zum Mond!«

Immerhin fünf Erwachsene waren an der Ausgestaltung dieses Tages beteiligt. Jetzt hängen alle ziemlich erschöpft auf dem Sofa, köpfen eine Flasche Sekt und lassen das Fest Revue passieren: »Ist doch alles prima gelaufen!«, »War ein toller Tag!«, »Gut, dass er vorbei ist!«.

Was meinen Sie wohl, mit welchen Worten mich unsere Tochter am nächsten Morgen weckte? »Mama, heute habe ich aber wieder Geburtstag!«

WO DIE LIEBE BLEIBT

Was möchte uns das Werbefernsehen vermitteln? Eltern sein ist wunderbar! Eng aneinander geschmiegte Paare im sanften Sonnenlicht lächeln ihr rosiges, glücklich glucksendes Baby an. Blitzsaubere, liebe Kinder erhalten in schicken Designerküchen ihre tägliche Portion supergesunder Schokoladenriegel. Mama legt sich milde lächelnd in ihre Hängematte oder plaudert höchstens über Flecken im Fußballhemd ihres süßen Sohnes, denn sonst plagen sie keine Sorgen. Immer wieder kursiert in der realen Welt auch hartnäckig das Gerücht, dass ein Baby eine wackelige Beziehung kitten kann.

Wir ahnen schon: So einfach ist es nicht. Vielmehr erleben viele Eltern ihren Nachwuchs als einen wahren Beziehungstest, eine Bewährungsprobe für die Partnerschaft.

Etliche Paare empfinden dabei zunächst einmal die Zeit der Schwangerschaft als glückliche und kuschelige Phase. Was für eine Vorfreude, welche stolzen Gefühle über die zukünftige Elternschaft.

Dann ist Baby da. Die Welt steht Kopf.

Wir erlebten wie vermutlich auch eine Menge anderer frisch gebackener Eltern auch noch die ersten zwei, drei Wochen nach der Geburt als idyllische Phase. Ja, wir saßen tatsächlich aneinander gekuschelt mit dem Baby auf dem Sofa, nicht nur glücklich, sondern geradezu idiotisch lächelnd. Allerdings hätte man mit Kennerblick bereits an unserem Äußeren gesehen, dass schon da nicht nur Idylle herrschte. Mama mit verstrubbelten, ungewaschenen Haaren in voll gespuckter Hausjacke und mit dunklen Augenringen. Papa ebenfalls übermüdet, trug seit einer Woche die gleichen Klamotten und zeigte ein nervöses Blinzeln. Schmutziges Geschirr stapelte sich und ein ewig voller Wäscheständer versperrte den Weg zum Bad.

Der Stress nahm in den folgenden Wochen und Monaten erheblich zu, zu unserer Erleichterung aber nicht nur in unserer Beziehung.

Ich saß kurze Zeit darauf mit vier Müttern und deren drei, vier Monate alten Babys zusammen und wir kamen schließlich auf das Thema »unsere Partner«. Sofort schlugen die Emotionen hohe Wellen. »Heute morgen schrie ich erst meinen Mann und dann meinen siebenjährigen Sohn an!«, gestand Brigitte. Sie stand unter Hochspannung, denn seit Wochen pumpte sie täglich Milch ab. Ihr stand eine Behandlung mit Antibiotika bevor, während der das Baby nicht gestillt werden durfte. Brigittes Mann konnte dabei nicht verstehen, dass sie über seine herumliegende Schmutzwäsche oder sein abendliches Zeitungslesen neben dem dreckigen Abwasch schier ausrastete.

Vera kochte vor Wut, da ihr Mann von ihr erwartete, dass abends die Wohnung tipptopp aufgeräumt sei, das Essen bei seiner Heimkehr auf den Tisch stehe und das ältere Kind im Bett liege. Was sie denn den Tag über so treibe, habe er sie doch tatsächlich gefragt!

Und Dörte berichtete, dass sie sich wünsche, endlich mal wieder allein mit ihrem Mann aneinander gekuschelt fernzusehen. Und wieder in einem Bett zu liegen, denn er schläft mit dem älteren Kind in einem Zimmer und sie mit dem Baby in einem anderen Zimmer. Er will nachts nicht dauernd vom Babygeschrei geweckt werden, schließlich müsse er zur Arbeit. Helen hingegen ist wahnsinnig genervt von ihrem kranken Mann. Er sieht sich wegen seiner Erkältung nicht in der Lage, auf den ebenfalls kranken, zweijährigen Sohn aufzupassen. Außerdem leidet er ausgiebig vor sich hin. Sie hat das Gefühl, zusammen mit dem Baby auf insgesamt drei Kinder aufzupassen und ist völlig erschöpft.

Ich meinerseits glühte vor Neid: Mein Gatte konnte durchschlafen, während ich ein- bis zwei Mal pro Nacht auf dem Sofa saß und stillte. Mir schien, er könne ungestört und entspannt bei der Arbeit sitzen, aus der Wohnung gehen, ohne immer das Baby mitzunehmen, und außerdem war er cool genug, nicht bei jedem Geräusch des Kindes an sein Bett zu stürzen. Was ich natürlich übernächtigt und von nachgeburtlichen Hormonschwankungen durchrüttelt immer tat.

Wir mussten in dieser Runde feststellen, dass wir alle unseren Männern gegenüber mit Aggressionen zu kämpfen hatten und diesen durch Gereiztheit, stichelnde Andeutungen oder auch erhöhte Lautstärke Luft verschafften.

Wir hatten so gut wie alle Schwierigkeiten damit, aus dem Berufsleben herausgerissen zu sein, aus den Kontakten dort, der intellektuellen Herausforderung, Abwechslung und Spaß. Wir fühlten uns reduziert auf die hausfraulichen Tätigkeiten, die ewigen Wäscheberge, Abwasch, einkaufen und kochen. Manch einer der nicht anwesenden Gatten schien sich geradezu darauf auszuruhen, dass die Gattin nun den ganzen Tag zu Hause saß und sich doch eigentlich um all das allein kümmern könne. Nun sind das aber mögliche Konfliktherde, die es auch ohne Baby geben kann.

Eine der größten Gefahren für die Beziehung stellt wohl eher die fehlende Zweisamkeit dar. Es kann eben ein Lustkiller sein, übernächtigt und überarbeitet zu sein. Alle Zärtlichkeit gilt dem Baby und man kriegt ja auch so viel davon von ihm zurück! Todmüde ist abends kaum mehr Zeit für ein Gespräch, wie es dem anderen tagsüber so erging. Aller Gesprächsstoff scheint sich nur noch um das Baby zu drehen. Und oben erwähnte Aggressionen können es schwer machen, sich überhaupt noch einen Gutenachtkuss, geschweige denn einen leidenschaftlichen Kuss zu geben. Wie findet das Liebesleben wieder seinen Platz, wenn der im Bett vom dort mit schlafenden Kind verdrängt wird?

Von Beziehungskitt kann also keine Rede sein. Vielmehr zeigt es sich, dass man auch in gut funktionierenden Beziehungen trotzdem noch mit vielen Gesprächen, Verständnis und Rücksicht gegen neu auftretende Beziehungsprobleme ankämpfen muss, gerade in der Babyzeit, aber auch sonst immer wieder. Angeknackste Partnerschaften oder eine mangelhafte Kommunikation, fehlende Streitkultur und mangelnder Respekt voreinander können hingegen zum Sprengstoff, sogar zur Trennung führen.

Es ist eine anrührende, wunderschöne Erfahrung für ein Paar, ein Kind zu bekommen. Aber wir müssen auch aufpassen, wo die Liebe bleibt. Die neue, aufreibende Elternrolle darf das Liebespaar nicht für immer verdrängen.

EIN VÖLLIG NEUES ZEITGEFÜHL – DIE UHREN TICKEN ANDERS

Mein Mann und ich sind Zeitschlampen. Dass heißt, wir trödeln in unserer Freizeit gerne herum, beim Frühstück, beim Einkaufen, im Urlaub, beim Aufräumen und Renovieren sowieso.

So passiert es also typischerweise, dass er beim Brötchenholen – Mutter und Tochter marodieren noch in Schlafbekleidung durch die Wohnung – den energischen Vater aus dem dritten Stock trifft, der bereits den ersten Ausflug mit seinem Kind unternimmt. Auch bei (Baby- und Kinder-)Flohmärkten sind wir hoffnungslos im Nachteil, denn die Schnäppchen werden dort bekanntermaßen kurz nach Eröffnung verhandelt. Und natürlich segnen wir jedes Wochenende die mittlerweile großzügigen Ladenöffnungszeiten.

Aber trödeln zu können ist mit Kindern auch von großem Vorteil. All die möglichen Konfliktherde wie Zähneputzen, Anziehen von Hose, Jacke, Socken, Schuhen etc, Aufräumen, Essen oder sich in den Fahrradsitz begeben, können sich durch hartnäckiges Trödeln von nervenzehrenden Machtkämpfen in ein Event voller Gelächter und Fantasie verwandeln.

Schlimm wird es für notorische Zeitschlampen natürlich immer dann, wenn es durch Notwendigkeiten wie Zur-Arbeit-Gehen und Rechtzeitig-in-der-Kita-Sein zu *Terminen* kommt, dem großen Feind des Trödlers. Hat man wieder zu lange beim Frühstück mit dem Butter-Zerhack-Spiel verbracht oder beim Zähneputzen endlos Grimassen ausprobiert, heißt es auch für uns: zack, zack, Jacke und Schuhe an. Tränen. Auf dem Boden liegendes Kind, das absichtlich Arme und Beine schlaff lässt, in den Winteranzug reinzerren. Noch mehr Tränen. Geschrei. Ein bis zwei Elternteile zuppeln hektisch an Mütze, Schuhband und Gesichtscremetube. Ende mit Spaß und Gelächter.

Ja, ja, wir wissen schon, was Ihnen als koordinierter Mensch, der immer pünktlich kommt, durch den Kopf geht: Pünktlichkeit ist die

Höflichkeit der Könige. Muss man eben rechtzeitig aufstehen, aus dem Bett, vom Frühstückstisch und von der Arbeit auch (Stichwort: aus der Kita abholen und wieder mal die letzten Eltern sein ...). Aber glauben Sie es ruhig, so was ist eine angeborene Denkstörung des Gehirns, ein Leben lang zu meinen, 15 Minuten wären eigentlich so lang wie 30. Nachzulesen ist das bei Lothar Seiwert: »Wenn du es eilig hast, gehe langsam«[4] – Sie können sich denken, dass wir auf das Buch stehen, Stichwort: »Divergente Denker«. Diese arbeiten zum Bespiel, abgesehen von ihrem irreführenden Zeitgefühl, nicht gerne Listen ab, sondern springen von Aufgabe zu Aufgabe. Ordnung halten muss für sie mit Spaß verbunden sein, weswegen sie gern Unmengen von bunten Büromaterialien kaufen. Wenn Sie sich spätestens hier wiedererkannt haben, lesen Sie es doch einmal am angegebenen Ort nach, es ist eine Erleichterung, sich als »divergenter Denker« wiederzuerkennen.

Während eines Sonntagsspaziergangs – wir waren wieder die Langsamsten auf der großstädtischen Spazierrennstrecke – hörte ich allerdings unfreiwillig Ausschnitte einer Unterhaltung zweier Kinderwagen-Mütter mit, die uns tröstend klar machen, dass auch die besten Zeitplaner durch Kinder in die Knie gezwungen werden können.

»Also, wir wollten um halb neun los, da machte sie sich noch mal ordentlich voll ...« – »Und wir saßen gerade fertig gepackt im Auto, als das Kind sich plötzlich übergab ...« – »Mareike fiel ein, dass wir ohne ihren Teddy keineswegs ...«

Kleine Kinder haben eben neben ihren vielen Ritualen, die ihnen Sicherheit geben, aber viel Zeit kosten, auch ein völlig anderes Zeitgefühl – im Zweifelsfall keines. Ich finde das so liebenswert! Vorausgesetzt, ich habe keinen Termin ...

Mein Tipp wäre also, im Sinne des eigenen Stressmanagements bei privaten Terminen für Entschleunigung zu sorgen, indem Sie »Ich komme zwischen x und y Uhr«-Ansagen machen, lieber einladen als weggehen und sich – falls Sie in einem Mietshaus ein höheres Stockwerk bewohnen – lange Listen für diverse Außer-Haus-Tätigkeiten

4 *Lothar J. Seiwert: Wenn Du es eilig hast, gehe langsam. Campus, Frankfurt/M. 1999*

schreiben (»Portemonnaie, U-Bahn-Karte/Autoschlüssel, Handy, Schlüssel, Sonnenbrille/Handschuhe, Ersatzwindel, Trinkfläschchen, Lieblingsteddy ...«) .

Noch schlauer wäre es natürlich, all diese Dinge auch vorher zusammenzupacken. Aber schließlich sind wir divergente Denker.

WENN ELTERN EINE REISE TUN ...

Dann können sie was erzählen. Allerdings nicht, was so rechts und links am Wegesrand erscheint, sondern wie man sich mit Kindern am besten fortbewegt.

Ich bildete mir zwar kurz nach der Geburt meiner Tochter ein, ich könnte wegen des Kinderwagens nie mehr Läden mit Eingangsstufen betreten oder den Bus benutzen, diese wohl der seltsamen nachgeburtlichen Gemütsverfassung zuzuschreibende Überzeugung konnte ich aber schnell aufgeben.

Lassen Sie uns einmal die verschiedenen Verkehrsmittel der Reihe nach durchgehen.

Sie reisen mit dem Auto. Ein Schlückchen Baldrian tut hier gut, bevor Sie sich daran wagen, Ihr spezielles Kinderwagenmodell zusammenzuklappen. Einige Kleinwagen sind selbst bei diesem Vorgang gelegentlich fast schon überfordert. Sollten Sie etwa über Nacht wegbleiben wollen, ist das Fahrzeug noch mit Reisebett, Kindersachen, Windelpackung und Kleinigkeiten wie Ihrem eigenen Gepäck zu beladen. Da zeigt der Rückspiegel nur noch Gepäckmassen, statt die hinter einem liegende Verkehrslage. Mit wurde spätestens beim zweiten Kind klar, warum so viele Familien einen Kombi oder sogar Minibus haben.

Wir stellen uns jetzt also eine mit zwei Kindern ja fast schon überdurchschnittliche deutsche Kleinfamilie vor. Vorne sitzen Mama und Papa. Hinten die Babyschale und ein bzw. zwei Kindersitze. Das Mitnehmen von anderen Insassen ist jetzt schon unmöglich, ausgenommen sehr schlanke Erwachsene, die sich zwischen die beiden Kindersitze quetschen. Im Kofferraum ein Buggy und ein Kinderwagen.

Bei kurzen Ausflügen ohne lange Wegstrecken können Sie natürlich auch zum Tragetuch greifen. Einige meiner Freundinnen schwören darauf und haben mit erstaunlicher Rückenkraft ihre Kinder bis zu drei Jahren und noch länger in diesen kunstfertig gebundenen

Stoffbahnen geschleppt. Mein Tipp ist, sich zunächst eines auszuleihen, denn die Anschaffung eines neuen Tuches ist umwerfend teuer und sollte sich durch häufigen Gebrauch amortisieren. Ich kenne mindestens zwei Ehemänner, die das Hin- und Hergeknote und Gewickel der Bindetechniken hassen und sich lieber eine Stoff-Babytrage wünschen. Aber das Tragetuch hat auch wahre Fans. Denn ein großer Vorteil dieses textilen Transportmittels ist, dass es wenig Platz einnimmt, also gut im Kinderwagen, Auto, Reisegepäck unterzubringen ist, wenn der Kinderwagen nicht weiterkommt, draußen bleiben muss, kaputt geht und dergleichen Katastrophen mehr. Oder das Kind nicht im Kinderwagen fahren will ...

Für wanderfreudige Eltern, aber auch wiederum Kurzstrecken mit vielen Treppen, engen Durchgängen oder z.B. eventuell beim Check-in am Flughafen, falls man den Kinderwagen nicht bis zum Flieger mitnehmen darf, eignet sich ebenfalls die Rückenkiepe. Dafür muss das Kind natürlich schon sicher sitzen können, aber dies rucksackähnliche Tragegestell ist ohne weitere Binde- oder Wickelkenntnisse sofort einsetzbar.

Wo wir gerade von Flughäfen sprechen: Über Flüge mit Babys und kleinen Kindern gibt es in jeder Mütterrunde Anekdoten, leider oft unerquickliche im Zusammenhang mit verständnislosen, genervten Flugbegleiterinnen. Tut mir Leid, liebe Luftfahrtgesellschaften, so ist es leider! Zunächst aber die positive Seite des Fliegens: Sie gelangen – statt endlose Stunden im Zug oder Auto zu sitzen – in Kürze von einem Ende der Republik, Europas, der Welt zum anderen und müssen das Kleine nur vergleichsweise kurz beschäftigen. Oft reichen Ihnen die Flugbegleiterinnen auch ein nettes Spielzeug und sorgen für einen bequemen Platz.

Nun kommen wir zu möglichen Widrigkeiten: Die »kurze« Beschäftigung kann zur elterlichen Vorhölle werden.

Zwei Praxisbeispiele: Mareike wurde trotz mehrstündiger Verzögerung des Starts von den Stewardessen gezwungen, ihren zweijährigen Sohn *irgendwie* auf seinem Sitz zu halten, obwohl der lieber friedlich und ruhig einen fremden Passagier anhimmeln wollte. Ich musste mein acht Monate altes Baby eineinhalb Stunden davon abhalten, auf dem Mittelsitz einer Dreierreihe rechts und links sitzende Passagiere anzufallen bzw. ihre Zeitung zu zerreißen. Netterweise hatten die mehr Verständnis als die Flugbegleiterinnen, die mich leider nicht auf die berühmten freien Sitze in den vorderen Reihen ließen. Seitdem halte *ich* es auch für ein Gerücht, dass diese immer den Müttern mit Kindern angeboten werden.

Vielleicht gibt es ja in ferner, kinderreicher Zukunft mal so etwas wie ein Kinderabteil oder breite Mutter-Kind-Sitze in Flugzeugen – ehrlich gesagt, wo ich es hier gerade niederschreibe, ist es mir schlicht unvorstellbar. Aber man darf ja träumen ...

Das Kinderabteil bringt uns nun unweigerlich zum Transportmittel Bahn. Wenn Sie ohne allzu viel Gepäck reisen oder einmal eine mehrstündige Autofahrt mit schreienden und vielleicht noch kotzenden Kindern erlebt haben, werden Sie die Bahn lieben. Sind Sie erst mal im manchmal höllischen Gedränge des Bahnsteigs und auf den engen Gängen des Zuges zu Ihrem Platz gelangt, lässt sich ein Kind jeden Alters viel einfacher beschäftigen als in einem Auto. Es kann zur Toilette, kann herumlaufen, essen, trinken und in bestimmten Zügen den liebevoll zusammengestellten Kinderprogrammen per Kopfhörer lauschen. Die Luxusvariante der Zugreise ist natürlich die in einem speziellen Kinderabteil, das je nach Variante mit Klettergerüsten, großem Tisch zum Essen und Spielen und Platz auf dem Fußboden ausgestattet ist. Einen kleinen bis großen Wermutstropfen muss man leider schlucken, ehe Sie nun sofort die Zugfahrt planen. Zunächst einmal müssen Sie einen Zug mit Kinderabteil erwischen und dann dort eine Platzreservierung ergattern. Klugerweise kann man aber nur die Hälfte des Abteils reservieren, so dass Sie noch eine spontane Chance haben. Das bedeutet allerdings häufig, dass Sie Reisende ohne Kinder rabiat von diesen allseits begehrten Plätzen vertreiben müssen.

Wir haben hier einen kleinen Trick entwickelt: Wir reservieren normale Plätze im Zug, stürmen dann das Kinderabteil und bieten den dort sitzenden, kinderlosen Erwachsenen unsere reservierten Plätze an. So sind alle glücklich. Am allerglücklichsten sind aber die Eltern, denn die vielen Kinder im Abteil fangen sogleich an, sich gegenseitig auf das Allerliebste zu beschäftigen. Das genieße ich an einer Bahnreise immer am meisten, denn nicht nur mir gehen wohl nach zwei Stunden auf kleinstem Raum mal die Spielideen aus – oder der Nerv dazu!

Auch haben wir schon von den leckersten Picknick-Mitbringseln anderer Eltern profitiert. Die Essensreste, die sich häufig in Kinderabteilen auf dem Fußboden befinden, bergen allerdings noch Verbesserungspotential, denn ich fand es nicht wirklich lustig, als mein Kind im Krabbelalter Brotkrumen und Pizzareste vom dreckigen Teppich auflas. Vielleicht wäre die Anbringung eines Ministaubsaugers eine Idee? Oder Benimmregeln zum Aufräumen für Eltern?

Ich gebe zu, ausgeliehene Windeln gehörten für uns auch schon zum Profit des Kleinkindabteils, wir sind halt gelegentlich etwas unorganisiert ohne Ersatzwindeln losgefahren. Aber das ist eben der Vorteil der großen, glücklichen Eltern-Reisegemeinschaft auf engem Raum, dass dort gern und problemlos ausgeholfen wird.

An dieser Stelle sei natürlich den vielen Autobahnraststätten gedankt, denn viele von ihnen verfügen über Wickelgelegenheiten. Hier könnte die Bahn noch deutlich besser werden, denn gerne wickele ich nicht auf der leider oft übel riechenden Behindertentoilette mit knallhartem Ausklapptisch ohne Auflage oder warmes Wasser. Und nicht mal den gibt es in allen Zügen. Wo mein Kind doch immer gern auf Zugreisen ausführlich verdaute!

Zu guter Letzt haben wir noch das Fahrrad. Ich persönlich habe es als Transportmittel selbst in der Stadt immer sehr geliebt, weil weitaus weniger Stress als bei Bus und U-Bahn entstehen kann. Außerdem kann man sein Kind gerade mit dem vorne angebrachten Fahrradsitz hemmungslos vollsingen, was doch in den öffentlichen Verkehrsmitteln eher störend wirkt. Das größere Kind muss dann ja ab einem bestimmten Gewicht auf den hinteren Fahrradsitz, nur ganz waghalsige Eltern arbeiten später noch mit auf der Stange des Herrenfahrrades angebrachten Satteln. Mit diesem hinteren Sitz sollten Sie sich mit dem lautstarken Gesinge etwas vorsehen, denn von vorne können Passanten nicht immer den kleinen Grund für Ihre Darbietung sehen und könnten falsche Schlüsse über Ihre geistige Verfassung ziehen.

Wind und Wetter sind für mich als passionierte Fahrradfahrerin natürlich keine Ausrede. Da muss eben ein Fahrradanhänger her, der hält auch die Abgase ein wenig fern und kann Nachbarskinder, Wasserkästen und sogar Babyschalen gleich mit transportieren. Natürlich nicht alles auf einmal.

Wenn ich es so recht überlege, könnten Sie sich für die Anschaffungskosten für Auto-Babyschale, Auto-Kindersitz, Tragetuch, Kiepe, Reisebuggy, Fahrradsitz groß und klein, Fahrradanhänger und Kiddy-Board vermutlich auch einen Mietwagen mit Chauffeur leisten. Der stellt Ihnen auch nicht die Wohnung und den Keller voll.

»ICH MÖCHTE, DASS SIE EIN WUNDER VOLLBRINGEN!«

»Ich möchte, dass Sie ein Wunder vollbringen!«, bat meine Freundin ihren Friseur beim ersten Termin nach ihrer Niederkunft. Ihr Sohn – eines dieser Babys, die viel zu viel schreien und viel zu wenig schlafen – war zu diesem Zeitpunkt etwa acht Wochen alt und schlummerte vor ihr im Maxi Cosi. Michaela saß schlapp im Friseurstuhl, sah scheußlich übermüdet und blass aus und schaute zwischendurch immer wieder unruhig zu ihrem Söhnchen – könnte ja jederzeit aufwachen und losschreien, vermutlich gerade dann, wenn sie mit dem Kopf in der Waschschüssel hing. Er hatte mit seinem Schreien ihre Nerven fast zum Zerreißen gebracht, er würde sicher auch die Kronleuchter an der Decke des Edelsalons zu Fall bringen.

Ein Wunder vollbringen – das habe ich mir von meinem Friseur auch schon oft gewünscht, wenn ich müde, abgehetzt und genervt, unzufrieden mit mir und meinem ach so funktionalen Outfit in seinem Stuhl saß und mich der Illusion hingab, er würde mir nicht nur zu einer neuen flotten Frisur, sondern auch noch zu einer schicken und immer aufgeräumten Wohnung, einem sauberen Auto, einem sexy Outfit, mehr Freizeit und Einladungen zu den ultimativen Partys und heißen Flirts und zu Kindern verhelfen, die immer niedlich, artig und klug wären. Seine Kosmetikerin könnte dafür sorgen, dass nicht nur die Hautunreinheiten, Stressfalten und Rötungen im Gesicht verschwinden, sondern würde mir außer einer leichten Grundierung auch noch ein strahlendes und entspanntes Lächeln aufs Gesicht zaubern. Das wäre eine Art permanentes Make-up, für das ich mich erwärmen könnte.

Mein Göttergatte pflegt angesichts dieser meiner Wünsche zu sagen, ein Friseur könne auch nur Haare schneiden – nicht mehr und nicht weniger. Ach, der Ahnungslose! Ein Friseur kann weit mehr, als nur Haare schneiden: Er gibt uns das Gefühl, dass er *Zeit* für uns hat, dass er sich für uns interessiert (zumindest was das Haupthaar angeht): »Nein, mach das nicht. Dann siehst du aus wie eine dieser amerikanischen Hausfrauen. Das bist du doch gar nicht!« Nichts scheint ihm wichtiger zu sein als unser Befinden und unsere Zufriedenheit: »Du hast total schöne Haare, lass sie leben! Wir machen das hier im Gesicht ein bisschen trashiger. Das kommt gut! Ist auch leicht zu pflegen. Musst nach dem Waschen nur föhnen und ein bisschen Mousse ins Haar kneten. Sitzt immer und sieht cool aus!« Er verwöhnt unsere Kopfhaut mit einer zärtlichen Massage, und sofort stellt sich bis zu den Zehenspitzen dieses gewisse Gefühl wohliger Entspannung ein. Zarte Aromen edler Packungen durchströmen uns, die dem Haar »irre viel Glanz« verleihen. Wir müssen den Kaffee nicht selber kochen, nein, er wird uns serviert! Mit Keks! Wir können bei softer Musik einfach eine ganze Stunde lang chillen und plaudern oder auch einfach mal nur schweigen dürfen. Und hinterher schweben wir geläutert, gestärkt, um zahllose Euro ärmer, dafür aber mit neuer Frisur wie auf Wolken aus dem Salon und fühlen uns mit einem Mal als akzeptiertes Mitglied der Lifestyle-Community.

Das hält dann ungefähr bis wir daheim sind, wo uns ungeduldige Kinder, ein hungriger Ehemann und eine unaufgeräumte Küche erwarten. Eins-zwei-fix hat uns der Alltag wieder, die abgeschnittenen Haarspitzen fangen im Nacken an zu pieken und bei einem flüchtigen Blick in den Spiegel bemerken wir: »Irgendwie hat der meine Haare diesmal gar nicht gut geschnitten, viel zu kurz! Sieht doch total bieder aus, oder?«

Noch etwas: Kleine Mädchen und Jungs mögen es nicht, wenn an Mamas Haaren herumgeschnippelt wird. Mamas Haare mögen bitte lang sein und genau so, wie sie es kennen. Letztens habe ich meine Tochter mit zum Friseur genommen. Sie wich ihm nicht von der Seite, beobachtete genau, was er tat, und wurde immer unwilliger: »Mama, du siehst gar nicht mehr hübsch aus!«, »Mama, du siehst ganz strubbelig aus!«. Der Friseur musste sich sagen lassen, dass er nicht alles auf den Boden schmeißen dürfe und genug geschnitten habe. Beim Föhnen hielt sie sich die Ohren zu, und als wir das Ergebnis begutachteten, kamen die ersten Schluchzer, Tränen kullerten und schließlich musste ich meine Tochter aus dem Salon tragen, weil ihr vor Wut über dies Ungemach die Beine versagten. Wenn Sie sich den Luxus eines Friseurbesuches gönnen, dann gehen Sie alleine!

EIGENTLICH BIN ICH GANZ ANDERS!

Ein paar Frauen, die sich durch Krabbelgruppe und Kita kennen gelernt hatten, saßen mit ihren Erst- und Zweitgeborenen auf dem Spielplatz und waren mit muttertypischen Tätigkeiten beschäftigt: Sie schauten hin und wieder nach den Großen, taten so, als kosteten sie die Sandkuchen, die die Kleinen endlos produzierten, sie putzen Nasen, reichten Apfelschnitze und Trinkflaschen herum, trösteten nach kleineren Unfällen und versuchten nebenbei noch, etwas zu plaudern. Da wehte der Wind aus einem Autoradio ein paar Takte Musik herüber. Nele hielt inne und ihr Blick verklärte sich. »Meine Güte!«, stieß sie hervor, »die Band fand ich früher so toll. Meine Freundin und ich sind denen mal einen Sommer lang quer durch Europa hinterher getrampt.« Der Rest der Truppe sah sie ungläubig an. Nele und einer Rockband hinterher trampen? Nele, mit ihren praktischen Tretern, den ausgeleierten Sweat-Shirts und der pflegeleichten Frisur? Die Frau, die immer genau darauf achtete, dass ihr Sohn die empfohlenen fünf Portionen Obst und Gemüse zu sich nahm und die von September bis März auf Mütze und Schal bestand? Donnerwetter, das hätte man gar nicht für möglich gehalten. Nele bemerkte die allgemeine Verblüffung, grinste und meinte: »Ja, eigentlich bin ich ganz anders!«

Daraufhin beruhigte sich der Rest der Truppe wieder: Bei den anderen sah es ja genauso aus. Alle waren mal wilde junge Dinger gewesen, haben Nächte durchgetanzt, Herzen gebrochen, extreme Ansichten geäußert, unerhörte modische Experimente gewagt und unpassende Freunde gehabt; einige haben abenteuerliche Reisen gemacht, verbotene Substanzen zu sich genommen oder gefährlichen Hobbys gefrönt. Ist das wirklich schon so lange her? Da kriegt man ein, zwei Kinder, lässt ein paar Jahre ins Land gehen und was kommt dabei heraus? Eine patente Mutti. Die entgegen ihrer früheren Äußerung: »Ohne Lippenstift aufzulegen würde ich noch nicht mal den Müll rausbringen!«, nun schon mal ungeschminkt auf der Arbeit gesehen wurde (bei den Mülltonnen obendrein noch im Jogginganzug). Die entgegen ihrer früheren Vorliebe für dunkelhaarige, muskulöse Italiener mit einem blonden, dünnen Deutschen zusammen ist. Die entgegen ihrer früheren Vorstellung vom Babysitz im Beiwagen ihr Motorrad ein halbes Jahr nach der Geburt verkauft hat.

Die Mütter hingen etwas wehmütig ihren Erinnerungen nach und tauschten Geschichten aus. Aber alles noch mal von vorne? Lieber nicht. Nele würde auf gar keinem Fall wieder irgendwem hinterher trampen. »Bloß nicht. Mit was für Dödeln man sich da immer unterhalten musste. Und gefährlich ist es außerdem – was meine Mutter damals durchgemacht haben muss. Aber vielleicht lässt sich mein Kind eines Tages ja von den Geschichten aus Mamas wüster Jugend beeindrucken.« Carola sehnt sich auch nicht nach ihren früheren Rucksacktouren durch Südamerika und Fernost: »Der Schlafmangel! Die Ernährung! Und wenn ich an die Fahrweise der brasilianischen Busfahrer denke, wird mir noch nachträglich angst und bange.« Aber sie und ihr Freund haben sich zwei Monate freigeschaufelt und wollen mit Kindern und Campingbus durchs Baltikum gondeln: »Bevor die Große in die Schule kommt und wir immer auf die Ferien angewiesen sind.« Juliane vermisst manchmal ein gewisses Prickeln in ihrem Alltag, die Nachtschwärmerin ist wesentlich ruhiger geworden: »Das waren schon heiße Nächte, voller Musik, Flirts und Verehrer. Trotzdem schaudert es mich, wenn ich daran denke, wie unsicher ich damals war. Ich finde es aber schade, dass alle so partymüde geworden sind. Dieses Jahr an meinem Geburtstag gebe ich mal wieder ein richtig großes Fest!«

Und so wurde dem Leben vorm Kind gedacht und sich dann wieder dem Leben mit Kind zugewandt: Torben kletterte bei seiner Mutter auf den Schoß und kuschelte sich an sie. Alina stieß Jubelschreie aus: Sie hatte es endlich alleine geschafft, den Mastkorb des Piratenschiffs zu erklimmen. Julian erklärte Magnus, dass Henriette so eine merkwürdige Brille trägt, weil sie schielt und dass man sich darüber nicht lustig machen soll. Nina und Benjamin beschimpften sich ausdauernd mit: »Du Gurke!« – »Du Ei!«, um danach jedes Mal Kicheranfälle zu kriegen. Kein Kind heulte, keines hatte Hunger oder Durst. Marion kam mit einer Runde Kaffee vom Kiosk wieder. Die Sonne schien, ein laues Lüftchen wehte. Alles war gut. Da konnte man die alten Zeiten ruhig alte Zeiten sein lassen. Und beim nächsten Anfall von: »Hilfe, was ist nur aus mir geworden?«, könnten die Worte des Dichters[5] trösten: »Eigentlich bin ich ganz anders, nur komme ich so selten dazu ...«

5 *Ödön von Horvath*

DER ZAHN DER ZEIT

Laut einer Liste, die im Internet kursiert, ist es ein sicheres Zeichen fürs Älterwerden, wenn Kinder einen mit »Sie« ansprechen. Den Wahrheitsgehalt dieser Aussage konnte ich während einer Feier überprüfen, auf der mein 12-jähriger Sohn alle Gäste, die ihm nicht persönlich bekannt waren, konsequent siezte. Wann immer ich ihn im allgemeinen Trubel erblickte, wurde er garantiert von irgendeinem verzweifelten Vertreter der Generation 30 plus angefleht: »Sag doch bitte Du zu mir! Ich fühle mich sonst so alt!« Ein wenig wunderte mich dieses Verhalten, denn die meisten der Anwesenden waren Eltern. Die Pubertät kann ja inzwischen durchaus bis ins dritte oder vierte Lebensjahrzehnt ausgedehnt werden, aber sobald Kinder da sind, rückt man nun mal in der Generationenfolge einen Platz auf und sollte sich so langsam von der Jugendzeit verabschieden. Oder wie es meine 82-jährige Großmutter resolut ausdrückte, als ich sie zum ersten Mal mit ihrem neusten Urenkel besuchte: »Jung bist du jetzt nicht mehr!« Ich ging damals ja auch schon stramm auf die 28 zu.

Auch ohne ihre Worte hätte ich die Zeichen der Zeit richtig gedeutet: Kurz nach dem Kind kam das erste graue Haar. Plötzlich verstand ich meine Eltern (jedenfalls ein bisschen). Der erste Hexenschuss suchte mich heim. Unvorsichtiger Alkoholgenuss wurde mit grausamen Katern bestraft. Ich musste anfangen, auf mein Gewicht zu achten. Versicherungen schrieben mich an und unterbreiteten mir allerlei Vorsorgeprogramme. Der Bus musste inzwischen auch erheblich näher kommen, ehe ich die Richtungsanzeige lesen konnte. Kam ich mal erst nach Mitternacht ins Bett, rächte sich das mindestens eine Woche lang. Und als ob das alles nicht schon reichte, hatte ich einen aufgeweckten Sohn, der keinen Zweifel daran hatte, dass seine Mutter zum alten Eisen gehörte. Seine Mutmaßungen darüber, ob ich früher noch mit der Postkutsche gereist sei, fand ich ja ganz niedlich. Immerhin traute er mir nicht zu, noch mit den

Dinosauriern gekämpft zu haben. Aber als mein Sohn mit vier angesichts Mutters frisch lackierter Nägel entsetzt ausrief: »Warum hast du dich denn so aufgetakelt? Und das in deinem Alter!«, hoffte ich doch inständig, dass in diesem Falle Kindermund nicht Wahrheit kundtat, sondern schlicht irgendwas nachplapperte, was er irgendwo aufgeschnappt hatte. Anlässlich meines Wiegenfestes ein Jahr später äußerte derselbe Kindermund: »Du bist jetzt 32? Das glaube ich dir nicht, das kann nicht sein! Du siehst doch noch ganz gut aus! 32? Das bist du ja fast schon eine Oma!«. Danke, mein Liebling, sehr erbaulich. Besonders in Verbindung mit den Äußerungen, die ich neuerdings von meiner Friseurin zu hören bekam: Beim Strähnchenfärben betonte sie immer explizit, dass sie sich wirklich redlich Mühe gäbe, alle »Silberlinge« zu überdecken.

So mit Mitte dreißig war es dann endgültig so weit: Ich wies zwei 12-jährige Mädchen zurecht, die ihr Eispapier auf die Straße geworfen hatten. Die Mädels pampten zurück, eine Frau, ca. Mitte 40, sprang mir verbal zur Seite, wir ereiferten uns kurz, aber heftig und am Ende riefen wir unisono den verhängnisvollen Satz: »Also, die Jugend von heute ...!« Nie, nie, nie hätte ich gedacht, dass einmal so was über meine Lippen kommen würde. Aber statt nach Hause zu gehen und mir den Mund mit Seife auszuwaschen, beschloss ich lieber, mich von nun an offiziell zur alten Säckin zu erklären.

Und das ist eigentlich gar nicht so schlecht, ich kann es nur empfehlen. Man spart zum Beispiel enorm viel Zeit und Geld, wenn man seiner Friseurin erklären kann, dass man fürderhin zu den weißen Haaren steht und auf Strähnchen verzichtet. Es sei denn, man möchte unbedingt welche. Ohnehin sind die weißen Haare inzwischen so zahlreich geworden, dass es mit Strähnchen allein nicht mehr getan ist. Außerdem kann man nun prima die weise, greise Frau herauskehren, die die Jugend mit interessanten Fakten aus grauer Vorzeit unterhält: »Stimmt, ganz früher gab es tatsächlich nur drei Fernsehprogramme. Du weißt wirklich nicht, was eine B-Seite ist? Warte, ich hole mal meine alten Singles vom Hängeboden und zeige es dir. Ja, als ich jung war, gab es auch schon Rap. Doch, MTV war wirklich mal ein Musikkanal und sendete europaweit auf Englisch. Von SMS hatte noch kein Mensch was gehört. Die Geschäfte schlossen spätestens um 18.30 Uhr. Was immer man wählte, am Ende gewann

Kohl. Und Robbie Williams hatte höchstens zwei oder drei Tätowierungen ...«

Für offensives Altern spricht außerdem, dass man den werten Pubertisten ja ausreichend Reibungsfläche bieten muss. Wogegen sollen die Jungspunde denn rebellieren, wenn ihre Erzeuger, streng auf Juvenilität bedacht, jedweden Trend mitmachen und alle Schranken zwischen sich und der Jugend niederreißen? Lang lebe der Generationskonflikt, sonst wendet sich der liebe Nachwuchs am Ende geschlossen der Volksmusik zu, nur um die Altvorderen zu schocken.

Respekt vor dem Alter sollte man aber auf keinen Fall erwarten. Sie wissen ja, die Jugend von heute ... Fast schon legendär ist inzwischen die Geschichte des Mittvierzigers, der aus geschäftlichen Gründen eine Disco aufsuchen musste und der dort mit den Worten empfangen wurde: »Geh zurück in deine Gruft, Alter!« Allerdings hat man heutzutage als Gruftie angesichts der ständigen Retro-Trends (ist ja alles schon mal da gewesen) durchaus Gelegenheit, sich zu rächen. Sollten Sie z.B. an eine Horde wild gepiercter, lederbejackter Irokesenschnittträger geraten, die sich angesichts Ihrer geballten Spießigkeit zu allerlei verächtlichen Bemerkungen hinreißen lassen, rufen Sie einfach enthusiastisch: »Punks? Die gibt es wieder? Ist ja süß! Hört ihr da gerade die Einstürzenden Neubauten? Die mochte ich früher auch immer so gerne!« Anschließend lehnen Sie sich entspannt zurück und weiden sich an der Panik auf den jungen Gesichtern. Klappt bestimmt, ich habe es ausprobiert.

EIN VERSUCH, DAS GLÜCK ZU BESCHREIBEN

Geburt und das dann folgende neue Leben mit Kind rufen verständlicherweise alle möglichen Gefühle bei Mutter und Vater hervor, viele verwirrend, einige belastend, aber die meisten davon sind schön. Auf der nüchtern wissenschaftlichen Ebene heißt es, dass das Kindchenschema und weiß der Himmel was für urzeitliche Programme uns dazu bringen, uns intensiv um diese hilflosen, kleinen Wesen zu kümmern. Und die kleinen Racker haben ja schon ab der zweiten Woche das so genannte »Engelslächeln« drauf, das heißt, sie verziehen ihr niedliches Knospenmündlein zu einem herzerweichenden Lächeln, manchmal sogar von einem Giggeln begleitet. Da wird der härteste Wissenschaftler butterweich!

Auf der ganz persönlichen Ebene sieht es dann so aus, dass mir schier das Herz zerspringen will, wenn mein Baby nach den ersten Tagen, die es wirklich reichlich verschwommen um sich blickt, ganz langsam anfängt, mir tief in die Augen zu sehen. Wenn es anfängt zu gähnen, zu lächeln oder die Stirn zu runzeln.

Aber nicht nur die Mimik löst in uns Gefühlstumulte aus. Peinlich, aber wahr: Gerade beim ersten Baby kenne ich mindestens zwei Mütter, die beim ersten richtig großen Geschäft, das sich wie aus einer Senftube auf den Wickeltisch entleerte, voller Begeisterung ihren Partner anriefen. Das bringt mich auf das Thema Geruch: Der Geruch von Babys, und hier meine ich nicht den von Pflegeölen und Babyshampoos, ist umwerfend und unbeschreiblich. »Noch nie meinte ich etwas Schöneres gerochen zu haben als den blumigen Duft meines Babys, als es mir direkt nach der Entbindung – noch voller Käseschmiere – auf meine Brust gelegt wurde.«

Und die Nase ist ja bekanntlich in unserem Oberstübchen eng an die Gefühle gekoppelt. Babygeruch = Glückgefühl! Das ist bestimmt wieder so ein Trick der Kleinen, um uns dazu zu bringen, uns gänzlich ihrem Wohlergehen zu widmen. Wissenschaftler würden wieder trocken anmerken: um ihr Überleben zu sichern.

Und Babys flauschige Haut! Nichts kann weicher sein, will man meinen, und regt uns zum zärtlichen Streicheln und Liebkosen an. Auch hier ist bekannt: Wer Zärtlichkeiten austeilt, fühlt sich wohl, empfindet das als beruhigend und ... beglückend, zumal wenn ich dabei beobachten kann, wie es mein Baby genießt und sich dabei entspannt.

Jetzt hatten wir also die Nase, den Tastsinn ... die Ohren lassen wir mal weg, denn so viel geben Babys in den ersten Wochen nicht von sich, was Glückgefühle hervorruft. Doch Halt! Sobald sie anfangen zu giggeln, zu glucksen und »Ladiladi« von sich zu geben, schon hüpft es wieder, das Mutterherz und wir platzen vor Stolz. Instinktiv gurgeln und glucksen wir zurück und das ist genau das Richtige für dieses Alter, denn so lernen sie weiter, Laute zu formen und schließlich zu sprechen.

Und das Sprechen birgt dann die nächste große Quelle von Glück: Die ersten Worte sind ja fast immer »Mama« und »Papa«, das geht ans Gemüt und weckt neue, ungeahnte Mengen von Beschützerinstinkt und Liebe.

So viele erste Male ... erste Worte, erste Sätze, erste Schritte. Der Moment, wo dir dein Kind entgegentapst und die Arme nach dir ausstreckt. Wenn es seine Arme plötzlich um dich schlingt, »Du bist lieb« oder »Ich hab dich lieb« sagt. Trotzköpfchen, Essen an der Wand, stressige Nächte, bemalte Sofas – alles sofort vergeben und vergessen.

Was für ein Gefühl schließlich, sein Kind aus der Kita abzuholen: Es kräht begeistert »Mama, Mama« und schmeißt sich mir in die Arme. Ich darf allerdings nicht verschweigen, dass sicher nicht nur mein Kind dann mit fortschreitender Entwicklung des eigenen Willens auch gern mal wieder zurück in die Spielräume eilt, weil es dringend noch in der Kinderspüle den fiktiven Abwasch erledigen muss und es ihm nun so gar nicht passt, just abgeholt zu werden.

Der unbändige Stolz auf alles, was mein Kind kann, sagt und tut, ist eng verquickt mit all diesen Glückmomenten. Habe ich es nicht derart toll erzogen, dass es jetzt so formvollendet alten Damen die Türen aufhält? Sich charmant mit Onkel Balduin über dessen todlangweilige Karnickelzucht unterhält? Höflich Omis staubige Kekse mampft?

Ist das nicht mein Prachtkerl, meine Supermaus, die dort auf dem Spielplatz unterdrückte Kleinkinder beschützt? Niemals hat mein Emil der Lena die Schaufel über den Kopf gezogen und wenn überhaupt, dann nur aus Versehen.

Mit geschwellter Brust schwatze ich ungefragt jeden, der nicht schnell genug wegrennen kann, mit den Taten meiner Wunderkinder voll. Unter Eltern gilt natürlich der Ehrenkodex, ebenso geduldig den vielfältigen Begabungen der jeweils anderen Kinder zu lauschen.

»Insider« berichteten mir, dass besonders das fünfte Lebensjahr viele Anlässe zu glücklichen und stolzen Momenten bietet. »Sie sind in diesem Alter so unglaublich schlau, machen ständig Entdeckungen, versuchen, sich die Welt zu erklären – oft mit für uns Erwachsene verblüffenden Einsichten! Sie erörtern auf ihre kindliche Art und Weise sämtliche großen philosophischen Fragen. Ich liebte es damals, sie zu belauschen«, gestand mir Marion.

Und schließlich schaffen Kinder es, uns glücklich zu machen, indem mit ihnen so etwas wie ein Familiengefühl entsteht, dass sich mit den Jahren immer stärker ausprägt. Seltsamerweise habe ich dies das erste Mal empfunden, als wir mit dem Auto voller Kindersitze – und Kindern, versteht sich – herumfuhren. Familiengefühl, Zusammengehörigkeit, »mein Clan« entsteht durch gemeinsam begründete Traditionen und Rituale. Typische Anlässe dafür sind das Oster- und Weihnachtsfest oder die Art und Weise, Geburtstage zu feiern. Oft schon von den eigenen Eltern und Großeltern beeinflusst, können diese Feste eben auch ganz persönliche Eigenarten haben, z.B. immer auch ein Osterei an den Weihnachtsbaum zu hängen oder am Geburtstag zum Frühstück Eis zu essen.

Auch familieninterne Spezialausdrücke zeigen, wohin man gehört, und sind für Außenstehende immer wieder ein Anlass zu Heiterkeitsausbrüchen. Bei uns heißt ein Rülps eben »Öck« und wenn unsere Tochter »Schnöttalarm« ruft, wissen (nur) wir, dass ihr gerade die Nase läuft, während bei Freunden eben immer »geflauscht« wird, wenn es ums Streicheln geht.

All das schafft ein Zusammengehörigkeitsgefühl, das berühmte Zuhause und lässt uns wohlig aufseufzen, selbst wenn wir nach der Arbeit in das gewohnte Chaos zurückkehren.

Es ist schwer, das Glück Kinder zu haben, zu beschreiben. Ihr unendliches Vertrauen zu spüren, ihre bedingungslose Liebe, ihr Bedürfnis nach Zärtlichkeit und Zuwendung. Ihre herrlichen Tricks, um uns herumzukriegen und auch das umwerfende Gefühl, ihre Tränen trocken zu können und ihnen Sicherheit und Halt zu geben in der großen, wilden Welt.

Kein Wunder, dass es so schwierig ist, nachdem man fünfzehn bis zwanzig Jahre lang mit diesen Wesen zusammengelebt hat, sie in die Welt hinauszulassen und im »leeren Nest« zurückzubleiben.

NACHWORT

IST JETZT ALLES GESAGT?

Selbstverständlich nicht. Nach wie vor werden uns allerlei Begebenheiten zugetragen, die eigentlich aufgeschrieben werden sollten. »Monika fiel neulich in der Krabbelgruppe der Name ihres Kindes nicht mehr ein! Dabei trug die Kleine ein Armband, auf dem ihr Name draufstand!« – »Typisch Stilldemenz. Da fällt mir die Geschichte ein, wo Karen ihren Mittleren auf dem Spielplatz vergaß.« »Ich träume regelmäßig, dass ich meine ältere Tochter im Kindergarten vergesse – drei Tage lang. Und meine Nachbarin gab mir letztens eine Postkarte, auf der eine Frau mit heraushängender Brust von einem Mann auf eben diese hingewiesen wird und darauf Panik ausbricht: ›Oh Gott, ich habe mein Baby im Bus vergessen!‹« Es gibt noch zahllose Ereignisse im mütterlichen Alltag, die eigentlich auch dringend mal erwähnt werden müssten: »Ich habe gar nicht von der Rentnergang erzählt, die mich in der U-Bahn beschimpft hat, als ich mit Buggy unterwegs war. Nur weil sie ca. 15 Sekunden mit dem Einsteigen warten mussten.« »Und ich nicht von den beiden Idioten, die mich nicht auf meinen Platz in der Warteschlange zurücklassen wollten. Dabei war ich im neunten Monat schwanger und sah aus, als ob ich jeden Augenblick platzen würde. Ich bin natürlich in Tränen ausgebrochen. Hat aber auch nichts genützt.« Ständig fallen uns Themen ein, die wir noch gerne abgehandelt hätten. »Typisch Mädchen – typisch Junge« zum Beispiel oder »Das Kind ist krank«. Zu »Vätern und Großvätern« gäbe es noch einiges zu sagen und zum Thema »Geschwister unter sich« auch. Wir haben nichts über das Zahnen geschrieben, nichts über behinderte Kinder, nichts über kindliche Essgewohnheiten. Nichts über Veranstaltungen und Orte, die man ohne Kind nie besucht hätte: die Personaltoilette im örtlichen Postamt oder Indoor-Spielplätze, das Straßenfest der historischen Dampfschiffgesellschaft oder die Besichtigung eines Abwasserkanals. Nichts über Kinderliederkassetten, Kasperletheater oder den GAU im Alltag einer Mutter: die kaputte Waschmaschine. Und vor allem haben wir wohl viel zu wenig darüber geredet, wie viel Glück und Freude Kinder bringen. Aber man soll ja bekanntlich aufhören, wenn es am schönsten ist und summa summarum glauben wir, dass uns ein ganz guter Rundumschlag gelungen ist.

Dieses Buch entspringt unseren Erfahrungen und denen vieler anderer Mütter. Es zeigt unsere ganz persönliche Sicht der Dinge und ist aus dem Leben gegriffen: Zwei der Autorinnen waren schwanger, als sie mit dem Schreiben anfingen und haben inzwischen ihre Babys bekommen. Es würde uns freuen, wenn sich viele Leserinnen und Leser in den Artikeln wiederfinden würden. Aber natürlich geht nichts über die eigenen Erfahrungen. Man kann es gar nicht oft genug sagen: Grau ist alle Theorie. Und deshalb entlassen wir Sie jetzt wieder in die Praxis, wo Sie das pralle Leben mit Kind aus erster Hand erfahren können. Falls Sie das Buch gerade auf dem Spielplatz lesen, vergewissern Sie sich jetzt doch bitte, ob der Blondschopf im roten T-Shirt, den Sie nebenbei im Blickfeld haben, wirklich ihr Sohn ist oder einfach nur ein x-beliebiges anderes blondes Kind im roten T-Shirt. Wir müssen uns jetzt auch wieder um unsere Babys, Kinder und Ehemänner kümmern, um liegen gebliebene Wäscheberge und prosperierende Wollmauskolonien, der Kühlschrank muss mal wieder aufgefüllt werden und vor allem müssen wir jetzt endlich mal duschen gehen.

Vielen Dank für Ihre Aufmerksamkeit!

AUTORINNENVERZEICHNIS

KATHARINA GUDLADT: *Welcher Kinderwagen passt zu mir / Die Wissenschaft der Babypflege / Geht es jetzt endlich los? / Warum jungen Müttern / Baby-Watching – eine Unsitte / Der liebe Beckenboden / Von Engeln und Teufeln / Ich komme! / Das leidige Anziehen / Musikalische Früherziehung, Turnen ... / Guck mal, wer da guckt / Neues Kind – neues Auto / Ich will mal deinen Penis sehen / Du kannst ihn jetzt wieder zurückbringen / Von Rabenmüttern und Gesellschaftsschmarotzern / Wohin mit dem Kinde Teil 1: Von Krippen und Tagesmüttern / Wohin mit dem Kinde Teil 2: Das Elend mit den Kitas / Mütter-Mobbing / Auf zu neuen Ufern / Ach, du bist zu Hause / Von George Clooney und Mütterhotlines / Raus ins edle Umland / Mama-Taxi / Fragen guter Erziehung / Von blauem Dunst und Minirock / Junge Väter / Die eigene Mutter / Ich bin stinkesauer / Bei Penny an der Kasse / Gourmet-Tempel oder McDonald / Ein wunderschöner Ausflug / Immer ist die Mutter schuld / Das bisschen Haushalt / Mamas Geburtstag / Geburtstag, Geburtstag, ist einmal im Jahr / Ich möchte, dass Sie ein Wunder vollbringen*

MAIKE LÜCK: *Vom Wunder der menschlichen Fortpflanzung / Wenn mein Kind erst mal da ist / Die Welt ist schlecht / Muss frau eigentlich stillen? / Wie soll das Kind denn heißen? / Willkommen in der Welt der Phasen / Hier ist guter Rat nicht teuer / PEKIP und anderes Mütter-Entertainment – mit Imke König / Stillstand auf Rädern / Rollenspiele – ja gerne! / Peng, du bist tot / Unfälle passieren einfach / Pfui, das stinkt / Bist du ein Neger? / Ab dem Vierten ist man selber schuld / Der Notfallplan / Bitte recht arbeitnehmerfreundlich / Reine*

Frauensache / Was machen meine Eltern eigentlich den ganzen Tag? / Welche Schule ist die richtige? / Ernst des Lebens – Die Einschulung / Und wieder alles neu ... / Elternabende in der Schule / Hauen und Stechen / Schulfreunde / Es ist kurz vor 12 / Mama allein zuhaus / Pubertät / Ich Nike – Du Puma / Telefonitis / Allein erziehend Teil 1: Die etwas kleinere Familie / Allein erziehend Teil 2: Eine ganz normale Woche / Kinderwunschlos glücklich? / Die Mutter denkt, das Kind lenkt / Nein, wie niedlich / Erziehung, Zufall oder Absicht? / Grabenkämpfe, Grundsatzdiskussionen / Eigentlich bin ich ganz anders / Der Zahn der Zeit

IMKE KÖNIG: *Schwangersein ist doch 'ne Zumutung / Essen Sie viel Süßes? / Schwangeren-Yoga und andere Vorbereitungsveranstaltungen / Die rosa Wände fand ich doof / Der Baby-Blues / Das Norm-Baby / PEKIP und anderes Mütter-Entertainment – mit Maike Lück / Beware of Supermamis / Zurück in die Kindheit / Wie Kinder die Wohnung verwandeln / Schlaf, Kindlein, schlaf / Nur Mut zum Zweiten / Herumfliegendes Spielzeug gibt es bei mir nicht / Vielfalt der Arbeitswelten / Wechsel zwischen den Welten / Rin in die Pantoffeln / Mütter ins Management / Engagierte Väter – Wollen wollen sie schon / Artenschutzabkommen / Vom wahrhaft Zeit haben: DINKis / Die anderen Eltern / Von Daisy und Donald / Mütterliche Optik – das wandelnde Klischee / Guck mal, wer da schreit / Wo die Liebe bleibt / Ein völlig neues Zeitgefühl / Wenn Eltern eine Reise tun / Ein Versuch, das Glück zu beschreiben.*

DIE AUTORINNEN

KATHARINA GUDLADT – Jahrgang 1966, geboren in Berlin, wohnt im Süden von Hamburg. Sie ist verheiratet, hat zwei Kinder und arbeitet freiberuflich als Redakteurin.

MAIKE LÜCK – Jahrgang 1965, geboren in Lübeck-Travemünde, lebt mit ihrem Sohn in Berlin und arbeitet als Produktionsleiterin in einer Filmproduktionsfirma.

IMKE KÖNIG – Jahrgang 1967, Diplom-Psychologin in Berlin, ist verheiratet und hat zwei Kinder. Sie arbeitet im Angestelltenverhältnis im Bereich des Betrieblichen Gesundheitsmanagements und freiberuflich als Trainerin und Moderatorin.

Katharina Gudladt, Maike Lück & Imke König
KINDER? JA, BITTE!
Von Müttern und anderen absurden Zuständen
ISBN-13: 978-3-89602-706-1. ISBN-10: 3-89602-706-9

TITELFOTO: Soany Guigand. TITELGESTALTUNG: Jolanda Roskosch.

KATALOG
Wir senden Ihnen gern kostenlos unseren Katalog
Schwarzkopf & Schwarzkopf Verlag GmbH
Kastanienallee 32, 10435 Berlin
Telefon: 030 – 44 33 63 00. Fax: 030 – 44 33 63 044

INTERNET / E-MAIL
www.schwarzkopf-schwarzkopf.de
info@schwarzkopf-schwarzkopf.de